宋名臣言行録

朱熹 編
梅原 郁 編訳

筑摩書房

宋名臣言行録　目次

第二部　三朝名臣言行録

第一章　英宗——薄命の皇帝

宋名臣言行録

解説

一　中国の理解のために

名臣と呼ばれる人たちの言葉や行動の記録といえば、たいていが教訓めいた話の集まりで、あまり面白くないというのが通り相場であろう。いっぱんに『宋名臣言行録』の名で知られているこの書物は、いささか堅苦しい内容にもかかわらず、宋代以後の旧中国や、江戸時代から明治に至るまでの日本でかなりよく読まれており、明治天皇の御愛読書の一つに含まれてもいる。それは、編纂者が、当時の指導的なイデオロギーだった朱子学の頭領朱熹《しゆき》（朱子・一一三〇—一二〇〇）ということと無関係でないし、また、当時の世の中で、頭角をあらわすためには、読んでおくべきだという風潮が、中国でも日本でも支配的だったためもあろう。そうした価値観が稀薄になってくると、この書物は、中年以上の人たちにはなつかしく、若い人たちにはおおむね敬遠される存在となってしまった。むろん、そこに含まれる、人生や社会生活の中での智慧を現代に何とか応用したり、参考にしたりする試みもいくつか企てられてはいる。このたびの私の訳注では、これまでの教訓的な読み方をある程度は温存しながら、別に新しい視角をも加えて、この書物を中国の古典の一つとして読み直してみようと考えた。一口でいえば、それは、宋代という、いまから千年近く前の人物たちの言動を借りて、現代にも通じる中国人、とくに知識人たちの複雑な性格を理解しようとする試みにほかならない。

十世紀を境にして、それ以前の唐と、以後の宋との間には、政治、文化、社会、あらゆる面で革命と呼んでもよいほど大きな変化がおこった。

宋が成立した九六〇年という年は、わが国でいえば、藤原道長《みちなが》の時代より少し前である。しかし、新しく中国の支配者層となった「士大夫《したいふ》階級」は、『源氏物語』の主人公たちとは全く違った世界に生きた人たちといえる。彼らは十九世紀末の旧中国の人びと、否その一部は現代の中国人と本質的に変わらぬ感覚と思考の持主だった。明治の西欧化、さらに戦後のアメリカナイズをへた、現在の日本人の多くにとって、本当のところは中国の理解は極めて困難になってきている。テレビの映像は中国の隅から隅までを茶の間に運んできてくれているように見えて、実はある限られた表面のみだけ我々の中に残してくれるにすぎない。その原因の一つは、我々が中国の歴史の持つ重み、その伝統社会の中に生きた人間の生きざま、彼らの表と裏等々を本当には理解していない点に求められよう。『宋名臣言行録』という書物は、そうした、理解へ、疑いもなく一つの窓口を開いてくれているように私には思える。

二 『宋名臣言行録』の構成と「名臣」

さて、のちほど詳しく説明するように、この訳本では、『宋名臣言行録』と通称される書物の前半部、いちおう朱熹の編纂という、北宋の八代の皇帝、約百五十年の部分だけをとりあげる。それは朱熹の原題では、『五朝名臣言行録』と『三朝名臣言行録』の二つに分かれる。五朝とは、宋王朝の創始者太祖趙匡胤《ちょうきょういん》を筆頭に、太宗《たいそう》、真宗《しんそう》、仁宗《じんそう》、英宗《えいそう》の五人の天子の時代、三朝とはそれをつぐ神宗《しんそう》、哲宗《てつそう》と徽宗《きそう》の三人を指す。ただしこれも内容からいうと本当は『五朝』は仁宗までの四朝、『三朝』は英宗からあとの四朝なのだけれども、両方とも四朝では区別できないため、五と三の恰好のつく数字で表面をとりつくろっているにすぎない。五朝十巻、三朝十四巻の名臣言行録は、全部で九十九人の名臣をとりあげ、合計一九八〇条の小項目から成るが、訳注では人数は九十六人とほぼ全部だが、項目は一七三条と、約十分の一弱にとどまる。ただ、極めて僅かな人を除いて、朱熹が選んだ名臣のすべてを紹介しているのは本書を通じて北宋時代の姿を描こうと意図するためにほかならない。

ところで名臣言行録の「名臣」とはいったいどんなものなのだろうか。一つは、宰相、副宰相など、政府の最高ポストについた人間であることは間違いない。九十九人のうち、宰相は三十三人、副宰相は二十八人、両方で全体の半分を占めている。そのほかは、大臣クラスの高官、翰林学士《かんりんがくし》と呼ばれる皇帝の詔勅起草官、そして御史台《ぎょしだい》官、諫官《かんかん》と続き、例外的に十人ほどの文学者、教育者が含まれている。ここでそれと関連する北宋時代の平均的なエリートコースについて若干説明しておきたい。五、六歳より、『論語《ろんご》』などからはじめて、いわゆる『五経《ごきょう》』を中心とした儒教《じゅきょう》のバイブルである「経書《けいしょ》」を丸暗記したうえ、詩と文章を作る修練をつみ、科挙《かきょ》の難関を突破して進士《しんし》の肩書を手にいれるのが、どんなに天才でも十八から二十歳になる。官員になって、州県の属官から知事、副知事を十年から十五年つとめて、中央に戻り、いくつかに分かれた出世コースを辿る。たとえば、監察官である御史台《ぎょしだい》のポスト、自由に政策批判を許される諫官《かんかん》、あるいは下級の詔勅起草官たる知制誥《ちせいこう》の任に就くなどしたあと、法務、大蔵もしくは人事院の部課長をへて、各省庁の局長クラスにのぼる。さらに優秀な人材は、翰林学士《かんりんがくし》に登用され、国都開封府《かいほうふ》の長官たる知開封府、大蔵大臣に当たる三司使《さんしし》、軍政の最高官庁である枢密院《すうみついん》の次官や長官などをへて、副宰相参知政事《さんちせいじ》、そして頂点が宰相同中書門下平章事《どうちゅうしょもんかへいしょうじ》という具合である。『名臣言行録』中の名臣の実に九〇パーセントが、いまここであげた過程をへた中央高級官職の所有者で占められている。朱熹の感覚はもちろん、当時の体制の中で認められる名臣とは、まず皇帝を補佐して、権力を左右できる政治的人間でなければならなかった。

　では、宰相や副宰相になれば、自動的に名臣の列に加われるかといえば、そうもゆかぬ。

北宋八朝のうち、最後の混乱期を除いて、宰相は六十人ほどだが、その半分強しか名臣の列に加えられていない。宋代の歴史に大きな影響を与えた重要な宰相、とくに王安石の継承者である新法派の人たちは、王安石本人をただ一人の例外として軒なみボイコットされている。つまり、宋代の新しい社会のいわば進歩的側面を代表する人物ははずされて、伝統的、保守的な価値観に沿う人物が「名臣」と目されるわけである。

こうした枠組は、実は、朱熹《しゅき》がこの書物を編む最初から、ほぼ決まっていた。二千に近い話のうち、朱熹の創作部分は、一パーセントあるかなしで、あとは、当時の随筆や歴史書、そして個人の伝記ともいうべき、行状《ぎょうじょう》や墓誌銘《ぼしめい》にもとづいている。その九割近くは現在でも、もとの文献として残っていて、日本でも比較的簡単に目にすることができる。単に、人生の指針とか教訓といった観点だけからいうと、もっと面白くて有益な話を、宋代の文献から集めようと思えば、集められぬことはない。朱熹は簡単な序文の中で、「まわりに本が少なく、欠落したものが多い」と弁明しているが、本当のところは最初から材料の集め方が偏っていたのである。行状や墓誌銘はしばらくおき、司馬光の『涑水紀聞《そくすいきぶん》』と邵伯温《しょうはくおん》の『邵氏聞見録《しょうしぶんけんろく》』から引用された話が群を抜いて多い点は注目しなければならぬ。こまかく数えると、前者から九十九、後者から九十三の話がひかれ、あわせて全体の一割弱に達する。ということは、言行録の基調が、穏健保守派で、反王安石新法の価値観をそのまま踏襲していることにほかならぬ。たった一割でそんなことが言えるのかと疑問を持たれるむきもあろう。しかし、朱熹のいま一つの原典のジャンル、行状や墓誌銘類をそれと重ねあわせると、納得していただけるのではないかと思う。いったい五朝と三朝の名臣言行録は、行状や墓誌銘からの引用がやたらに多く、人物によっては、ほとんど一つの行状、一つの墓誌銘のダイジェストという場合も珍しくない。その傾向は三朝に特に甚しく、数字で示せば、五朝の七九七条中、四六・五パーセントの三七〇条が墓誌銘類だったのにくらべ、三朝は一一八三条中、実に七四・六パーセントの八八三条がそれで占められている。単に数字だけでなく中身に目を転じても、たとえば五朝の五十五人中墓誌銘類が入っている人物は三十四人あるが、その半数を超す十九人の墓誌は欧陽脩の手に成るものである。つまりここでもある種の偏向は疑うことはできない。

宋からのち、一千年近くの旧中国では、あるライン以上の高級官僚に対し、個人の伝記がその王朝の「正史《せいし》」に「列伝《れつでん》」として掲載され、永遠に伝わることを認めてきた。「身を立て道を行い、名を後世に揚《あ》げ、もって父母を顕《あきら》かにするは、孝の終わりなり」とこれも経書の一つ『孝経《こうきょう》』の冒頭に述べられているように、語りつぐべき名を後世に残すことが男子の本懐とあれば、それを実現する手続もまたきちんと定められることになる。高官の子弟たちは、父祖兄弟の履歴をそろえ、当代一流の文筆家たちにそれを立派な文章に仕上げてもらう。これが「行状《ぎょうじょう》」で、「正史」編纂の時には、主に行状にもとづいて「列伝」が作られる。いっぽう、立派な墓がたてられる身分の者は、履歴書や行状をもとに、墓道の入口に立てる「神道碑《しんどうひ》」、墓の中にうずめこむ「墓誌銘《ぼしめい》」を作り、それぞれ大きな石に長々と刻みつける。これまた名ある文筆家に、多額の潤筆料《じゆんぴつ》を渡して作ってもらうのだが、文筆家の方も、それらを自分の作品集に加えて後世に残しておこうとする。欧陽脩、王安石はじめ、唐宋八大家と称される文章の大家たちの「文集」の中には、従って彼らの作った「行状」や「墓誌銘」が数多くおさめられている。しかし、こうした種類の文章は、美辞麗句を巧みなレトリックでちりばめ、その人物のある一面しか光をあてていないのが普通である。「行状」あるいは「墓誌銘」のほめ言葉の裏にひそむその人物の欠点や、複雑な人間性を探ることも、まったくできないではないけれども、通例ではその人間の私生活の部分、従って面白い話などは極めて少ない。だいいち、伝記といっても、その人が何時結婚したかさえ通常は書かれないといったようなきまりがある世界なのである。従って朱熹の『名臣言行録』の記事の六割以上が行状、墓誌銘類で占められているとなると、その話のほとんどはよいことずくめで、こんな立派な人たちが集まってどんなことになるのかと溜息もでてくる始末になる。

朱熹自身の文章が極めて少なく、行状類からの抜萃と、司馬光、邵伯温の随筆からの引用が合わせて全体の四分の三にも達するとなると、編纂者朱熹は、少なくとも彼の他の著作ほど、はっきりした意図を持たず、安易にこの本を作ったのではないかと想像されてくる。この書物が世に出た十二世紀の半ばすぎ、朱熹と肩をならべる大学者呂東萊《りよとうらい》（祖謙《そけん》）

は、

「最近、建州（福建）で『五朝名臣言行録』なる本が出版され、あなたが編纂された由だが、本当なのか。そこには訂正や再考を要するところがかなり多い」

と朱熹に問い合わせている。それに対する返事では、

「これは大急ぎでやったため、誤りも多く、体例も整わず、書物の体《てい》をなしていない」

と朱熹ははなはだ低姿勢で弁解している。また、別の弟子に与えた朱熹の手紙にも、

「言行録はかなり一般に出まわっているが問題点が多い。この本は是非作らねばならぬものでもなく、急いで出版したのはまずかった」

といった意味のことが認《したた》められている。少なくともこの書物が、大儒朱熹の自信作でなかったことは確かで、彼がこれを通して、自分の学問、思想などのある部分を伝えようとしたと考えるのはやや見当違いになろう。『五朝』の方はまだしも彼が当時残っていた文献から材料を選び、その取捨を通して朱熹の考えをうかがえるかも知れぬが、『三朝』に至ると朱熹がどの程度本気でタッチしていたかまでが怪しくなる。

三　『名臣言行録』のうちそと

十三世紀以後の中国では、朱子学はいわば空気のように、人の生きる場所に必ずそれと

みえず存在した。特にそのある部分を不完全に移入した日本では、朱熹の名がつくとやたらに有難がった傾向がなくはない。『宋名臣言行録』に見える名臣たちの言動をあまり有難がりすぎると、やや本筋からそれる恐れもある。しかし、そこに書かれている「士大夫」たちはまぎれもなく宋の空気を吸っていた連中である。彼らの言動を十世紀から十一世紀の時代の中でうかびあがらせることによって、『名臣言行録』は現代に生き得るのではないだろうか。こうした観点から、この訳注では、言行録の本文に、その内容とかかわる歴史的背景をいろいろとつけ加えてみた。読者は、一条一条の中から教訓的な言動をくみとると同時に、そうした言動が、どういう状況の中ででてきたかを知っていただけると思う。先にもふれたように、原本は五朝、三朝に分かれ、それぞれ十巻、十四巻に細分される。人物の順番は、皇帝別に大別され、その中では、宰相、副宰相、大臣、翰林学士、台諫官という風にならび、両書とも最後に学者、隠士がつく。名臣の排列は、この訳注でも原本通りとしたが、巻わけはやめて、その代わり、徽宗をのぞいた七人の皇帝で章を区切り、その天子の時代について、はじめに大まかな概説をつけた。その時代的背景と、各人の履歴、そして一条一条の後にある解説によって、「名臣を中心とした北宋時代史」という読み方も可能なように工夫したつもりである。なお、それぞれの人物の下に書かれた、呼び名、職名について少し説明しておきたい。たとえば一番はじめの趙普《ちょうふ》の項で、中書令・韓国・趙忠献王・普とあるいわばタイトルは、すべて原本の目次に書かれているままである。人によって相違はあるが、原則として最高官職名、封爵《ほうしゃく》、謚《おくりな》、諱《いみな》の順序となる。中書令は開国の功臣趙普だから特に記されているだけで、普通には丞相と書かれ、これが宰相の意味になる。副宰相は参政または枢密《すうみつ》、翰林学士は内翰《ないかん》、台諫官は御史あるいは諫官とあらわさせる。次に何々国とあれば、爵位で、日本の伊豆守《いずのかみ》、イギリスのケント公などと同じく某国公の意味となる。ただしそれは相当偉い人でかつ特別の場合のほかは与えられない。次に文正《ぶんせい》とか清献《せいけん》とか、時としてむずかしい二字がならぶのは謚《おくりな》といって、高官の死後、家族が願い出て特別に貰う呼名である。これにはこまかな約束ごとがあり、「文」一字だけというのが一番よく、文正、文忠などがそれに続く。見る人が見れば、それによって故人生前のあらましがよみとれるというたてまえである。そして最後が諱《いみな》すなわち本名であるが、いみなという通り、旧中国では普通にはその人の名を呼ぶことを遠慮する。そこで各人の紹介の条に必ず書いてある「字」つまりあざなが必要になってくる。これらのほか、自分でいくつも号を作ったり、親族間の順番で呼んだり、まあにぎやかなことで、言行録の各条でも原文に本名が出てくるケースはむしろ稀である。しかし、この訳注では読者の便宜上、すべて本名で統一しておいた。ただ、原文と書き下し文では、あざな、おくりな、号などが混用されているのはいたし方ない。現代語訳の人物と、それらが別の人間だと錯覚されぬようあらかじめお断わりしておくしだいである。なお、現代語訳した各条の末尾にある括弧は、原文にもつけられている出典である。それらの八、九割は現在でも比較的たやすくもとの書物を見ることができる。

この本のタイトルは一般に親しまれている『宋名臣言行録』を使っているが、正確にはさきにもふれているように、『五朝名臣言行録』と『三朝名臣言行録』からの抜萃であり、江戸時代このかたわが国でもよく読まれたいわゆる『宋名臣言行録』と厳密にいえば同一の書物ではない。それについて、最後に少し説明を加えておきたい。現在、正式に『宋名臣言行録』と呼ばれている書物は、前集十巻、後集十四巻、続集八巻、別集二十六巻、外集十七巻、合計七十五巻に及ぶ大部なものである。このうちはじめの二集は朱熹が編纂者だが、あとの三集五十一巻は、南宋も終わりに近づいた理宗《りそう》の時代、李幼武《りようぶ》（字は士英《しえい》）の手に成ると伝えられる。すでに朱熹の在世中、ということは十二世紀の後半に、五朝と三朝の名臣言行録は板《はん》に刻まれ、人々に読まれていた。学者の評判はしばらくおき、一般には歓迎されたようで、李幼武はその流れに沿って続編以下を作ったらしい。らしいというのは、彼と同じ理宗の時代、太平老圃李衡《たいへいろうほりこう》なる人物が、朱熹の八朝名臣言行録を校訂して面目を一新し、それを親類の李幼武が刊行したという記録があり、続いて幼武が南宋四朝の名臣の行事をあつめて全編をまとめたといわれるからである。李衡と李幼武の詳しい関係は不明だが、この二人の共同、あるいはどちらかの手によって朱熹の原本が改削されてしまったと考えられる。『五朝名臣言行録』、『三朝名臣言行録』の原本と、七十五巻本でそれに該当する前・後集とでは内容に少なからぬ異同がある。それは文章の短縮と削減、とくにその人物のマイナスイメージになる記述のカットを主とする。このたびの訳注では、引用した原文はほとんど全文をのせるが、御覧のようにかなり長いものも含まれる。李衡か李幼武は、それらに鋏をいれ、なるたけ同じ長さに揃えていった。それと同時に、「名臣」としてどうかと思われる記事、たとえば、賄賂《わいろ》が大好きだった王素《おうそ》の話などはすべてとり除いてしまい、そのため、立派な人格者の教訓ばかりが前面におし出されてくることになる。多少は道学者流の堅苦しさがあっても、朱熹の原本はまだしも悪口や裏話、その人物の弱点などを少なからず載せていた。朱熹の「名臣言行録」という以上は、やはり原本にもとづくのが妥当であろう。

ところで、李幼武の編《あ》んだ、続集、別集、外集はどのような内容なのだろうか。まず続集の八巻は、北宋の第七代皇帝哲宗《てつそう》の時代から南宋のはじめに至る間の、主として文官政治家二十九人をならべる。それに続けるかたちで、南宋の四朝を中心とし、かつ宰相クラスを多くして六十五人の言行を集めたのが別集である。宋と金の戦いをはじめ、波乱の南宋政治の内幕はこれによってうかがえる。最後の外集はがらりと様相をかえ、周敦頤《しゅうとんい》にはじまり、二程子《にていし》、張載《ちょうさい》以下、朱熹そして陸九淵《りくきゅうえん》に至る、宋学つまり道学《どうがく》の中心的人物の言行録となる。そこにあげられた学者、思想家は四十人に及び、宋代の学術、思想家のことがこれでいちおうわかる仕組みになっているけれども、あまり面白い話とはいいにくい。

明治神宮所蔵の明治天皇が御覧になった『名臣言行録』のうち、写真にあげた部分は、嘉永元年（一八四八）の和刻本《わこくぼん》で、外集の張載の巻首である。この李幼武が作った部分は、そのまた一部が『四朝名臣言行録』と銘打って、別に刊行されていた形跡もあるが、詳しい説明はいまは省く。

　いずれにせよ、朱熹と李幼武を編纂者とした『宋名臣言行録』全五集、七十五巻は、明《みん》代以後の中国でよく読まれ、いくつかのエディションを持つ。いっぽう日本では、前集と後集だけの和刻本が多く作られ、またそれらに含まれる語句に解釈を施した『宋名臣言行録輯釈《しゅうしゃく》』といった参考書も一、二作られている。李幼武の三集の方は、それらの一部を抜萃した和刻本はまま見られるが、続、別、外集全部の刻本は江戸も末の嘉永になってようやくあらわれ、発行部数も必ずしも多くない。

「御府」の印がある明治天皇御愛読の『宋名臣言行録』（明治神宮所蔵）。ただし、この本は、宋学の学者たちの原稿を集めた外集の和刻本である。

　本来であれば、最初に編者朱熹の解説をつけるべきであろう。しかし、十二世紀、南宋の前半期を生きたこの大学者は、長い中国の歴史の中でも十指に数えられる傑出した人物で、わざわざこと新しく、その略歴などを書きつらねる必要もあるまい。それといまひとつの理由は、すでにふれたように、朱熹とこの書物のかかわりが、あまり濃密でないように見受けられるため、著者のプロフィールを出しても、読者にあまり役に立たぬと考えたからでもある。朱熹の思想、学問の体系の中で、この『名臣言行録』をどのように考え、位置づけるかといったことは、実はこれまでほとんど問題にされていない。彼と弟子たちの対話録である『朱子《しゅし》語類《ごるい》』の「本朝人物」というところでは、宋代の名臣たちについて、朱熹自身の評価が残されている。しかし、そこにみえる評価と『名臣言行録』の記事とが必ずしもうまくかみあってくれないというのが正直のところである。この訳注ではそうした問題はしばらくおいて、一つ一つの話の中から、中国人をそして中国の歴史と社会を考えるヒントをさぐり出してもらえれば有難いと思う。

第一部　五朝名臣言行録

第一章　太祖　宋王朝の始祖——五代から宋へ

十世紀のはじめ九〇七年という年に、三百年の寿命を燃やしつくして唐王朝が姿を消したあと、約五十年あまり、中国は小さな王朝が分裂、抗争をくりかえす混沌《こんとん》とした時代を迎える。五代十国《ごだいじゅっこく》と呼ばれるこの五十年間は、すでに八世紀の後半からはじまった、各地方の軍閥《ぐんばつ》（節度使《せつどし》）たちの勢力争いが、歴史の表面におどりでて、頂点に達した時代であり、また一方では次の新しい統一国家、宋《そう》王朝の誕生が準備された時期でもあった。五代の名の示す通り、黄河中流域のいわゆる中原《ちゅうげん》では、後梁《こうりょう》、後唐《こうとう》、後晋《こうしん》、後漢《こうかん》、後周《こうしゅう》の五王朝が興亡する。その皇帝たちはおおむね軍閥の一統領《とうりょう》で、しかも異民族出身者も少なくない。これら五王朝の勢力範囲は、河南省《かなんしょう》を中心とした華《か》北《ほく》の一部に限られ、日本の戦国時代さながらに周囲の諸軍閥、あるいは自分の部下たちとの間に権力争いをくりかえした。これに対して、中原以外の広い中国各地では、唐代に育《はぐく》まれた文化、経済の新しい芽が順調に生長し、中央の戦乱をよそに、相対的にではあるが平和を維持しながら、独立した地方政権が国内の開発につとめていた。

これら地方政権は、五十数年の間に延べ十国を数え、なかでも四川《しせん》の前蜀《ぜんしょく》・後蜀《こうしょく》と、現在の南京《ナンキン》を根拠地とした南唐《なんとう》などは、唐から宋への文化の橋渡しとしても重要な役割をになった。

さて、五代も終わり近く、後周《こうしゅう》の二代皇帝となった柴栄《さいえい》（世宗《せいそう》）は、織田信長にもくらべられる乱世の英雄で、軍隊の組織を改め、大敵の南唐や、北方で強大化しつつあった異民族契丹《キッタン》と戦い、あるいは来たるべき統一帝国を夢みてそれにふさわしい国都の建設に着手するなど、その活躍は目をみはるものがあったが、雄図《ゆうと》半ばにも達せず三十八歳で急死してしまった。残された幼児恭帝《きょうてい》では、戦乱の世の指導者はつとまらない。軍人たちは世宗の下にあって国軍の最高司令だった趙匡胤《ちょうきょういん》を擁立《ようりつ》することにきめ、ここにクーデターによって宋王朝が成立する（九六〇年）。その経緯のあらましは本文の范質《はんしつ》の条に記されている。

趙匡胤すなわち宋の初代皇帝太祖《たいそ》は、後周世宗《せいそう》の敷いた路線を忠実に守って、全国統一を推進した。節度使の勢力の削減、とくに軍事力を逐次中央に集中することで、地方政権の実質を空洞化する一方、現在の北京《ペキン》と広州間の鉄道に沿って軍隊を南下させ、荊南《けいなん》、楚《そ》、南漢《なんかん》などの独立国を併合し、次に四川、そして江南の大国南唐と十国のほとんどを征服、また河南省北部の黄河に近い国都開封《かいほう》の造営を進行させた等々は太祖時代の目につくできごとだった。太祖は一見豪放にみえて実は細心、むしろ臆《おく》病《びょう》ともいえる人物で、その役割はこれまたわが秀吉に酷似している。太祖の治世は十六年、山西省太原《たいげん》の独立政権北漢《ほくかん》をのぞき、ほぼ全国が統一され、新しい宋王朝の地ならしが完了した。その間、彼を助けた宰相の数は六人だが、実際は趙普《ちょうふ》一人が絶対的な力を握っていたといってよい。宋王朝もまだ混乱期、征服戦に活躍した武将や五代からの生き残りの人々が、この太祖朝には「名臣」として顔をそろえる。

趙普《ちょうふ》　中書令《ちゅうしょれい》・韓国《かんこく》・趙忠献王・普《ふ》（九二二―九九二）

字《あざな》は則平《そくへい》。洛陽（河南省）で育つ。後周《こうしゅう》時代、のち宋の太祖《たいそ》となった趙匡胤《ちょうきょういん》の幕下に加わり、参謀総長の役割をはたす。太祖の厚い信頼を得て、国初乾徳《けんとく》二年（九六四）から十年間宰相の地位にあり、専権をふるった。二代皇帝太宗の時一時失脚したが、太平興国《たいへいこうこく》六年（九八一）返り咲き、二年間再び相位にあった。宋建国第一の功臣として太祖廟に陪祀《ばいし》される。

一　盃をかわしつつ権力を手におさめる

太祖は支配権を手中におさめ、李筠《りいん》と李重進《りじゅうしん》を滅ぼしてから趙普にたずねた。「唐の末から数十年の間、十人もの帝王が交代し、戦いが続き、人民は苦しみぬいている。その理由は何か。わしは、この世から戦いをなくし、国家維持の大計を建てようと思うが、その方法はどうあるべきか」。趙普は答えた。「陛下がこのように仰言《おつしや》るのは、天地万物の幸福《しあわせ》でございます。唐末このかた、戦いが絶えず、国家が安定しない理由はほかでもなく、節度使《せつどし》（軍閥《ぐんばつ》）が強盛で、君が弱く臣が強いだけにすぎません。これを正すには特別の方法はございません。漸次その権限を剥奪し、財政力を削減《さくげん》し、優れた兵力をこちらに収めれば、天下は自然に安定するでしょう」。言い終わらぬ先に、太祖は「もう言わなくてもよい。よく判った」と口をはさんだ。

間もなく、太祖は夕刻の接見のあと、昔馴染の節度使石守信《せきしゆしん》、王審琦《おうしんき》らと酒宴を張った。酔いがまわった頃、周囲の者をしりぞけて、石《せき》たちに話しかけた。

「わしは君たちの力なしにはここまでこられなかった。君たちにはいつも恩義を感じている。しかし、天子たることもまた甚だ苦しいもので、節度使の方がずっと安楽だ。わしは一晩として枕を高くして寝《やす》んだことがない」

「どうしてでしょうか」

「別にむつかしいことではない。この位は皆がなりたがるものじゃ」

守信ら全員は恐れいって立ちあがり、頭《こうべ》を垂れて言上《ごんじょう》した。

「陛下は何ゆえにこのようなことを口にされますか。天命がすでに定まったいま、もう異心をいだく者もありますまい」

「いやそうではない。君たちにその気持がなくとも部下の者たちが栄誉と富貴を求めればどうするか。黄色い袍《ガウン》が君たちの身に着せかけられれば、みずからは希望しなくても、そうせざるをえなくなる」

いずれも深く頭を下げ、涙を流して申し上げた。「愚かな我々は、そこまで考えられませんでした。陛下、なにとぞ我々のゆくべき道をお示し下さい」

「人生は白馬が隙間《すきま》のむこうを駈《か》け抜けるように極めて短い。栄耀《えいよう》栄華を追い求めても、結局は財宝を積み、みずから楽しみ、子孫を不自由な目にあわせぬだけのことになる。君たちは兵権を手離してはどうかな。良い田宅を買って子孫のためにゆるぎない基礎をすえ、音楽と美女に囲まれ毎日酒宴で楽しみ、天寿をまっとうする。君臣の間には猜疑《さいぎ》心《しん》なく、上も下も安堵《あんど》するのは好ましいことではないか」

その場にいた者すべてが深く謝意を表し、「陛下がこのように仰言ることは、「死せる者を生かし、骨に肉づける」というたとえのように、我々に更生の道を示されたものでございます」と申し上げた。翌日、いずれも病気により軍権を解かれるよう願い出て、帝はそれを認められた。すべて、肩書きだけの官位を持って家にひきこもらせ、厚く慰撫するとともに、多くの財物を賜った。また宋朝と婚姻を結び、新しい制度に組みこまれた者に、皇帝直衛軍をつかさどらせた。その後、転運使《てんうんし》、通判《つうはん》などの新しい官職を置き、各地の財政をとりしきらせ、全国から精兵を選んで皇帝直属とした。功臣《こうしん》たちの方も終わりを全《まっと》うして、子孫は現在までも富み栄えている。最初に趙普の深慮遠謀《しんりよえんぼう》と、太祖の聡明《そうめい》果断がなかったならば、天下が治まり、白髪の老人に至るまで長く戦争がなくなることができたであろうか。聖賢の見識はずっと先を見通しているものである。

趙普は陰険酷薄な性格で、僅かな遺恨で人を中傷する場合が少なくなかった。しかし、彼の子孫たちは現在でも福禄をうけ、国初の他の大臣の後裔《こうえい》とくらべものにならぬ。天下を平安においた謀りごとの功績が極めて大きかったためではなかろうか。

趙普の謀りごとをききいれた太祖は、たびたび特使を全国各方面に派遣し、精兵を選抜した。人にぬきんでた才能、力量ある者はすべて禁軍《きんぐん》にいれて国都周辺に聚《あつ》め、皇帝を直衛させた。その給与を増やし、常に皇帝自身が閲兵、訓練し、一騎当千に仕上げた。地方の節度使軍団が兵力、精鋭の度合が中央の敵ではないことを承知し、異心を抱こうとしなくなったのは、太祖の「強幹弱枝《きょうかんじゃくし》」、ころばぬ先のつえの策謀によるものである。（涑水紀聞《そくすいきぶん》）

太祖すでに天下を得、李筠《りいん》、李重進《りじゆうしん》を誅《ちゆう》す。趙普を召して、問いて曰く、「天下、唐の季《すえ》より以来、数十年の間、帝王は凡《およ》そ十姓を易《か》う。兵革息《へいかくや》まず、蒼生《そうせい》地に塗《まみ》る。その故《ゆえ》何ぞや。吾《わ》れ天下の兵を息《やす》め、国家のために長久の計を建てんと欲す。その道いかん」と。普曰く、「陛下の言これに及ぶは、天地人神の福なり。唐季以来、戦闘息まず、国家安んぜざるは、その故《ゆえ》他にあらず。節鎮《せつちん》はなはだ重く、君弱く臣強きのみなり。いまこれを治むる所以《ゆえん》は他に奇巧あらず。ただややその権を奪い、その銭穀《せんこく》を制し、その精兵を収めれば天下おのずから安んぜん」。語《ご》いまだ畢《おわ》らずして上曰く、「卿《けい》また言うなかれ、吾れすでに諭《さと》れり」と。これをしばらくして、上、晩朝《ばんちよう》に因りて故人《こじん》石守信《せきしゆしん》、王《おう》審琦《しんき》らと酒を飲む。酒酣《たけなわ》にして上左右を屛《しりぞ》け、謂《い》いて曰く、「我、なんじらの力にあらざれば、

太祖既得天下、誅李筠李重進、召趙普、問曰、天下自唐季以来、数十年間、帝王凡易十姓、兵革不息、蒼生塗地、其故何也、吾欲息天下之兵、為国家建長久之計、其道何如、普曰、陛下之言及此、天地人神之福也、唐季以来、戦闘不息、国家不安者、其故非它、節鎮太重、君弱臣強而已矣、今所以治之、無它奇巧也、惟稍奪其権、制其銭穀、収其精兵、則天下自安矣、語未畢、上曰、卿勿復言、吾已諭矣、頃之、上因晩朝、与故人石守信王審琦等、飲酒、酒酣、上屛左右、謂曰、我非爾曹之力、不得至此、

ここに至るを得ず。汝らの徳を念《おも》うこと窮已《きゅうい》にあるなし。しかれども天子たるはまた大いに艱難にして、ことに節度使たるの楽にしかず。吾れいま終夕《しゅうせき》いまだかつてあえて枕に安んじて臥せざるなり」と。守信らみな曰く、「何の故ぞ」。上曰く、「これ知り難からず。この位に居ること、誰かこれと為《な》るを欲せざらん」。守信らみな惶恐《こうきょう》し、起ちて、頓首《とんしゅ》して言いて曰く、「陛下何すれぞこの言を出さる。いま天命すでに定まる。誰か敢てまた異心あらん」。上曰く、「しからず。汝ら心無しといえども、それ汝の麾下《きか》の人、富貴を欲すればいかんせん。一旦、黄袍《こうほう》をもって汝の身に加うれば、汝ならざらんと欲するといえども、得《う》べからざるなり」。みな頓首涕泣《ていきゅう》して曰く、「臣ら愚にしてこれに及ばず。ただ陛下哀憐され、生くべきの塗《みち》を以って指示されんことを」と。上曰く、「人生は白駒《はくく》の隙《げき》を過ぐるがごとし、よく富貴たる所

念汝之徳、無有窮已、然為天子、
亦大艱難、殊不若為節度使之楽、
吾今終夕、未嘗敢安枕而臥也、
守信等皆曰、何故、上曰、是不
難知、居此位者、誰不欲為之、
守信等皆惶恐、起頓首、言曰、
陛下何為出此言、今天命已定、
誰敢復有異心、上曰、不然、汝
曹雖無心、其如汝麾下之人、欲
富貴者何、一旦以黄袍、加汝之
身、汝雖欲不為、不可得也、皆
頓首、涕泣曰、臣等愚不及此、
唯陛下哀憐、指示以可生之塗、
上曰、人生如白駒之過隙、所為
好富貴者、不過欲多積金銭、厚
自娯楽、使子孫無貧乏耳、汝曹
何不釈去兵権、択便好田宅市之、

の者は、多く金銭を積み、厚くみずから娯楽し、子孫をして貧乏なからしめんと欲するのみ。汝ら何ぞ兵権を釈去し、便好《べんこう》の田宅を択《えら》びてこれを市《か》い、子孫のために永久の業を立てざるか。多く歌児舞女を置き、日ごとに飲酒あい驩《よろこ》び、もってその天年を終わらば、君臣の間ふたつながら猜嫌《さいけん》なく、上下あい安んず。また善ならざるか」。みな再拝し謝して曰く、「陛下、臣を念うことここに及ぶ。いわゆる死を生かし、骨に肉するなり」。明日、みな疾《やまい》と称し、軍権を解かれんことを請う。上、これを許し、みな散官をもって第に就かしめ、ゆえにこれを慰撫、賜賚《しらい》すること甚だ厚し。ともに婚姻を結び、更置《こうち》、易制《えきせい》する者は親軍を主《つか》さどらしむ。その後また転運使、通判を置き、諸道の銭穀を主さどらしむ。天下の精兵を収め、もって宿衛に備え、諸《もろもろ》の功臣をまたもって終わりを善くし、子孫富貴、いまにおよぶも絶えず。さきに韓《かん》

為子孫立永久之業、多置歌児舞女、日飲酒相驩、以終其天年、君臣之間、両無猜嫌、上下相安、不亦善乎、皆再拝謝曰、陛下念臣及此、所謂生死而肉骨也、明日皆称疾、請解軍権、上許之、皆以散官、就第、所以慰撫賜賚之甚厚、与結婚姻、更置易制者、使主親軍、其後又置転運使通判、使主諸道銭穀、収選天下精兵、以備宿衛、而諸功臣亦以善終、子孫富貴、迄今不絶、曏非韓王謀慮深長、太祖聡明果断、天下何以治平至今、戴白之老、不覩干戈、聖賢之見、何其遠哉、普為人陰刻、当其用事、時以睚眦中傷人甚多、然其子孫、至今享

王《おう》の謀慮深長、太祖の聡明果断にあらざれば、天下何をもって治平今に至り、戴白《たいはく》の老、干戈《かんか》を覩《み》ざるや。聖賢の見、何ぞそれ遠きかな。昔は人となり陰刻、その事を用うるに当たりては、時に睚《がい》眦《さい》をもって人を中傷することははなはだ多し。しかれどもその子孫今に至るも福禄を享《う》く。国初の大臣よく及ぶ者鮮《すく》なし。天下を安んずるの謀、その功大なるにあらざるを得んや。太祖すでに韓王の謀を納れ、しばしば使者を遣わして諸道に分詣《ぶんけい》し、精兵を選択せしむ。およそその材力伎芸、人に過ぐる者あれば、みな禁軍に収補し、これを京師《けいし》に聚めもって宿衛に備う。その粮賜《りょうし》を厚くし、居常みずから按閲《あんえつ》、訓練し、みな一もって百に当たる。諸鎮みなみずから兵力、精鋭、京師の敵にあらざるを知り、あえて異心ある者なきは、わが太祖よく幹を強く枝を弱め、治をいまだ乱れざるに制せしが故なり。

福禄、国初大臣、鮮能及者、得非安天下之謀、其功大乎、太祖既納韓王之謀、数遣使者、分詣諸道、選択精兵、凡其材力伎芸有過人者、皆収補禁軍、聚之京師、以備宿衛、厚其粮賜、居常躬自按閲訓練、皆一以当百、諸鎮皆自知兵力精鋭、非京師之敵、莫敢有異心者、由我太祖能強幹弱支、制治於未乱故也。

▼やや長文だが、宋の太祖《たいそ》趙匡胤《ちょうきょういん》が、九世紀半ば以降百年に及ぶ、唐末、五代の大動乱に終止符を打ち、統一王朝〝宋〟を樹立した時のエピソードを綴る。もとは太祖の同僚的地位にあり、地方を占拠、兵・財・人事を握って専権をふるった節度使(藩鎮《はんちん》)の職を、盃酒談笑の間に中央に回収した話として有名。謀りごとのお膳立ては趙普の役であったが、後半に書かれているように、すでに五代後半からの軍事力の段階的中央集権化が進み、いわば外堀を埋められた形で節度使たちは権力を平和裡に差出さざるを得なかった。李筠《りいん》と李重進《りじゅうしん》は山西沢州、江蘇揚州で宋に抵抗した節度使、いずれも石守信らに滅ぼされている。十姓を易《か》えるは唐末から五代の中央集権担当者の姓は、契丹もいれてこまかく数えると十になるからかく言う。黄袍は天子だけが着るためその象徴、太祖が、開封の北の陳橋《ちんきょう》駅で兵士たちから黄袍を着せられた話はのち范質の条にみえる。「人生は白駒の隙を過ぎるようなもの」とは『荘子《そうじ》』にみえる洗練された表現。白い駒が瞬時に隙間《すきま》のむこう側を駆け抜けるように、アッという短い間の意。「生死肉骨」は『春秋左氏伝《しゅんじゅうさしでん》』にある言葉。施恩の深いたとえ。転運使は現在の省に相当する路《ろ》という区分の責任者。通判《つうはん》は、府州の副知事格の職名でいずれも宋代重要な官職として新しく設けられた。

二　北を攻めるか南を撃つか

即位した当初、太祖はたびたびおしのびで出歩き、民間の様子をさぐり、あるいは不意に臣下の家を訪れたりした。このため趙普は宮城から下《さが》っても衣服を改めずにいた。ある大雪の日、夜に入って、普はこんな日はおかみだってもう御出ましにならぬだろうと考えた。しばらくして、門を叩《たた》く音に、大いそぎで出てみると、太祖が降りしきる雪の中に立っている。恐縮した普は「晋王《しんおう》（太宗）とも約束してあったのでな」という太祖を丁寧に招じ入れた。やがて太宗もきて、普の客間に敷物を重ねて坐り、火をもやして肉を焼いた。普の妻が酒をつぐと、太祖は「嫂《ねえ》さん」と親愛の情をあらわして呼びかけた。

普はやおらたずねた。「寒さ酷《きび》しいこの夜更《よふけ》、陛下は何ゆえにお出ましですか」。「わしは目をつむっても眠られぬ。ベッドのまわりはすべて他処《よそ》の家のようだ。だからここに来てそちの顔を見るのだ」。普は言葉を改めていった。「陛下は天下統一を軽くみておられるのではないでしょうね。全国制覇は今こそその時期です。本心をおきかせ下さい」。

「わしは北の太原《たいげん》を攻めようと思う」という太祖に対し普はしばらくおし黙っていた

あと「私めにはわかりません」と答えた。太祖が理由をきくと、普は次のように述べた。「太原は西と北の二方面に対する地点です。一挙にこれを陥れると、二つの外敵を我々が一手に引受けなければならなくなります。暫くこのままにしておき、他の諸国を平定すれば、太原という小さな点は、逃げ場がなくなるでしょう」。太祖は笑いながら「わしの意中もその通りだ。ちょっとそちをためしただけだ」といい、そのまま江南《こうなん》（南唐）征伐が決定された。太祖が「王全斌《おうぜんぴん》は四川《しせん》を平定した時、たくさんの人を殺した。わしは今でもそれを思って心が痛む。そんなことがあってはならぬ」といわれたので、普は曹彬《そうひん》を総大将に、潘美《はんび》をその副官に推薦した。（邵氏聞見録）

太祖即位の初め、しばしば出でて微行し、もって人情を偵伺《ていし》す。あるいは功臣の家を過《よぎ》ること測るべからず。趙普、朝を退くごとにあえて衣冠を脱がず。一日大いに雪ふる。夜に向かい普謂《おも》えらく「帝また出《い》でざらん」と。これを久しくして門を叩く声を聞き、普亟《すみやか》に出づ。帝風雪の中に立てり。普惶懼《こうく》迎拝す。帝曰く、「すでに晋王《しんおう》と約せ

太祖即位之初、数出微行、以偵伺人情、或過功臣之家、不可測、趙普毎退朝、不敢脱衣冠、一日大雪、向夜、普謂帝不復出矣、久之、聞叩門声、普亟出、帝立風雪中、普惶懼迎拝、帝曰、已約晋王矣、已而太宗至、共於普

り」と。すでにして太宗至る。ともに普の堂中において、重裀《じゆういん》を設けて地坐す。炭を熾《もや》し肉を焼き、普の妻酒を行《や》る。帝、嫂《そう》をもってこれを呼ぶ。普従容《しようよう》として問いて曰く、「夜久しく寒甚し。陛下なにをもって出づるや」。帝曰く、「吾れ睡るもあたわず。一榻《とう》に着するの外みな他人の家なり。ゆえに来たりて卿《けい》に見《まみ》ゆ」と。普曰く、「陛下天下を小《ちいさし》とするや。南征北伐、いまその時なり、願わくば成算の向かうところを聞かん」。帝曰く、「吾れ太原を下さんと欲す」。普、黙然たり。これを久しくして曰く、「臣の知る所にあらざるなり」。帝その故を問う。普曰く、「太原は西北二辺に当たる。一挙にして下さしむれば、二辺の患、われひとりこれに当たらん。なんぞしばらく留め、もって諸国を削平するを俟《ま》たざるか。さすれば弾丸《だんがん》黒誌《こくし》の地、まさに逃るる所無からんとす」。帝笑いて曰く、「わが意まさにかくのごとし。ただ卿

堂中、設重裀地坐、熾炭焼肉、普妻行酒、帝以嫂呼之、普従容問曰、夜久寒甚、陛下何以出、帝曰、吾睡不能、着一榻之外、皆他人家也、故来見卿、普曰、陛下小天下耶、南征北伐、今其時也、願聞成算所向、帝曰、吾欲下太原、普黙然、久之曰、非臣所知也、帝問其故、普曰、太原当西北二辺、使一挙而下、則二辺之患、我独当之、何不姑留、以俟削平諸国、則弾丸黒誌之地、将無所逃、帝笑曰、吾意正如此、特試卿耳、遂定下江南之議、帝曰王全斌平蜀、多殺人、吾今思之猶耿耿、不可用也、普於是薦曹彬為将、以潘美副之。

を試すのみ」。ついに江南を下すの議を定む。帝曰く、「王全斌《おうぜんひん》、蜀を平ぐるに多く人を殺す。吾れいまこれを思いなお耿耿《こうこう》たり。用うべからざるなり。普ここにおいて曹彬《そうひん》を薦めて将となし、潘美《はんび》をもってこれに副たらしむ。

▼宋の太祖《たいそ》趙匡胤《ちょうきょういん》と太宗《たいそう》趙匡義《ちょうきょうぎ》は兄弟で、いずれも三十八歳で雄図空しくなった五代後周《こうしゅう》の世宗の部下であった。世宗、太祖、太宗は日本でいえば、信長、秀吉、家康にぴったりあてはまる。本条から寂しがりやの太祖の一面がうかがわれる。世宗は強い者から攻撃する方針だったが、太祖は五代諸国の征服に際し弱い者から併合を進めた。荊南、楚、南漢、後蜀と征服戦が成功し、強敵契丹の傀儡《かいらい》政権である山西太原の北漢と、建康（いまの南京《ナンキン》）に残る江南（南唐）のいずれを攻撃するかの選択がここできまっている。なお、四川征服に際し、宋軍の行った殺戮と掠奪は、後に深い傷痕を残した。江南征服戦ではその轍《てつ》をふまぬ配慮がめぐらされている。

三　投書はすべて焼き捨てに

国初、宰相趙普《ちょうふ》は、執務室の椅子の後に大甕《おおがめ》二つを置き、人びとがいってくる投書、意見書をすべてこの中に投げこんだ。一杯になるとそれを目抜通りで焼き払った。

（聞見録）

国初、趙普相となり、庁事《ちょうじ》、坐屛《ざへい》の後に二大甕《よう》を置く。およそ人、利害の文字を投ずるあれば、みな中に置き、満つればすなわち通衢《つうく》に焚く。

国初、趙普為相、於庁事坐屛後、置二大甕、凡有人投利害文字、皆置中、満即焚於通衢。

四　幼児に位をつがせるな

太祖の母親昭憲《しょうけん》太后は、聡明でホドのわかる女性で、日頃、太祖の政策決定にも関与していた。重態に陥った時、太祖は側《そば》を離れずに世話を焼いたが、太后は次のようにたずねられた。

「お前はどうして天子になれたのかい」。「それはすべて御先祖と父上、そしてあなたのおかげです」と太祖が答えると、太后は、「いやそうではない。後周《こうしゅう》の柴氏《さいし》が、幼児を天子にしたからですよ」と笑いながらいい、そこで言葉を改めて太祖に命じた。「お前のあとは、二人の弟たちに順番に伝えなさい。そうすればお前の子供たちも安全だからね」。太祖は「母上のお教え通りに致します」と深く頭を下げた。

そこで太后は趙普をベッドの側によび寄せ誓約書を作り、末尾《まつび》に「わたくしめがこれを金匱《きんこ》におあずかりする」と書かせ、信頼できる宮人にそれを託した。

太宗が即位すると普は盧多遜《ろたそん》におとしめられて、孟州《もう》（河南省）の知事に出されたが、不安な毎日をすごしていた。ある日金匱《きんこ》をあけた太宗は誓約書をみて心に深くうなずくところがあり、使いをやって急いで彼を呼びよせた。急のお召しに動揺した普は、遺書をしたため、家の者に別れを告げて出発したが、都に来てみると、再び宰相に任命された。（紀聞）

昭憲太后聡明にして智度《ちど》あり。つねに太祖と大政に参決す。疾篤《やまいあつ》きにおよび、太祖薬餌《やくじ》に侍《じ》し、左右を離れず。太后曰く、「汝みずから天下を得る所以《ゆえん》を知るか」。太祖曰く、「これみな祖考と太后

昭憲太后、聡明有智度、嘗与太祖参決大政、及疾篤、太祖侍薬餌、不離左右、太后曰、汝自知所以得天下乎、太祖曰、此皆祖

の余慶なり」と。太后笑いて曰く、「しからず。まさに柴氏《さい》、幼児をして天下に主たらしむるに由《よ》るのみ」。よりて太祖に戒勅《かいちょく》して曰く、「汝万歳ののち、まさに次をもってこれを二弟に伝うれば、汝の子を幷せてまた安きを獲ん」。太祖頓首し泣きて曰く、「あえて母の教のごとからざらんや」。太后よりて趙普を榻前《とうぜん》に召し、約誓書をつくる。普、紙尾にみずから署名し、「臣普書してこれを金匱《きんこ》に蔵す」と云う。謹密の宮人に銘じてこれを掌《つかさど》らしむ。太宗位につき、普、盧多遜の譖《そし》るところとなり、出でて河陽《かよう》を守る。日夕不測《にっせきふそく》を憂う。上、一旦金匱を発し書を得て大いに寤《さと》る。ついに使を遣わし、急ぎこれを召す。普惶恐《こうきょう》し、遺書をつくり、家人と別れてのち行く。すでに至るや、また相となる。

考与太后之余慶也、太后笑曰、不然、正由柴氏、使幼児、主天下耳、因戒敕太祖曰、汝万歳後、当以次伝之二弟、則幷汝之子、亦獲安矣、太祖頓首、泣曰、敢不如母教、太后因召趙普於榻前、為約誓書、普於紙尾、自署名云、臣普書蔵之金匱、命謹密宮人掌之、及太宗即位、普為盧多遜所譖、出守河陽、日夕憂不測、上一旦発金匱、得書、大寤、遂遣使、急召之、普惶恐、為遺書、与家人別而後行、既至、復為相。

▼皇帝権の継承は周囲の権力争いとも絡み、宋代でもいつも問題がおこる。太祖から

太宗へは兄弟相続で、そのよりどころはここにみられる二人の母昭憲太后杜《と》氏の命令ということになっている。しかし、古くから太宗が太祖を殺して帝位を奪ったという疑惑がささやかれており、真相はわからない。太宗時代に入ると趙普の専権に反対する盧多遜派の活動が盛んとなり、普は一時失脚するが、のち多遜を逆に広南に放逐する。後の竇儀《とうぎ》の条でもうかがえるように、両者の争いはもっと複雑で根が深く、だからこそ、趙普は太宗からの召還令を死を賜る予告かと思ったわけである。

曹彬《そうひん》　枢密使《すうみつし》・済陽《さいよう》・曹武《そうぶ》恵王《けいおう》・彬《ひん》（九三一―九九九）

字《あざな》は国華。華北中部真定《しんてい》出身の軍人。五代以来の将軍の血筋で、太祖の諸国平定を援けて功労あり、特に江南征服の総司令官として名をあげる。三代皇帝真帝の初め枢密使（軍政担当の副宰相）に進む。幼少から武芸の素質があり、また仁愛に富んでいたといった神話がのちに多く作られる。

五　人前では口を開かず

曹彬《そうひん》と太祖は、天下の大事をひそかに語りあったが、帝のみ心に合致しない場合はなかった。しかし、公式の会議の場では、話もできないかと思われるほど無口であり、

太祖はますます彼を重視した。（行状）

王と太祖、ひそかに天下を論じ、事、上意に合《がっ》せざるなし。公堂の会議なれば、言うあたわざるがごとし。太祖ますます器重《きちょう》とする所なり。

王与太祖、密論天下、事無不合上意、而公堂会議、如不能言、太祖益所器重。

六　みだりに人を殺さず

金陵《きんりょう》（現在の南京《ナンキン》）の南唐攻撃が成功しようとしている時、曹彬は突然病気といって指揮をとらなくなった。将校たちが全員病気見舞にやってきた。彬はいった。「わしの病《やまい》は薬では治らぬ。ただ、君たちが城を陥れた日に、不必要には一人も殺さぬと心から誓ってくれれば、自然に治るだろう」。将校たちは承知し、香を焚《た》いて誓約した。翌日、病状は好転し、金陵が陥落しても、城中は以前とかわらなかった。江州《こうしゅう》（九江《きゅうこう》）を陥れた曹翰《そうかん》は長い抵抗に腹をたてて、城内の住民をみな殺しにした。彬《ひん》の子孫が出世して栄え、現在まで絶えぬのに対し、翰《かん》が死んで三十年にならないうちに、その子孫は怪しい場所で乞食をしている者がある。程頤《ていい》の話による。（紀聞）

曹彬《そうひん》金陵を攻む。まさに克《かた》んとして、たちまち疾と称して事を視《み》ず。諸将みな来たりて疾を問う。彬曰く、「余の病、薬石の愈《い》やすところにあらず。ただ、諸公ともに誠心を発して自誓し、城に克つの日、妄《みだ》りに一人を殺さざるをもってすべくんば、おのずから愈《い》えん」。諸将許諾《きょだく》し、ともに香を焚き誓いとなす。明日やや愈《い》ゆ。金陵に克《か》つに及び、城中みな按堵《あんど》することもとのごとし。曹翰《そうかん》江州に克ち、その久しく下らざるに忿《いか》り、屠戮《とりく》して遺《のこ》すなし。彬の子孫貴盛《きせい》、いまに至るも絶えず。翰卒していまだ三十年ならず。子孫海上に乞匄《きっかい》する者あり。程頤《ていい》いう。

曹彬攻金陵、垂克、忽称疾不視事、諸将皆来問疾、彬曰、余之病、非薬石所愈、唯須諸公共発誠心、自誓、以克城之日、不妄殺一人、則自愈矣、諸将許諾、共焚香為誓、明日稍愈、及克金陵、城中皆按堵如故、曹翰克江州、忿其久不下、屠戮無遺、彬之子孫貴盛、至今不絶、翰卒未三十年、子孫有乞匄於海上者矣、程頤云。

▼文を武に優先させ、文官士大夫の地位を確定させた宋代、武将とか名将とか呼び得る人物は甚だ少ない。国初ではこの曹彬《そうひん》が筆頭で、特に最大の征服戦だった南唐攻撃の司令官として、また中国歴代を通じて殺戮の巷となった金陵（建康、南京）で人を

殺さなかった責任者として喧伝《けんでん》される。彼の子曹瑋《そうい》も言行録巻三に採録され、また孫娘は仁宗《じんそう》の皇后となり、一族栄華を極めた。兵士は城郭都市を陥れると掠奪、強姦が楽しみであり、それを目的ともしていた当時、こうした形で彼の陰徳が語られるのは、さして不思議でないともいえる。

范質《はんしつ》　丞相《じょうしょう》・魯国《ろこく》・范公《はんこう》・質《しつ》（九一一―九六四）

字は文素。大名《だいめい》（河北）の出身。五代後唐時代の進士。後唐から後周まで五代四王朝の文官官僚として重きをなした。後周世宗《せいそう》のあと七歳の恭帝《きょうてい》を擁立《ようりつ》したが、結果的には軍を握る趙匡胤《ちょうきょういん》に敗れた。宋初の過渡期四年間、同僚の魏仁浦《ぎじんぽ》、王溥《おうふ》と三人で宰相をつとめ、趙普へバトンタッチする。なお宋からの諡《おくりな》など一切をことわった。

七　大事に際する宰相の姿

後周《こうしゅう》の顕徳《けんとく》末年（九五八）、趙匡胤《ちょうきょういん》（宋の太祖）は軍の最高司令官となり、赫々《かくかく》たる功労をたてたが、いよいよ頭を低くへり下っていた。将軍や将校たちで彼に心を寄せる者も多く、宰相の王溥もまたひそかに誼《よしみ》を通じていた。現在の南の御園《ぎょえん》は溥がいち早く献上したものである。ただ范質は後周に忠勤をはげみ、まったく太祖につかなかった。後周の世宗《せいそう》が崩御したあと、契丹《キッタン》侵入の報が入り、大兵をひきいて太祖が撃退に向かったが、開封《かいほう》の北、陳橋《ちんきよう》駅で軍のクーデターが起こり、皇帝に推戴《すいたい》された。開封城にとって返すと、韓勍《かんけい》は近衛《このえ》軍を率いて抵抗したが敗死した。やがて太祖は正陽門に登り、城内の将軍でまだ自分に帰順しない者がいるのを見てとると、甲冑《かっちゅう》を脱いで宰相府《さいしょうふ》にやって来た。この時、朝見がまだ終わっておらず、乱を聞いた范質は御殿からおりて王溥《おうふ》の手をつかんでいった。「よく考えずに大将（太祖）を派遣したのはわれわれの責任だ」。爪が王溥の手にかかり、血が流れたが溥はおし黙っていた。太祖の顔を見るや質は、「先帝はそなたを子供のように育《はぐく》まれた。亡くなられて日もたたぬのに、これはいかがしたことか」と詰問した。心やさしい太祖は顔一面を涙で濡《ぬ》らすだけであった。しかし勢いをとどめることができぬと知った質は次のように提言した。「ことがかくなった上は、いい加減にしておいてはいけませぬ。昔から帝王には禅譲《ぜんじよう》の礼というものがございます。いまこそ、それを行うべきです」。そこでその方式を述べたてた上で申し上げた。「礼によって禅《ゆずり》を受けられた以上、後周の太后には母のようにつかえ、少主《しようしゆ》（恭帝）は子として遇するべきで、ゆめ先帝（世宗）の旧恩を忘れてはなりませぬぞ」。太祖は涙をぬぐって承知し、やおら百官をひき具して、儀礼を行った。このことあって、太祖は范質を深く尊敬し、なお数年間、宰相の地位にとどめおいた。質が亡くなるまで、太后も少主も無事であった。このため、太祖と太宗は、賢相の話がでると、范質を第一にあげた。

周顕徳末年、太祖、殿前都点検《でんぜんとてんけん》に任じ、功業日に隆《たか》く、謙下《けんか》いよいよ甚し。老将大校《たいこう》、心を帰す者多し。宰相王溥《おうふ》といえどもまたひそかに誠歎《せいかん》を効《いた》す。いまの南御園《ぎょえん》は溥のつとに献ぜし所なり。ただ范質のみ周室に忠にして、初めより附すところなし。世宗晏駕《せいそうあんが》におよび、北辺、契丹の入寇を奏す。太祖に命じ、大兵をもって出でてこれを拒ましむ。行きて陳橋に至り軍変す。すでに城に入るや、韓勍《かんけい》、親衛をもって闕下《けつか》に戦い敗死す。太祖正陽門に登り城中を望むに、諸軍いまだ帰するものあらず。すなわち甲を脱ぎ政事堂に至る。時に早朝いまだ退せず。乱を聞き、質殿より下り、溥の手を執りて曰く、「倉卒《そうそつ》に将を遣せしはわれら

周顕徳末年、太祖任殿前都点検、功業日隆、而謙下愈甚、老将大校、多帰心者、雖宰相王溥、亦陰効誠歎、今南御園、則溥夙所献也、惟范質忠於周室、初無所附、及世宗晏駕、北辺奏契丹入寇、命太祖、以大兵出拒之、行至陳橋、軍変、既入城、韓勍以親衛、戦於闕下、敗死、太祖登正陽門、望城中諸軍未有帰者、乃脱甲、詣政事堂、時早朝未退、而聞乱、質下殿、執溥手曰、倉卒遣将、吾儕之罪也、爪入溥手、

の罪なり」と。爪溥の手に入りほとんど血を出さんとす。溥言なし。すでに太祖に見《まみ》ゆ。質曰く。「先帝、太尉を養うこと子のごとし。いま身いまだ冷《さ》めざるに、いかんぞかくのごときや」。太祖、性仁厚なり。流涕《りゅうてい》面を被う。然れども質　勢《いきおい》の遏《とど》むべからざるを知り、曰く、「事すでにしかれば、はなはだ倉卒《そうそつ》なるなかれ。古えより、帝王、禅《ぜん》譲《じょう》の礼あり、いま、行うべきなり」と。よりて具《つぶさ》にこれを陳《の》ぶ。かつ曰く、「太尉すでに礼をもって禅を受くれば、太后に事《つか》うるにまさに母のごとく、少主を養うにまさに子のごとくすべし。切《せつ》に先帝の旧恩に負《そむ》くなかれ」。太祖、涕《なみだ》を揮《ふる》い許諾す。しかる後、百官を率いて礼を行う。これにより、太祖、深く質を敬重し、なおもって相と為《な》すこと累年なり。質の世を終わるまで、太后、少主みな恙《つつが》なし。ゆえに太祖、太宗、賢相を言うごとに、必ず質をもって称首《しょうしゅ》となす。

幾出血、溥無語、既見太祖、質曰、先帝養太尉如子、今身未冷、奈何如此、太祖性仁厚、流涕被面、然質知勢不可遏、曰事已爾、無太倉卒、自古帝王有禅譲之礼、今可行也、因具陳之、且曰、太尉既以礼受禅、則事太后、当如母、養少主、当如子、切勿負先帝旧恩、太祖揮涕、許諾、然後率百官行礼、由此、太祖深敬重質、仍以為相者累年、終質之世、太后少主皆無恙、故太祖太宗、毎言賢相、必以質為称首。

▼顕徳六年（九五九）六月、三十八歳で英主後周の世宗がなくなったあと、七歳の少主恭帝が位をつぐが、半年のちの翌年正月、最高軍司令官として輿望《よぼう》を担っていた趙匡胤が軍隊にかつがれて皇帝位につく。これが宋の太祖で、クーデターの場所は、開封《かいほう》から黄河を渡ってすぐの陳橋駅だったため陳橋の変などともいう。本条はその経緯、開封へとって返した太祖たちを受入れる旧後周の大臣たちの動き、平和裡の政権譲渡形式である禅譲の礼などを要領よくまとめてある。

竇儀《とうぎ》　内翰《ないかん》・竇公《とうこう》・儀《ぎ》（九一四―九六六）字は可象《かしょう》。薊州《けい》（河北）出身。五代後晋《こうしん》の科挙《かきょ》進士。後漢、後周と翰林学士《かんりんがくし》をつとめた。本条にある陶穀《とうこく》とともに、五代以来の文官の中心人物として、宋の新しい諸制度の再編成に重要な貢献をした。

八　宰相は読書人《どくしょじん》たるべし

太祖は年号を改めようとして、宰相に「これまでない年号を使うよう」命じた。時の宰相は「〝乾徳《けんとく》〟がよろしゅうございます。これは前代にございません」と申し上げた。乾徳三年正月（九六五）、四川の後蜀《こうしょく》を平定した。蜀の宮人で開封《かいほう》の宮廷にやって来た女の化粧道具をしらべたところ、鑑《かがみ》の背中に「乾徳四年鋳造」とあるではないか。大いに驚いた太祖は「四年の鋳造などとは何事か」と鑑を宰相たちの前につきつけたが、誰も返答できぬ。すったもんだの末、翰林学士《かんりんがくし》（詔勅起草官）の陶穀《とうこく》と竇《とう》儀《ぎ》を召し出したところ、次のように奏上した。「前蜀の少主《しょうしゅ》（王衍《おうえん》）にこの年号がございます。鑑は四川で鋳造されたに違いありません」。太祖は非常に喜び、そこで「宰相にするには読書人でなければいけない」と慨嘆《がいたん》された。これより文臣《ぶんしん》が重んぜられることになった。（劉貢父詩話《りゅうこうふしわ》）

太祖、改元を欲し、宰相に謂いて曰く、「いま年号を改むるに古来いまだあらざる者を須《もち》うべし」と。時の宰相、乾徳をもって請となし、かつ前代なきところと言う。三年正月、蜀を平らぐ。蜀の宮人、掖庭《えきてい》に入る者あり。太祖その奩具《れんぐ》を閲するによりて鑑を得たり。背の字に乾徳四年鋳《ちゅう》すと云う。大いに驚きて曰く、「いずくんぞ四年鋳せし

太祖欲改元、謂宰相曰、今改年号、須古来未有者、時宰相以乾徳為請、且言前代所無、三年正月、平蜀、蜀宮人有入掖庭者、太祖因閲其奩具、得鑑、背字云、乾徳四年鋳、大驚曰、安得四年所鋳乎、出鑑以示宰相、皆不能

ところを得んや」。鑑を出してもって宰相に示すも、みな対《こた》うるあたわず。すなわち学士陶穀《とうこく》、竇《とう》儀《ぎ》を召す。奏して曰く、「蜀の少主にかつてこの号あり。鑑はかならず蜀中《しょくちゅう》の鋳せしところならん」。太祖大いに喜び、よりて歎じて曰く、「宰相となすは、すべからくこれ読書人たるべし」と。これより大いに儒臣《じゅしん》を重んず。

対、乃召学士陶穀竇儀、奏曰、蜀少主曾有此号、鑑必蜀中所鋳、太祖大喜、因歎曰、作宰相須是読書人、自是大重儒臣矣。

▼唐中期から五代に至る長い武人跋扈《ばっこ》に終止符を打った宋の太祖が、文官、科挙官僚中心の方向を明白にする有名なエピソード。「宰相は読書人たるべし」とある〝読書人〟はこれ以後二十世紀まで、一千年間、支配階級の中枢となる。読書人つまり高度に読みかつ書くことのできる人間は一般には〝士大夫《したいふ》〟と呼ばれる。士大夫は幼児より十数種類の儒教の経典《けいてん》を隅から隅まで暗誦し、詩と文を作る訓練をくりかえし、司《し》馬遷《ばせん》の『史記』をはじめとした歴史書や数多くの古典に通暁しなければならなかった。さもなくば、決して「科挙」の試験に合格できないからである。宋代以後、中国の最高級官僚は、行政や財政、あるいは法律の専門家であるよりも、まず綜合的な、かつ

極端に教養主義的で博学――但しいまの言葉でいえば人文科学が中心だが――な人間であることを要求された。軍人に政治をまかせることなどは最初から論外であり、また単なる専門知識だけの持主にも大臣、宰相はまかせられぬ。そうした社会通念は、現在でも中国でなくなったとはいえず、ある点では、そのことは我々も十分に見直す必要があると思われる。自然科学、技術改革の極度の進歩と、それに反比例した哲学をはじめとした人文学、人間の精神の学問の後退は、やがて人類をこころのないロボットの集まりと化する危険なしとしない。

九 処世のむずかしさ

竇儀《とうぎ》は開宝《かいほう》年間、翰林学士《かんりんがくし》（詔勅起草官）となった。この時趙普が専権を振るい、それを快く思わなかった太宗は、むしろ彼の落度を聞きたがった。ある日、儀を召し出し、普のやることには法にそわぬことが多いことを話題とし、また儀は以前から才能を嘱望《しよくぼう》されていると誉めあげた。儀が普は開国の功臣で、公平、忠直《ちゆちよく》、国の礎《いしずえ》であると盛んに言いたてたので、太宗は機嫌をそこねた。帰宅した儀は弟たちに話し、酒をなみなみとつがせた。そのわけを、「わしは絶対に宰相にはなれぬが、しかし海南島に行かされもしない。わが一族は安泰じゃ」と説明した。このあと翰林学士盧多遜《ろたそん》が召し出された。彼は普に、常日頃憾《うらみ》があり、出世もしたかったため、普を攻撃した。果して普は宰相を罷免になり、孟州《もうしゅう》（河南省）の知事に出された。この時、彼は生命が危なかったが昔からの功労者ということで難を逃れた。多遜は副宰相から宰相に進んだが、太平興国七年（九八二）、普が宰相に返り咲くと、多遜は海南島に追放された。竇儀《とうぎ》の言葉通りになったわけである。（談苑）

竇儀《とうぎ》、開宝中、翰林学士となる。時に趙普政を専らにす。帝これを患《わず》らい、その過を聞かんと欲す。一日、儀を召し、語、普のなすところ多く不法なるに及ぶ。かつ儀は早くより才望を負《お》うの意を誉む。儀、普は開国の勲臣にして公忠亮直《りょうちょく》、社稷《しゃしょく》の鎮なりと盛言す。帝悦《よろこ》ばず。儀帰りて諸弟に言い、酒を張りて引満《いんまん》す。そのゆえを語りて曰く、「我かならず宰相となるあたわず。しかれどもまた朱崖《しゅがい》に詣《いた》らず。吾が門保すべきなり」と。すで

竇儀、開宝中、為翰林学士、時趙普専政、帝患之、欲聞其過、一日召儀、語及普所為多不法、且誉儀早負才望之意、儀盛言、普開国勲臣、公忠亮直、社稷之鎮、帝不悦、儀帰言於諸弟、張酒引満、語其故曰、我必不能作宰相、然亦不詣朱崖、吾門可保矣、既而召学士盧多遜、多遜嘗

にして学士盧多遜《ろたそん》を召す。多遜つねに普に憾あり、またその進用を喜ぶ。ついに普の短を攻む。はたして相を罷め、出でて河陽に鎮す。普の罷むるや甚だ危きも、頼るに勲旧《くんきゅう》をもってして禍を脱す。多遜ついに参知政事たりて相となる。太平興国七年、普また入りて相たり。多遜崖州《がいしゅう》の行あり。これその言の験《しるし》なり。

有憾於普、又喜其進用、遂攻普之短、果罷相、出鎮河陽、普之罷、其危、頼以勲旧脱禍、多遜遂参知政事、作相、太平興国七年、普復入相、多遜有崖州之行、是其言之験也。

▼現代に至るまで、中国の政権争いには権謀術策のあらゆるてが使われる。『名臣言行録』はそうした中での処世術を教えることを前提にしているかに見える。太祖から太宗への交代で、趙普の立場が危うくなる。しかし同じ太宗の終わり頃、普は再び復活し、旧敵盧多遜を放逐する。その間にあって巧みに身を処するのが五代以来の智慧袋寶儀《とうぎ》というわけである。朱崖《しゅがい》は現在の海南島の地名だが、ここでは海南島の別称として使われている。

第二章　太宗《たいそう》　第二代皇帝——国づくりの完成

　第二代皇帝太宗《たいそう》すなわち趙匡義《ちょうきょうぎ》は太祖の弟である。性格はまるで違って、まさしく狸爺《たぬきじじい》といわれた徳川家康そっくりであり、また宋王朝の内治の骨格を作りあげた諸政も家康のそれを思わせる。文人官僚を登用するための科挙《かきょ》制度をはじめ、中央・地方の政治制度、塩を筆頭とした専売制度や財政制度など、全国統治のための主要な諸政策はすべてこの皇帝の手で整備されたといえる。とくに科挙の恒常的実施によって、新しい階層からの合格者「進士《しんし》」が次々と誕生し、その中から「名臣」が登場してくる。山西の太原《たいげん》にあった独立国北漢《ほくかん》は太宗治世四年目の九七九年に滅ぼされ、ここに全国統一が完成したが、太祖、太宗の二代の努力にもかかわらず、河北・山西の北部（いまの北京以南まで含む）まで領有している契丹《キッタン》（遼《りょう》）には歯がたたず、手痛い敗北を喫《きっ》するばかりだった。治世は二十一年、宰相は七人で、李昉《りぼう》、呂蒙正《りょもうせい》、張斉賢《ちょうせいけん》、呂端《りょたん》らが有名。ただ、太宗は兄太祖を殺して帝位についたのではないかという疑惑が早くからささやかれていた。

李昉《りぼう》 丞　相《じょうしょう》・李文正公《りぶんせいこう》・昉《ぼう》（九二五―九九六）

字は明遠《めいえん》、深州（河北）の出身。後漢《こうかん》の科挙進士。翰林学士から副宰相をへて、太宗の太平興国八年（九八三）宰相となる。趙普の再登場による中断期を除き、太宗後半八年間宰相であった。

一〇　人を任用する態度

李昉《りぼう》が宰相だった時、ポストを要求されると、役にたつ人材だと見てとった場合は、必ず顔色を正して拒絶した。すでに抜擢《ばってき》がきまっていたり、あるいは使いものにならぬという場合は、きまってにこやかに語調を和《やわ》らげて応待する。子弟がその理由をきくと、昉はこう答えた。「賢人を任用するのは天子の仕事だ。わしが願いをきき入れれば、これは私恩を売ることになる。だから断固断わり、恩をおかみに帰せしむるのだ。もし任用せぬなら、もう希望を失っていることとて、優しい言葉でもかけてやらぬと、怨まれることになるだけだ」。（巵史《しし》）

李文正《りぶんせい》、相《しょう》となり、差遣《さけん》を求むるあり。その人材　李文正為相、有求差遣、見其人取りてまさに収用せんとすべしと見れば、かならず色を正してこれを拒絶す。すでに擢用《てきよう》せられあるいは収用に足らざれば、かならず顔を和《やわ》らげ語を温《やさし》くしてこれを待《たい》す。子弟その故《ゆえ》を問うあり。公曰く、「賢を用うるは人主の事、我もしその請を受くれば、これ私恩を市《う》るなり。ゆえにこれを峻絶し、恩をして上に帰せしむ。もしそれ用いざる者は、すでに望むところを失う。また善辞なくんば、これ怨を取るの道なり」。

材可取将収用、必正色拒絶之、已而擢用、或不足収用、必和顔温語待之、子弟或問其故、公曰、用賢人主之事、我若受其請、是市私恩也、故峻絶之、使恩帰於上、若其不用者、既失所望、又無善辞、此取怨之道也。

▼後周時代、国都開封の長官であった李昉《りぼう》は、最初太祖としっくりゆかずに苦労したが、太宗時代の後半になって芽が出た。彼は盧多遜《ろたそん》派の人物だが、太宗からは善人として信頼されていた。はじめにある差遣《さけん》とは宋代の特殊用語で、官員の実際に職務のあるポストを指す。

呂蒙正《りよもうせい》　丞相《じようしよう》・許国・呂文穆《ぶんぼく》公・蒙正（九四六—一〇一一）

字は聖功《せいこう》、洛陽の人。太平興国二年（九七七）の進士。純然たる宋代の新官僚。科挙首席としてスピード出世をとげ、八年（九八三）に早くも副宰相、端拱《たんきょう》二年（九八九）宰相となる。以後太宗末、真宗初めにかけて宰相在位は合計九年に及ぶ。彼の姪《おい》がのちに出る呂夷簡《りょいかん》。宋代の名族呂氏の始祖ともいえる。

一一　悪口をいわれても知らん顔

呂蒙正《りょもうせい》は人の過失を覚えないようにしていた。副宰相になった当初、朝見の御殿で、ある朝臣が簾《みす》の中から、「あんな男まで副宰相か」と指さした。蒙正が聞こえぬふりをして通りすぎると、怒った同僚がその男の官位姓名を問いただそうとしたので、蒙正はあわててそれをおしとどめた。朝見がすんでも同僚は腹の虫がおさまらず、問いつめなかったことを悔やんだ。蒙正はいった、「もし一度その名前を知れば一生忘れられまい。知らないでいた方がずっとましである。それに聞かないでおいて何が損になるのか」と。当時、人々はすべてその度量に感服した。（紀聞）

呂蒙正《りょもうせい》人の過を記するを喜ばず。はじめて参知政事たりて朝堂に入る。朝士《ちょうし》あり、簾内《れんない》よりこれを

呂蒙正、不喜記人過、初参知政事、入朝堂、有朝士、於簾内、

指して曰く、「この小子もまた参政なりや」。蒙正佯《いつわ》りて聞かざるとなしてこれを過ぐ。その同列怒り、その官位姓名を詰せしむ。蒙正にわかにこれを止どむ。朝を罷《や》むるに、同列なお平らかなるあたわず。窮問《きゆうもん》せざるを悔やむ。蒙正曰く、「もしひとたび姓名を知らば、終身また忘るるあたわず。もとより知るなきにしかざるなり。かつ、これを問わざるも何の損ぞや」と。時にみなその量に服せり。

指之曰、是小子亦参政邪、蒙正佯為不聞而過之、其同列怒、令詰其官位姓名、蒙正遽止之、罷朝、同列猶不能平、悔不窮問、蒙正曰、若一知其姓名、則終身不能復忘、固不如毋知也、且不問之、何損、時皆服其量。

▼呂蒙正は太宗の太平興国二年（九七七）、皇帝みずから最終試験官となって行う科挙の殿試《でんし》の最初の首席合格者。生粋の宋の文官官僚のトップバッターというべき位置にある。本条中の〝小子〟なる言葉は武人や旧い官僚群の複雑な感情が含まれているかと思われる。

一二　どうして人材を知るか

呂蒙正《りょもうせい》がある時子供たちに、「自分が宰相であることを世間でどうみているか」とたずねた。子供たちは「立派な宰相で、四海無事、異民族たちもなつき従い、大変結構でございます。ただ、事柄の決断ができぬため、同僚との論争が多いと言われています」と答えた。蒙正は言った。「わしは本当に無能だ。ただ一つだけ能力がある。それは人をうまく任用することだ。これこそ宰相の仕事だと思う」と。彼はポケットにメモ帳を入れ、転任の時挨拶に来る全国の官員たちに、必ず人材がいるかどうかきただす。客が帰るとすぐにメモに書きこみ、それらを分類しておく。ある人間を数人が推賞すればまず立派な人物であること間違いない。朝廷で人を求められれば、ポケットのメモからそれをとり出す。蒙正が宰相となって、文武百官、みなその職責に叶ったのはこのためである。（厄史《しし》）

呂公蒙正、かつて諸子《しょし》に問いて曰く、「我相たりて、外議いかんぞ」と。諸子いう、「大人《たいじん》相となり、四方事なく、蛮夷賓服《ばんいひんぷく》するははなはだ善し。

呂公蒙正、嘗問諸子曰、我為相、外議如何、諸子云、大人為相、四方無事、蛮夷賓服、甚善、但

ただ人言う、事権をなすに能なし。多く同列の争う所となる」と。公曰く、「我まことに能なし。ただ一能あり、善く人を用うるのみ。これ真に宰相の事なり」と。公、夾袋《きょうたい》中に冊子あり。四方の人替罷《たいひ》して謁見するごとに、かならずその何の人才ありやを問う。客去れば随即《ただち》にこれを疏《か》き、ことごとく門類に分かつ。あるいは一人にして数人これを称する者あれば、かならず賢なり。朝廷賢を求むれば、これを嚢中《のうちゅう》に取る。ゆえに公相となり、文武百官、おのおの職に称《かな》うはこれをもってなり。

人言無能為事権、多為同列所争、公曰、我誠無能、但有一能、善用人耳、此真宰相之事也、公夾袋中、有冊子、毎四方人、替罷謁見、必問其有何人才、客去、随即疏之、悉分門類、或有一人而数人称之者、必賢也、朝廷求賢、取之嚢中、故公為相、文武百官、各称職者以此。

▼皇帝を最高責任者とし宰相以下三万～五万の文武官僚群をかかえるようになった宋代では、特に中核となる高級官僚、重要ポストの人材登用が重要な問題となる。これらポストは、堂除闕《どうじょけつ》と呼ばれ、皇帝と宰相、副宰相らがキャスティングボートを握り、人事院は関与できなかった。従って皇帝自身も居室の屛風などにめぼしい人物の名前をことあるごとに書きつけたり、宰相たちもここにみられるように頭をしぼって情報

を収集した。

張斉賢《ちょうせいけん》　丞《じょう》相《しょう》・張文定公《ちょうぶんていこう》・斉賢《せいけん》（九四三―一〇一四）

字は師亮《しりょう》、曹州（山東）の出身。やはり太平興国二年（九七七）の進士。太宗末、淳化二年（九九一）宰相となり、次の真宗《しんそう》の咸平《かんぺい》年間とあわせて六年間その地位にあった。財産づくりに熱心で、酒の上で失敗したり、評判は香しくない。

一三　宰相みずからのさばき

真宗の時、皇族で財産分けが不公平だと争いが起こり、互いに相手を訴え、また宮中にきた折に、天子の前で言いたてた。十数回判決が下されても承服しない。宰相の張斉賢《ちょうせいけん》は「これは裁判所では決定できますまい。私が直接けりをつけとうございます」と申し出た。裁可がおりると、斉賢は宰相府に当事者たちを呼び出し、「お前たちは、財産分けの取り分が少ないというのではないか」とたずねた。いずれもが「その通りです」と答えたため、ただちに供述書をとって結着をつけ、胥吏《しょり》（下役人）二人をつけてそれぞれ家に帰らせた。ただし、甲は乙の屋敷へ、乙は甲の屋敷にゆかせ、家財一切はもと通りとし、分割証書を交換させた。かくして訴訟はおさまった。翌日

結果を上奏したところ、おかみは「朕はそちでなければ決着をつけられぬとはじめから思っていた」と大変よろこばれた。（紀聞）

真宗の時、戚里《せきり》、分財の不均なるを争う者あり、更相《かわるがわる》訴訟し、また宮に入るによりてみずから上前に理《ただ》す。十余断をふるも服すあたわず。宰相張斉賢曰く、「これ台府《だいふ》のよく決するところにあらざるなり。臣みずからこれを治めんことを請う」と。上これを許す。斉賢相府に坐し、訟者《しょう》を召して曰く、「汝、彼《か》の分かつ所の財をもって少しとするにあらずや」と。皆曰く、「然り」と。ただちに各々に命じ供状、結実せしむ。すなわち両吏《りょうり》を召し、趣《うなが》してその家に帰せしむ。甲家をして乙舎に入れ、乙家は甲舎に入れ、貨財はみな按堵することもとの如く、分書はすなわちこれを交易せしむ。訟者すなわち止む。明日状を奏す。上大い

真宗時、戚里有争分財不均者、更相訴訟、又因入宮自理於上前、更十余断、不能服、宰相張斉賢曰、是非台府所能決也、臣請自治之、上許之、斉賢坐相府、召訟者、曰、汝非以彼所分財少乎、皆曰然、即命各供状結実、乃召両吏、趣帰其家、令甲家入乙舍、乙家入甲舍、貨財皆按堵如故、分書則交易之、訟者乃止、明日奏状、上大悦曰、朕固知非君莫能定者。

に悦びて曰く、「朕もとより、君にあらずんばよく定むる者なきを知れり」と。

呂端《りよたん》 丞相・呂正恵公《りよせいけいこう》・端《たん》（九三五―一〇〇〇）

字は易直《えきちよく》、幽《ゆう》州（河北）の人。父の恩蔭《おんいん》で五代後晋《こうしん》時代官界入り。太祖時代は地方官をしていたが、太宗になって副宰相から至道《しどう》元年（九九五）宰相となり、真宗擁立に力をかした。小事《こと》は糊塗するも大事は糊塗せずといわれ、胆《きも》のすわった器量ある人物とされる。

一四　陰謀にくみせず

太宗が危篤《きとく》に陥ると、英明な皇太子を嫌って、李《り》太后《たいこう》は宦官《かんがん》の王継恩《おうけいおん》とともに、ひそかに副宰相李昌齢《りしようれい》、国軍司令官李継勲《りけいくん》、知制誥《ちせいこう》（詔勅起草官）胡旦《こたん》らと、皇室の一人潞王《ろおう》の元佐《げんさ》擁立の謀《はか》りごとをめぐらせた。太宗が崩御するや、太后は継恩に宰相呂端をよび出させた。異変を感知した端は、継恩を一室に閉じこめ、見張りをつけて参《さん》内《だい》した。太后が「おかみは崩御されました。年長者をあとつぎに立てるのが順序でしょう。どうしましょうか」とたずねると、端は「おかみが皇太子を立てておかれたのは、こういう場合のためです。おかくれになったからとて、急におかみの命に違《たが》い、別のことをしてよいものでしょうか」といって、皇太子を迎えて即位させた。ついで継勲に使相《ししょう》という特別な肩書を与えて陳《ちん》州（河南省）に赴かせ、昌齢《しょうれい》は忠武軍の行軍《こうぐん》司馬《しば》、継恩は右監門衛《うかんもんえい》将軍の肩書におとして均州（湖北省）に蟄居《ちっきょ》させ、胡旦《こたん》は官位を剝奪して潯《じん》州（広西省）に流した。（紀聞）

太宗大漸《だいぜん》す。李太后と宣政使《せんせいし》王継恩《おうけいおん》、太子の英明を忌《い》み、ひそかに参知政事李昌齢《りしょうれい》、殿前都指揮使《でんぜんとしきし》李継勲《りけいくん》、知制誥《ちせいこう》胡旦《こたん》と潞王元佐《ろおうげんさ》を立てんと謀《はか》る。太宗崩ず。太后継恩をして宰相呂端を召さしむ。端変あるを知り、継恩を閤内《こうない》に鏁《しば》り、人をしてこれを守らしめて入る。太后謂う、「宮車すでに晏《あん》駕《が》す。嗣《し》を立つるに長をもってするが順なり。いまはたいかんせん」と。端曰く、「先帝太子を立てらるるは、まさに今日《こんにち》がためなり。いまはじめて天下を棄てられ、あにわかに先帝の命に違《たが》い、

太宗大漸、李太后与宣政使王継恩、忌太子英明、陰与参知政事李昌齢、殿前都指揮使李継勲、知制誥胡旦、謀立潞王元佐、太宗崩、太后使継恩召宰相呂端、端知有変、鏁継恩於閤内、使人守之而入、太后謂曰、宮車已晏駕、立嗣以長順也、今将何如、端曰、先帝立太子、正為今日、今始棄天下、豈可遽違先帝之命、

さらに異議あるべけんや」。すなわち太子を迎えてこれを立つ。ついで継勲をもって使相《ししよう》となし陳州本鎮《ほんちん》に赴《おもむ》かしめ、昌齢は忠武軍行軍司馬《ちゆうぶぐんこうぐんしば》、継恩は右《う》監門衛《かんもんえい》将軍となし均州に安置す。胡旦は名を除き、潯《じん》州に流す。

更有異議、乃迎太子、立之、尋以継勲為使相、赴陳州本鎮、昌齢為忠武行軍司馬、継恩為右監門衛将軍、均州安置、胡旦除名、流潯州。

▼二代皇帝太宗から三代真宗への継承の時にもそれほど大がかりではないが陰謀が企てられた。当時側室の一人、賢妃だった李氏が、自分の子供潞《ろ》王元佐《おうげんさ》を皇帝にしようと企てたわけで、宰相呂端《りよたん》が味方せず、副宰相と国軍司令官が失脚してことはもみ消された。この記事は後世書かれたため、李氏が李太后となっている。左遷者についているもっともらしい肩書はすべて形式的なもの、除名は官員としての名籍剝奪の重罰。

一五　喜怒《きど》を表にあらわさず

趙普《ちようふ》が宰相の時、呂端は副宰相だった。趙がこう人に語った。「わしが呂君の上奏をみていると、おかみからお褒めの言葉をいただいてもまったく喜ばず、やりこめら

れても憶《おく》せず、また言葉にあらわさない。まことに大臣の器《うつわ》である」。（晋公談録）

趙普中書に在り、呂端参政《さんせい》となる。趙かつて人に謂《い》いて曰く、「吾れつねに呂公の事を奏するを観るに、嘉賞《かしよう》を得てもいまだかつて喜ばず、抑挫《よくざ》に遇うもいまだかつて懼《おそ》れず。また言に形《あら》わさず。真に台輔《だいほ》の器《うつわ》なり」。

趙普在中書、呂端為参政、趙嘗謂人曰、吾嘗観呂公奏事、得嘉賞、未嘗喜、遇抑挫、未嘗懼、亦不形言、真台輔之器也。

銭若水《せんじやくすい》　枢密《すうみつ》・銭宣靖公《せんせんせいこう》・若水（九六〇―一〇〇三）

字は濬臣《せんしん》、新安（河南）の人。雍熙《ようき》二年（九八五）の進士。詔勅起草官から軍政担当の副宰相たる知枢密院事《ちすうみついんじ》に至る。若い時華山《かざん》の隠士陳摶《ちんたん》から「急流中に勇退する人」と予言され、将来を嘱望《しよくぼう》されつつ四十三歳でなくなった。

一六　文武両道の達人

銭若水《せんじやくすい》がある時多数の人々を引率《いんそつ》して黄河を渡った。軍隊への号令のかけ方、隊列の編成などすべて形にはまっており、軍将たちも感服してしまった。これを知って、天子はおそばの者にいわれた。「文臣が兵を語るのを見ていると、宴席や教室での茶呑み話にすぎない。文章の中で『孫子《そんし》』『呉子《ごし》』の兵法を引いて作戦を述べたてるのも、ひまつぶしの清談ならよかろう。しかし実地に使うとなると、ほとんど役に立つものではない。若水も同じ文臣といい条、武に通暁しているとは、まことによみすべきところである」と。（玉壺《ぎょっこ》清話）

銭公若水、かつて衆を率《ひき》いて河を過《よぎ》る。軍伍に号令し、行列を分布するにことごとく規節《きせつ》あり、深く戍将《じゅしょう》の伏すところとなる。上これを知り、左右に謂《い》う。「朕つねに儒人《じゅじん》の兵を談ずるを見るに、これを尊俎《そんそ》硯席《けんせき》の間に講ずるにすぎず。文字においてはすなわち孫呉《そんご》を引きて形勢を述《の》ぶるも、みな閑暇《かんか》清論なれば可《か》なり。これを用に責むれば成効あるを見ること罕《まれ》なり。いま若水もまた儒人なるに、武に暁《あきら》かなこと深く嘉《よみ》すべきなり」と。

銭公若水、嘗率衆過河、号令軍伍、分布行列、悉有規節、深為戍将所伏、上知之、謂左右、朕嘗儒人談兵、不過講之於尊俎硯席之間、於文字則引孫呉、述形勢、皆閑暇清論、可也、責之於用、則罕見有成効者、今若水亦儒人、暁武、深可嘉也。

▼書家としても名高い顔真卿《がんしんけい》のように、唐までは文と武の距離はそれほど遠くなく、従って両道を兼ねる人間も少なくなかった。科挙制が確立し、文官が圧倒的優位にたった宋代以後は、武はさげすまれ、「良い鉄は釘《くぎ》にしない、良い人間は兵隊にならない」という言葉が定着した。銭若水などはその例外たる一人である。

第三章　真宗《しんそう》　第三代皇帝――お祭りさわぎ

「売家《うりいえ》と唐様《からよう》で書く三代目」といわれるように、先代が汗水たらして作りあげた財産を惜気もなく喰いつぶすのが三代目の通り相場。真宗《しんそう》という珍しい諡《おくりな》を持つ、三代皇帝趙恒《ちょうこう》にもその傾向がある。彼の時代まず重要な事件としては、一〇〇四年、宿敵契《キッ》丹《タン》との間に講和条約を結んだことがあげられよう。中国風にいえば、澶淵《せんえん》の盟《めい》と呼ばれるこの条約によって、宋は契丹に毎年、多額の銀と絹を贈る代償として友好関係を保つことができた。毎年の贈り物は、宋にとっては経済的にそれほど重い負担ではなく、ほかに自衛のためのかなりの軍費は必要であったが、それでもなお百年の平和は、宋の士大夫《したいふ》文化と社会を育てるために役立った。「小人閑居《しょうじんかんきょ》して不善《ふぜん》をなす」――凡人は閑があれば碌《ろく》なことをしない――。平和になると三代目皇帝は国庫にためこまれた財宝を湯水のように使いはじめた。本書の寇準《こうじゅん》の部分にあらましが書き残されているように、天からのお告げが宮中におりて来た事件――むろん智慧者のつくりごと――をきっかけに、天や地のお祭りにことよせた大土木事業と、景気をあおりたてる諸政策が推進される。土木事業に利権が絡《から》むことは今も昔も変らず、皇室、外戚《がいせき》、有力者、商人らがよってたかってブームに乗り、巨大な道教《どうきょう》のお寺があちこちに建ったが、国庫はやがて底がみえはじめる。道教で聖なる言葉の一つとなっている真の字が死後つけられて、この三代目は真宗となるのだが、宋王朝にとっては必ずしも好ましい天子ではなかった。一方、政界、財界でもこれまで中国をリードしてきた黄河中流の出身者が凋落《ちょうらく》し、揚子江下流の江南出身者が抬頭しはじめる。特に経済的にはすでに華北を追い抜いた江南の人たちは、それを政策に反映させようと熱望しはじめ、ここに、北と南の勢力が政府内で争いをおこす。寇準《こうじゅん》、王旦《おうたん》らは前者の、王欽若《おうきんじゃく》、丁謂《ていい》らは後者の代表であった。ただし後者は実務派、小人派と目され、理念《りねん》と君子《くんし》を表看板とする「名臣」の枠には入れてもらえないため、直接には本書の中にあらわれぬ。真宗治世二十年の間に、宰相は十二人、寇準・王旦・向敏中《しょうびんちゅう》らその大部分が本書に顔を揃え、王欽若、丁謂ほか合計三人だけが出てこない。

李沆《りこう》　丞　相《じょうしょう》・李文靖公《りぶんせいこう》・沆《こう》（九四七—一〇〇四）

字は太初《たいしょ》。洺州《めいしゅう》（河北）の人。太平興国五年（九八〇）の進士。寡黙で思慮深く、端正で風格があり、北宋名相の一人とされる。太宗治世の終わりに副宰相となり、皇太子時代の真宗の御教育係を受持つ。真宗即位とともに、その最初の七年間、宰相をつとめた。

一七　先見の明は宰相の条件

寇準《こうじゅん》は最初丁謂《ていい》と悪くなかった。つね日頃、たびたびその才能を李沆《りこう》に推薦したが、沆はとりあげなかった。ある日寇準が沆に質問した。「さきごろより、何度も丁謂の才能について申しあげているのに、総理はおとりあげになりません。彼の才能は無用なのでしょうか、それとも私の言うことが間違っているのでしょうか」。沆は次のように答えた。「彼のような人間は才能はたしかにある。しかし、人の上におらしめるような人物であろうか」。「謂のような人間を総理が抑《おさ》えつづけ、いつまでも人の下においておくことができましょうか」と準はやり返したが、沆は「いつの日か後悔した時、わしの言葉を思い出してくれ」と笑うだけであった。後年、寇準と丁謂の権力争いが起こってたがいにしのぎを削り、嶺南《れいなん》に流し者にされる事態を招き、はじめて李沆の見識に恐れいった。（東軒筆録）

寇萊《こうらい》公準、はじめ丁晋公《ていしんこう》と善し。つねに丁の才を

寇萊公、始与丁晋公善、嘗以丁

もって李文靖公《りぶんせいこう》に薦《すす》むことしばしばなるも、ついにいまだ用いられず。一日、萊公、文靖に語《かた》りて曰く、「さきごろより、しばしば丁謂の才を言うも、相公ついに用いられず、あにその才用うるに足らずや、そも鄙言《ひげん》聴くに足らざるや」と。文靖曰く、「この人のごときは、才はすなわち才なり。その人となりを顧《み》れば、これを人の上に在らしむべきや」。萊公曰く、「謂《い》のごとき者、相公ついによくこれを抑《おさ》え、人の下に在らしむるや」と。文靖笑いて曰く、「它日《たじつ》後悔せば、まさにわが言を思うべきなり」と。晩年、寇《こう》と権寵《けんちょう》あい軋《きし》り、交互に傾奪《けいだつ》し、海康《かいこう》の禍あるに至り、はじめて文靖の識《しき》に伏す。

之才、薦於李文靖公、屢矣、而終未用、一日、萊公語文靖曰、比屢言丁謂之才、而相公終不用、豈其才不足用邪、抑鄙言不足聴邪、文靖曰、如斯人者、才則才矣、顧其為人、可使之在人上乎、萊公曰、如謂者、相公終能抑之、使在人下乎、文靖笑曰、它日後悔、当思吾言也、晩年、与寇権寵相軋、交互傾奪、至有海康之禍、始伏文靖之識。

▼李沆が名宰相といわれる理由の一つに人材を見抜く力があった。彼は「浮薄で事を喜ぶ」人を好まず、才能を自負し、一見優れた思いつきを発する新進にすぐにはとびつかなかった。本条は真宗時代、権力争いの中核となった寇準《こうじゅん》と丁謂《ていい》についての予見

である。この二人を頂点とする争いは、同時に伝統的黄河流域と新興の江南、つまり北方人と南方人の主導権争いでもあった。海康の禍の海康は、広東雷州の地名。寇準は丁謂のため失脚し、雷州に流されてそこで没したため、このように表現する。

一八　子孫に美田を残すな

宰相となった李沆《りこう》は、屋敷を封丘《ふうきゅう》門の内側に構えたが、玄関先はやっと馬をまわせる広さだった。ある人がせますぎるのでないかというと、沆は笑って答えた。「屋敷は当然子孫に伝えるもの。これは宰相の玄関としてはなるほどせまくても、能なし息子どもの玄関としてはまだひろかろう」。（温公訓倹）

李文靖《りぶんせい》公相となり、居第《きょだい》を封丘門内に治む。聴事《ちょうじ》の前わずかに馬を旋《めぐ》らすを容《い》る。あるひとそのはなはだ隘《せまき》を言う。公笑いて曰く、「居第はまさに子孫に伝うべし、これ宰相の聴事《ちょうじ》たるは誠に隘《せま》きも、太祝《たいしゅく》、奉礼《ほうれい》の聴事たるはすでに寛《ひろ》からん」。

李文靖公為相、治居第於封丘門内、聴事前、僅容旋馬、或言其太隘、公笑曰、居第当伝子孫、此為宰相聴事誠隘、為太祝奉礼聴事、已寛矣。

▼子孫に美田を残さぬ話はこの書物の中にいくつかみられる。北宋中期以後は、豪奢な生活を誇る大臣が増えたが、真宗の頃はまだ健全だった。封丘門は開封外城の北の門。太祝、奉礼とは太常寺太祝《たいじょうじたいしゅく》、太常寺奉礼郎が正式の名称で、大臣など有力者の子弟が恩蔭《おんいん》として貰える従九品の位階。親の威光で官位にありつく者の象徴。

王旦《おうたん》　太尉《たいい》・魏国《ぎ》・王文正公・旦（九五七―一〇一七）

字は子明《しめい》。魏《ぎ》州（河北）の人。太平興国五年（九八〇）の進士。三代皇帝真宗の二十五年の治世の半分にあたる十三年間、宰相の地位にあった大物。『言行録』でも四十六条も記事をのせる。寡黙で深慮、南方と北方出身の官僚たちの争いの中で巧みに舵をとり、宋朝を安定させた。真宗廟に陪祀《ばいし》される。特別の功臣元老に与えられる太《たい》尉《い》の称号を持つため、王太尉とも呼ばれる。

一九　人の落度をとがめない

ある事柄を宰相府が枢密院（軍政府）に通知してきたが、書式に不備があった。枢密の長官だった寇準《こうじゅん》がわざわざおかみの耳に入れたため、真宗は王旦に注意された。

旦は落度を認めて謝罪し、宰相府の事務官たちはいずれも処罰された。一月たたぬうち、枢密院から中書《ちゅうしょ》に送達した文書が、旧例に違背《いはい》していた。これをみた宰相府の事務官たちは鬼の首でもとったように大喜びで旦にさし出した。旦はだまって枢密に送りかえさせた。事務官はとり出して寇準に経緯《いきさつ》をはなすと、準は大いに恥じいった。翌日、王旦にあって、「貴兄はどこでそのような度量を身につけられたか」とたずねたが、彼は無言のままだった。（名臣遺事）

中書事ありて密院《みついん》に関送《かんそう》するに、事《こと》詔格に礙《さわ》る。寇萊公《こうらい》準、枢府に在り、特にもって聞す。上もって公を責む。公拝謝し引咎《いんきゅう》す。堂吏《どうり》みな責罰に遭《あ》う。月を踰《こ》えずして、密院事ありて中書に送るに、また旧詔に違う。堂吏これを得て、欣然として公に呈す。公曰く、「かえりて密院に送与《そうよ》せよ」と。吏いでて寇公に白《もう》す。寇公大いに慙《は》ず。翌日、公に見《まみ》えて曰く、「同年、いかに許大の度量を得られしや」と。公答えず。

中書有事、関送密院、事礙詔格、寇萊公準、在枢府、特以聞、上以責公、公拝謝引咎、堂吏皆遭責罰、不踰月、密院有事、送中書、亦違旧詔、堂吏得之、欣然呈公、公曰、却送与密院、吏出白寇公、寇公大慙、翌日、見公曰、同年甚得許大度量、公不答。

▼宋では中央政府の最高機関は民政の中書省と軍政の枢密院であった。それぞれ東府・西府とも別称され、あわせて二府という。中書の長官が宰相すなわち同中書門下平章事、副長官が参知政事である。枢密の方は枢密使と枢密副使あるいは知枢密院事と同知または簽書《せんしょ》枢密院事が使いわけられる。宰相の執務場所が政事堂で、そこに常勤する胥吏《しょり》（事務員）がとくに堂吏《どうり》と呼ばれる。どこの国でも同じだが、中書と枢密の両官庁は必ずしも仲が良くなかった。同年は科挙の同期合格者のこと、これまた特別のグループを形成しやすい。

二〇　人を心服させるには

王曾《おうそう》、張知白《ちょうちはく》、陳彭年《ちんほうねん》ら国政に参預する人たちが王旦に対し、「おかみに奏上することの中に、帝が目を通されず、総理が勅旨を得たとして決裁されるものがあります。よくないことだと騒ぎたてられはしないか気がかりです」と申しあげた。旦は深く頭を下げるだけだった。ある日、お目通りの折、旦がさがったあと、王曾らが残った。天子は驚いた様子で、「王旦と同席でないのは何事か」とたずねられた。人々はさきの話を耳に入れた。天子は次のように話された。「旦は朕のそばに長い年月いて、朕は彼が毛一本ほども私心がないことを存じておる。泰山《たいざん》の祀《まつ》りのあと、朕は小さな事は一存でやれと言いつけた。諸君たちはその通りにしてくれ」。王曾らは退出し、恥じいって旦にあやまった。「さきにお言葉をいただいていたが、わたしの口から上旨《じょうし》をもらっているとはいえない。だが今後はあらためて諸君たちによりいっそう力になってもらいたい」と旦は答えた。（名臣遺事）

王沂《おうき》公曾《こうそう》、張文節《ちょうぶんせつ》公知《ち》白《はく》、陳彭年《ちんほうねん》、政事に参預す。よりて公に白《もう》して曰く、「事を奏するごとに、その間上覧をへざるものあり。公ただ批旨《ひし》して奉行さる。人これを言いてもって不可となすを恐る」と。公遜謝するのみ。一日奏対し、公退《しりぞ》く。諸公身を留《とど》む。上すでに驚きて曰く、「何事かありて王旦とともに来たらざるか」と。諸公前説をもって対《こた》う。上曰く、「旦、朕の左右に在ること多年。朕これを察するに毫髪《ごうはつ》の私なし。東封よりのち、

王沂公曾、張文節公知白、陳彭年、参預政事、因白公曰、毎奏事、其間有不経上覧者、公但批旨奉行、恐人言之、以為不可、公遜謝而已、一日奏対、公退、諸公留身、上已驚曰、有何事、不与王旦同来、諸公以前説対、上曰、旦在朕左右多年、朕察之、無毫髪之私、自東封後、朕諭以

朕諭《さと》すに、小事は一面奉行するをもってす。卿等《けいら》まさに謹んでこれを奉ぜよ」と。諸公退きて愧謝《かいしゃ》す。公曰く、「さきに、諭及《ゆきゅう》をこうむれども、みずからかつて上旨を得たりと言うべからず。しかれども今後、更《あらた》めて諸公の益を規《はか》るに頼る」と。

小事一面奉行、卿等当謹奉之、諸公退而愧謝、公曰、向蒙諭及、不可自言曾得上旨、然今後、更頼諸公規益。

二一 人事の秘訣《ひけつ》

真宗時代、王旦が宰相となった。面会人でいつも一杯だったが、私的な願い事を言おうとするものはいない。客が帰ると、旦は話せる人物や以前から名前を聞いていた者について、部下たちにその居場所を尋ねさせた。数カ月たって呼び出し、時間をかけてゆっくり話し合い、各地の問題を質問したり、提言したいことを文章にしてさし出させた。すぐれた才能とみてとると、ひそかにその名前を書きとめておく。他日、その人がもう一度やって来ても、断わって再び会わなかった。人事異動があると、旦は前もって三、四人の姓名を書きあげて真宗に渡しておく。真宗は任用しようとする者の上に、何気ないふりで点を打っておく。大臣たちはいずれもそれを知らぬ。翌日、宰相府で論議になり、大臣たちが自分が任命したい者を争い合うと、旦は「某々を任用すべきだ」と発言する。他の者が反対してもかなわず、天子に申し上げると必ず裁可されてしまう。大臣たちは口惜しがったが、二人の仲をさくことはできなかった。丁謂《ていい》はたびたび真宗に王旦の悪口を告げたが、おかみの信頼はいや増すだけだった。

（紀聞）

真宗の時、王文正公相となる。賓客坐に満つといえども、あえて私をもってこれに干《かん》する者なし。すでに退くや、公そのともに言《かた》るべき者ともとより名を知る者を察し、吏をしてその居処を問わしむ。数月の後、召してともに語り、従容《しょうよう》これを久しくす。四方の利病を詢訪《じゅんぼう》し、あるいはその言う所を疏《そ》してこれを献ぜしむ。その才の長ずる所を観れば、ひそかにその名を籍記す。他日その人ふたたび来らば、すなわち謝絶してまた見ざるなり。差除あるごとに、公さきにひそかに三、四人の姓

真宗時、王文正公為相、賓客雖満坐、無敢以私干之者、既退、公察其可与言者、及素知名者、使吏問其居処、数月之後、召与語、従容久之、詢訪四方利病、或使疏其所言、而献之、観其才之所長、密籍記其名、他日其人復来、則謝絶不復見也、毎有差除、公先密疏三四人姓名、請於上、上所用者、輒以筆点其首、

名を疏し、上に請う。上の用うる所の者はすなわち筆をもってその首に点す。同列みなこれを知るなし。明日、堂中にその事を議す。同列、争いて引用するところあらんと欲す。公曰く「まさに某人を用うべし」と。同列これを争うもよく得るなし。奏入《い》るにおよび、いまだかつて可をえずんばあらず。同列これを疾《にく》むといえども、よく間《かん》するなきなり。丁謂《ていい》しばしば公を上に毀《そし》るも、上ますますこれを親厚さる。

同列皆莫之知、明日於堂中、議其事、同列争欲有所引用、公曰、当用某人、同列争之、莫能得、及奏入、未嘗不獲可、同列雖疾之、莫能間也、丁謂数毀公於上、上益親厚之。

▼皇帝と首席宰相、そして二人乃至三人目の宰相と、執政《しっせい》と総称される副宰相たちが最高政務を決定するのだが、高級官僚や重要ポストの人事決定の裏話を本条でうかがうことができる。王旦と真宗の間は、皇太子時代の御用掛という関係によって、のちの王安石と神宗にもくらべられる君臣水魚の交わりであった。ただ、本条の前半にみられるように王旦自身もいろいろ苦心していた点は忘れてはならないだろう。

向敏中《しょうびんちゅう》　丞相・向文簡公・敏中（九四九—一〇二〇）

字は常之《じょうし》。開封（河南省）の人。彼も太平興国五年（九八〇）の進士。地方官にはじまる宋代文官のエリートコースを辿り、太宗末に枢密の長官、真宗時代に宰相となる。とくに大中祥符《だいちゅうしょうふ》五年（一〇一二）以降は在任八年に及ぶ。六代皇帝神宗の皇后は彼の曾孫にあたる。

二二　名奉行《ぶぎょう》の秘密

向敏中《しょうびんちゅう》が洛陽の知事をしていた時の話。一人の僧が日暮れてとある村の一軒の家に宿を借りようとした。主人に断わられると、彼は門の外にあった車の中でもよいからとたのみこんだ。夜中に泥棒が入り、女を一人つれ出して垣根をこえ、大きな着物袋をもって逃げた。眠れぬまままたまこの有様を見た僧は、「主人に断わられたのにむりに宿をかり、ここでそこの女と財物がなくなってしまったら、朝にはきっとわしを捕えて役所につき出すに違いない」と考え、夜陰に乗じて姿を隠した。わざと知っている道をさけ、野原を走っていくと、アッという間もなく古井戸におちこんだ。ところが井戸の中には先の女性が殺されて入っているではないか。翌日、主人が亡くなった財物と息子の嫁を捜し、井戸の中から発見した。僧をひっとらえて県役所に赴きしめあげた。僧は観念して、「息子の嫁とねんごろになり、誘って夜逃げしたが、つかまることを恐れて彼女を殺し、井戸に投げこんだ。暗かったのであやまって足をすべらせ、自分もはまりこんだ。盗んだ物は井戸の側にあったがなくなっている。誰がとったかは知らない」と嘘の自白をした。決審して県から府に報告され、府でも誰も疑いをさしはさまなかった。ただ向敏中《しょうびんちゅう》一人、盗品がみつからぬことに疑念を抱いた。僧をつれてきて何回も問いただしたが、彼は罪に服し、「わたくしは、前世でこの人に何か借りを作っているのでしょう。死んでも申すことはありません」とくり返すだけである。それでも問い続けると、僧はやっと真相を話した。そこで敏中は胥《しょ》吏《り》（下役人）に内密で泥棒をさがさせた。胥吏がある村の小店で食事をしていると、彼が洛陽から来た者だと聞き、胥吏であるとは知らずに店の婆さんが、「あの坊さんのさばきはついたかい」と問いかけた。胥吏が「きのう、刑場で笞打たれて死んだよ」とそ知らぬ顔で答えると、婆さんはため息をつき、「もし、真犯人がつかまったらどうなるね」とたずねた。「そりゃ、府の旦那方が間違って裁《さば》きをつけたことになるから、何もおとがめはあるまいよ」と胥吏がいうと、婆さんは「そんなら話しても大丈夫だ。あの女はこの村の少年何がしが殺《や》ったのさ」としゃべった。胥吏がその男の家をきくと、婆さんが教えてくれたので、その家でとりおさえて縄をかけた。訊問

の結果罪を認め、盗品も発見された。洛陽府のすべての人々はその神わざに恐れいった。(紀聞)

向相、西京《せいけい》に在り。僧あり、暮に村民の家を過《よぎ》り、寄止を求む、主人許さず。僧、門外の車箱《しやそう》中に寝《いぬ》るを求む。これを許す。夜中、盗ありてその家に入《い》る。墻《しよう》上より一婦人を扶《たす》け、嚢衣《のうい》を幷《あわ》せて出《い》づ。僧たまたま寐《いね》ず、これを見る。みずから念《おも》えらく、「主人の納《い》るところとならず、強《し》いて宿を求む。いま主人、その婦および財を亡《うしな》う。明日、必ず我を執《とら》えて県に詣《いた》らん」と。夜によりて亡去す。あえて故道に循《よ》らず、荒草中を走る。たちまち眢井《わんせい》に堕《お》つれば、婦人すでに人の殺すところとなりて先にその中に在り。明日、主人、亡財および子婦の屍を捜訪してこれを井中に得《え》、執《とら》えてもって県に詣《いた》り掠治す。僧みずから誣《し》いていう、「子婦と

向相在西京、有僧、暮過村民家、求寄止、主人不許、僧求寝於門外車箱中、許之、夜中有盗、入其家、自墻上、扶一婦人、幷嚢衣而出、僧適不寐、見之、自念、不為主人所納、而強求宿、今主人亡其婦及財、明日必執我、詣県矣、因夜亡去、不敢循故道、走荒草中、忽堕眢井、則婦人已為人所殺、先在其中矣、明日、主人捜訪亡財及子婦屍、得之井中、執以詣県、掠治、僧自誣云、与子婦姦、誘与倶亡、恐為人所

姦《かん》し、誘《さそ》いてともにともに亡《に》ぐ。人の得《う》るところとなるを恐れ、よりてこれを殺し井中に投ず、暮夜、覚《おぼ》えず足を失し、またその中に墜《お》つ。贓《ぞう》は井《せい》傍《ぼう》に在りしも亡失せり。何人《なにびと》の取るところなるやを知らず」と。獄成《ごくな》りて府に言う。府みなもって疑となさず。ひとり敏中、贓《ぞう》の獲《え》ざるをもってこれを疑う。僧を引きて詰問《きつもん》すること数四。僧罪に服し、ただ「某《それがし》、前世まさにこの人に負うべし。死しても言うべきことなし」と言うのみ。敏中かたくこれを問う。僧すなわち実をもって対《こた》う。敏中よりて、ひそかに吏をしてその賊を訪《たず》ねしむ。吏、村店に食す。店の媼《おうな》、その府中より来たるを聞くもその吏たるを知らず。これに問いて曰く、「僧某なる者、その獄いかんぞ」と。吏これを紿《あざむ》きて曰く、「昨日すでに市に笞死《ちし》せり」と。媼嘆息して曰く「いまもし賊を獲ればいかがせん」。吏曰く「府すでに誤りてこの獄を決す。賊を獲る

得、因殺之、投井中、暮夜、不覚失足、亦墜其中、贓在井傍亡失、不知何人所取、獄成、言府、府皆不以為疑、独敏中以贓不獲、疑之、引僧詰問数四、僧服罪、但言、某前生当負此人、死無可言者、敏中固問之、僧乃以実対、敏中因密使吏訪其賊、吏食於村店、店媼聞其自府中来、不知其吏也、問之曰、僧某者、其獄何如、吏紿之曰、昨日已笞死於市矣、媼嘆息曰、今若獲賊則何如、吏曰、府已誤決此獄矣、雖獲賊亦不敢問也、媼曰、然則言之無傷矣、婦人者、乃此村少年某甲所殺也、吏曰、其人安在、媼指示其舍、吏就舍中、掩捕獲之、

案問具服、幷得其贓、一府咸以為神。

といえどもまたあえて問わざるなり」。嫗曰く、「しからばすなわちこれを言うも傷《そこない》なからん。婦人はすなわちこの村の少年某甲の殺すところなり」。吏曰く、「その人いずくに在りや」。嫗その舎を指示す。吏舎中につきて掩捕《えんほ》しこれを獲《え》たり。一府案問して具服し、ならびにその贓を得たり。一府みなもって神となす。

▼現在でも無実の罪について問題が絶えぬ。宋代では、無実の者に罪をきせることを失入《しつにゅう》、その逆に有罪者を無罪にすることを失出《しっしゅつ》といった。失出や失入は、他の失敗と違ってとりわけ厳しい行政処分をうける。向敏中のような例がそうたびたび起こるわけでもないが、こうした話は伝説化してその人の名声をたかめるに役立つ。

陳恕《ちんじょ》　参政・陳晋公・恕（九四六―一〇〇四）

字は仲言《ちゅうげん》。洪《こう》州（江西）の出身。太平興国二年（九七七）の進士。事務的才能とくに財政問題にすぐれ、三司《さんし》使《し》（大蔵大臣）として敏腕を振るう。前後十八年もそのポストにあり、太宗は「真の塩鉄《えんてつ》陳恕」と御殿の柱に書きつけたほどだった。

二三　宋第一の大蔵大臣

三司使《さんしし》（大蔵大臣）だった陳恕は、茶の販売法を制定しようと目論《もくろ》み、数十人の茶商人をよんで、各自原案を書き出させた。陳恕はそれを見て三等に順位をつけ、次官の宋太初《そうたいしょ》にいった。「みたところ、上等の説は利益がはなはだ多く、商人むきだが、おかみで実施すべきでない。下等はお粗末で問題にならぬ。中等の説は公私いずれにも便益で、わしがこれに手を加えれば、長く使える」。そこではじめて「三説法《さんえつほう》」を作り数年間施行してみた。茶をはじめとした財貨は流通し、国家財政はうまくゆき、民間も潤おった。世間で、三司使の才能は陳恕が第一というのは本当である。のち李《り》諮《し》が三司使となって法規を変更したが、茶による歳入は減少し、その後たびたび手直しが行われたけれども、陳恕の昔にはかえらなかった。（東軒筆録）

陳晋公、三司使となる。まさに茶法を立てんとし、茶商数十人を召しておのおの利害を条せしむ。晋公これを閲《えつ》し、第《だい》して三等となし、副使宋太初に

陳晋公為三司使、将立茶法、召茶商数十人、俾各条利害、晋公閲之、第為三等、語副使宋太初

語りて曰く、「吾《わ》れ上等の説を観るに、利を取ることはなはだ深し。これ商賈《しょうこ》に行うべきも朝廷に行うべからず。下等はもとより滅裂にして取るなし。ただ中等の説、公私みな済《たす》く。吾れこれを裁損すればもって経久なるべし」と。ここにおいてはじめて三説法をつくる。これを行うこと数年、貨財流通し、公用足りて民富実なり。世に三司使の才を言うに、陳公をもってために首と称す。のち李侍郎諮《りじろうし》、使となり、その法を改め、茶の利ようやく失わる。のちしばしば変わるといえども、また晋公の旧法にはあらざるなり。

曰、吾観上等之説、取利太深、此可行於商賈、而不可行於朝廷、下等固滅裂無取、唯中等之説、公私皆済、吾裁損之、可以経久、於是、始為三説法、行之数年、貨財流通、公用足、而民富実、世言三司使之才、以陳公為称首、後李侍郎諮、為使、改其法、而茶利浸失、後雖屢変、然非復晋公之旧法也。

▼宋代は、塩と茶を中心とした国家の強力な専売法、流通商品にかけられる商税など、貨幣で徴収される間接税の制度が、全国的かつ恒久的に確立した時代でもあった。その収入が、官僚、軍隊を支える大きな柱となり、皇帝支配の財政的裏付けになったわけである。その制度は唐中期から試行錯誤の中で完成していったが、宋初にそれに尽力したのがこの陳恕をはじめ、主として新しい経済のセンスをもち、伝統にしばられ

ぬ江南出身の官僚群であった。陳恕は南唐《なんとう》の胥吏《しょり》出身であり、とかく蔑視《べっし》されてきた財政畑の官僚の重要性を宋政府内に認識、定着させるに力があった。戸部、塩鉄《えんてつ》、度支《たくし》の三部局から成る大蔵省は三司と改称され、その長官三司使が現在の蔵相のように重要な役割をになうようになる。一方、唐中期以後、茶が全国的に生活必需品として普及し、宋では塩と同じくこれを専売にして重税を課した。茶の専売法は茶法と呼ばれ、時期により、また地域によってかなりの相違がある。「三説法《さんえつほう》」と呼ばれる陳恕のそれは、多くの原案を三等の説に分け、その中等をとったため名づけられたようにここではみえるが、必ずしもそうではないという見解もある。

二四　財務に有能な官僚

陳恕は事務処理に精通し、法規を重んじて恩情に薄かった。しかし公平正直で、誰も裏取引ができない。歴史の本をかなり読み、有職故実《ゆうそくこじつ》を数多く知り、前後十余年、財政を掌握して、強力にことをすすめた。胥吏《しょり》たちも畏服し、はまり役の評判をとった。談論風発、きいている者を倦《あ》かさぬが、生来仏教嫌いで、訳経院《やくきょういん》廃止の請願などは、激しい言辞がつらねられていた。これに対し真宗は、「儒《じゅ》、仏《ぶつ》、道《どう》三教は長い歴史を持ち、これまで、しばしば問題にされてきている。ただそのままにしておいて論議の対象にしなければそれでよいのだ」と答えた。

公は吏理に精《くわ》しく、深刻にして恩少なきも、性公直なれば人あえて私をもって干《かん》せず。すこぶる史伝を猟《あさ》り、多く典故を識《し》る。前後利柄《りへい》を掌《にぎ》ること十余年、強力に事を幹《よ》くす。胥吏《しょり》畏服し、職に称《かな》うの誉《ほまれ》あり。談論を善《よ》くし、聴《き》く者倦《う》むを忘る。もとより釈氏を喜ばず。かつて訳経院を廃さんと請う。辞はなはだ激切なり。真宗曰く、「三教の興るや、その来ることすでに久し。前代これを毀《そし》る者多し。ただ存して論ぜざれば可なり」と。

公精於吏理、深刻少恩、性公直、人不敢干以私、頗猟史伝、多識典故、前後掌利柄十余年、強力幹事、胥吏畏服、有称職之誉、善談論、聴者忘倦、素不喜釈氏、嘗請廃訳経院、辞甚激切、真宗曰、三教之興、其来已久、前代毀之者多矣、但存而不論、可也。

▼この条は二つの内容に分かれている。中国の政治家の伝記には、よく「吏治《りち》」という言葉が出て来る。吏理も全く同じ意味を持つ。儒教を学び知識をつめこんで科挙に合格した士大夫《したいふ》は、学問の力にもとづく人徳で人民を感化するのが第一義だった。吏

治は統治術、事務処理能力でそれだけではやや低く評価される。従って当然深刻少恩つまり、『史記』や『漢書《かんじょ》』で「酷吏《こくり》」という総称を与えられる法律重視で人情に溺れぬ人物ということになりやすい。一方、科挙官僚は一般には行政や司法の実務には通じていないものである。宋以後の中央と地方の官庁では官員数に数十、数百倍する実務担当の事務屋、窓口係などがいた。彼らを胥吏《しょり》と総称する。胥吏は原則として国家から正式の給料はもらわず、人民と官員の両方に寄生し、手数料の名目で金銭をむしりとった。従って吏もしくは胥吏というと、悪事と同義語と考えてもよい。その胥吏たちを畏服させる者は、従って官員の鑑《かがみ》であり、名臣言行の中でとりあげられる恰《かっ》好《こう》の話題といえよう。

　織田信長とよく似た後周《こうしゅう》の世宗《せいそう》は大仏を鋳《い》つぶしたりして、廃仏政策を断行したが、宋に入ると太祖などは、文化国家の看板に利用する意図もあって、『大蔵経《だいぞうきょう》』を刊行したりしている。その中心機関が訳経院だった。宋の新興士大夫には、欧陽脩《おうようしゅう》や司馬《しば》光《こう》らのように比較的仏教嫌いが多く、皇帝や皇族、一般民衆は現実には道教《どうきょう》に親近感を持っていた。最後の皇帝の言葉、「だまって放っておいて、何も言わぬのがよい」というのは、中国の支配者の鉄則の一つであろうか。

張詠《ちようえい》　尚書《しようしよ》・張忠定公・詠（九四六―一〇一五）

字は復之《ふくし》、号は乖崖《かいがい》。濮州《ぼくしゆう》（山東）の人。これまた太平興国五年（九八〇）の進士。地方長官とくに大乱のあった四川の長官として、諸葛孔明にもくらべられる治績を残す。将来の大臣と期待されたが、剛直で思ったことを言いすぎたため挫折《ざせつ》。名地方官として言行に富むため、本書でも四十五条もの話が採録されている。

二五　情報をあつめるコツ

張詠は遠近を問わず、民情の内実をすべて知っていた。つまり、人のニュースを単に聞くだけではなかったのである。「人にはそれぞれ好ききらいがあり、わしの判断を狂わせる。それぞれの仲間から問いただし、それも何人かにたずねれば、すべてが明白になる」と語った。弟子の李畋《りでん》がより詳しくきくと、「君子にたずねれば君子のことが判り、小人《しようじん》にたずねれば小人のことが知られる。それぞれの仲間に直接きけば、隠されていることでも、十中八九はわかるものだ」と答えた。（語録）

公、民間に採訪し、事《こと》は遠近となくことごとくその実を得たり。けだし耳目《じもく》をもって専ら人に委ね

公採訪民間、事無遠近、悉得其実、蓋不以耳目専委於人、公曰、

ざるなり。公曰く、「彼に好悪《こうお》ありてわが聡明を乱す。ただ、おのおのその党にこれを詢《たず》ね、再詢すれば、事審《ことつまびら》かならざるなし」と。李畋《りでん》その旨を問う。公曰く、「君子に詢《たず》ぬれば君子を得、小人に詢ぬれば小人を得。おのおのその党につきてこれを詢ぬれば、事、隠匿ある者といえども、また十に八九を得ん」と。

彼有好悪、乱我聡明、但各於其党詢之、再詢、則事無不審矣、李畋問其旨、公曰、詢君子、得君子、詢小人、得小人、各就其党詢之、雖事有隠匿者、亦十得八九矣。

二六　規律はおひざもとから

張詠は寝室の中に燈《あかり》をつけ香をたき、一晩中坐った形のままですごした。州役所の楼閣《ろうかく》の上の太鼓《たいこ》、水時計の音は手にとるようにわかり、もし一刻でも間違えば、かならず問いただした。名指しをうけた当番の者は恐れいって張詠を神様のように思った。「時をつげる太鼓は本陣の号令にもあたる。わしの目の前の号令が良い加減であれば、そのほかのことはどうなるのか」というのが詠の言い分である。（語録）

公、寝室の中、燈を張《か》け香を炷《た》き、通夕宴坐《あんざ》す。郡楼の上、鼓番、漏水《ろうすい》、歴々として分明なり。もし一刻も差誤すれば、必ずこれを詰す。籤《せん》を守る者、名を指され辜《つみ》に伏し、公の神明なるを謂《おも》う。公曰く、「鼓角は中軍の号令たり。号令前に在りてなお分明ならざれば、その余の外事、まさにいかんせん」。

公寝室中、張燈炷香、通夕宴坐、郡楼上、鼓番漏水、歴歴分明、儻一刻差誤、必詰之、守籤者、指名伏辜、謂公為神明、公曰、鼓角為中軍号令、号令在前、尚不分明、其余外事、将如何也。

▼地方を治める時でも、原則を確立してゆずらぬことが必要だった。四川の大乱を平定したあと、抱いている父親の頬を叩いた幼児を、子供の時からこういう教育をしていてはと処刑して、規律を正した話も、張詠の原則主義にもとづいている。

二七　遺産相続の智慧

張詠の杭州時代のこと、危篤《きとく》になった金持の息子はやっと三歳だった。そこで婿《むこ》に財産の管理を命じ、「いつの日か財産分《わ》けを望んだら三割を子供に七割は婿に与える」と遺書を認《したた》めた。しだいに成長した息子は、はたして財産分割のことを訴え出た。婿が遺書通りことを運ぼうと、それを持って府庁へやってきた。それに目を通した張詠は、酒を地面にそそいで金持のみたまを祭り、婿にむかい、「おまえの義父は智慧《ちえ》者《しゃ》だ。当時は子供が幼《おさな》かったため、こうしてお前にあずけた。さもなくば、子供はお前の手で殺されたであろう」といって、遺産の三割を婿に渡し、七割を息子に与えた。いずれも詠の明断に承服し、涙をうかべて挨拶し、退出した。（神道碑）

公の杭《こう》に在るや、富民あり、病してまさに死せんとするも、子はじめて三歳なり。すなわちその婿に命じ、その貲《し》を主《つかさど》らしめ、婿に遺書を与えて曰く、「他日、財を分《わか》たんと欲すれば、すなわち十の三をもって子に与え、七をもって婿に与う」と。子、時に長立し、はたして財をもって訟をなす。婿その遺書を持ちて府に詣《いた》り、元約のごとくせんと請えり。公これを閲し、酒をもって地に酹《そそ》ぎて曰く、「汝の婦の翁《ちち》は智人なり。時に子幼なるを

公在杭、有富民病将死、子方三歳、乃命其婿、主其貲、而与婿遺書曰、他日欲分財、即以十之三与子、而以七与婿、子時長立、果以財為訟、婿持其遺書、詣府、請如元約、公閲之、以酒酹地曰、汝之婦翁、智人也、時以子幼、故以此属汝、不然子死汝手矣、乃命以其財三与婿、而子与其七、

皆泣謝而去、服公明断。

もって、ゆえにこれをもって汝に属《しょく》す。しからずんば、子、汝の手に死《ころ》されん」と。すなわち命じてその財三をもって婿に与え、子はその七を与う。みな泣謝して去り、公の明断に服す。

▼士大夫《したいふ》たちはカネと権力によって土地を投資の対象に買い求め、自分たちは都市つまり城内に住んで生活を享楽した。主人が亡くなると財産争いが起きるのは人情の常。南宋時代の民事裁判の記録には遺産相続にからむもめごとが多い。その時、しばしば先例として引用されるのがこの張詠のさばきである。

二八　智者か賢者か

張詠が陳州（河南省）にいた時、ある日、食事のさ中に官報がとどいた。食べながら読んでいき、間もなくテーブルをたたいて慟哭《どうこく》しはじめた。かなりたって泣きやむと、今度は指をならし、それがすむと長い間わめき罵《のの》り続けた。丁謂《ていい》が寇準《こうじゅん》をおいはらったためである。詠は禍《わざわい》が自分に及ぶのは必定《ひつじょう》とみてとり、そこで地方の親分たちを招いて自宅で賭博《とばく》を開帳した。袖のかくしからいかさまの骰子《さいころ》をとり出し、その勝負をものにし、それで田宅を買って隠退し、自分から悪い評判をとろうとしたわけである。これを聞いた丁謂は、案の定《じょう》彼に魔手を伸ばさなかった。わたしはこれは智慧者のやることで賢者のやることではないと思う。賢者には義《すじみち》だけが問題となるから、禍を回避しようとはしないだろう。そもそも禍は避けることができるものでもない。（談叢《だんそう》）

公陳にあり、一日まさに食せんとして邸報《ていほう》至る。公かつ食しかつ読む。すでにして案を抵《う》ち、慟哭《どうこく》これを久しくす。哭《な》きやみまた指を弾《な》らしこれを久しくす。弾《う》ちやみ罵詈《ばり》これを久しくす。すなわち丁晋公、莱《らい》公を逐《お》うなり。公みずから禍のかならず己《おのれ》に及ぶを知り、すなわち三大戸《さんだいこ》を便坐《べんざ》に延《まね》き、これと博《はく》す。袖間《しゅうかん》より彩骰子《さいとうし》を出《いだ》しその一坐に勝つ。すなわち、田宅を買いて帰計をなし、もってみずから汙《よご》す。晋公これを聞くも、また害せ

公在陳、一日方食、邸報至、公且食且読、既而抵案、慟哭久之、哭止、復弾指久之、弾止、罵詈久之、乃丁晋公逐萊公也、公自知禍必及己、乃延三大戸於便坐、与之博、袖間出彩骰子、勝其一坐、乃買田宅、為帰計、以自汙、晋公聞之、亦不害也、余謂、此智者為之、賢者不為也、賢者有

ざるなり。余《われ》おもえらく、これ智者《ちしや》これをなすも、賢者はなさざるなり。賢者は義あるのみ。なんぞ禍《わざわい》を避けんや。禍あに避《さ》くべけんや。

義而已、寧避禍哉、禍豈可避耶。

▼権力争いの根は中国では通常深い。北方派官僚の大黒柱寇準が丁謂との争いに敗れると、準と親しかった張詠も当然最悪の事態を予想せねばならなくなり、およそ名臣らしからぬ策謀を使うことになる。邸報は人事異動などを地方に知らせる官報。三大戸は警察署長に相当するが、現在の警防団長のように民間から財産があり信頼できるものが輪番で充当される。智者と賢者の違い、禍が不可避であるとする考え方など現在でも参考になろう。

二九　行動の心得

事に対処してむずかしいことが三つある。ものをよく見ること、見て行動にうつすこと、行動する時決してぐずぐずしないことである。(語録)

公曰く、「事に臨みて三難あり。よく見ること一なり。見てよく行うこと二なり。行うに当たりてかならず果決なること三なり」と。

公曰、臨事有三難、能見一也、見而能行二也、当行必果決三也。

三〇　口は災いのもと

王陶《おうとう》が次のような話をしてくれた。「臨川《りんせん》（江西省）の晏詹《あんせん》がある時、わたしにいった。張詠は四川から戻り、真宗にお目通りして、四川に兵乱が起こったのは、朝廷の対応に緩急事宜《じぎ》を失するものがあったためだと言上し、ついでに、王旦は〝太平の宰相〟にすぎぬとつけ加えた。その時黙って聞いていた真宗は、別の日、御休息所に詠をお召しになり、「王旦はまことに太平の宰相じゃ」と仰言《おつしや》って軒先をみつめられたまま口をとざされ、詠はそのまま退出した。一言《こと》の失敗で、大功が全部フイになるとは、さても物を言うことはむずかしい」。

王陶《とう》いう、「臨川《りんせん》の晏詹《あんせん》かつて余のために言えらく、張公、蜀《しょく》より還り、真宗に対し、蜀中の兵乱、

王陶云、臨川晏詹、嘗為余言、張公自蜀還、対真宗言、蜀中兵

朝廷の処置、緩急幾宜《きぎ》を失する者ありと言う。よりて、王旦のごときはすなわち太平宰相なるのみと言う。真宗黙然たり。它日《たじつ》、便殿《べんでん》に御し、公を召して対し、公に謂《い》いて曰く、王旦は真に太平宰相なりと。殿霤《でんりゅう》を仰視して它《た》言なし。公ついに退《しりぞ》く。それ一語合《がっ》せずして、大功尽く棄てらる。人の言をなすこと、もとより難からんや」と。

乱、朝廷処置、緩急有失幾宜者、因言、如王旦、乃太平宰相爾、真宗黙然、它日、御便殿、召公対、謂公曰、王旦真太平宰相也、仰視殿霤、無它言、公遂退、夫一語不合、大功尽棄、人之為言、固難矣哉。

▼先にふれた、将来を嘱望《しょくぼう》されつつ挫折した理由がここで語られている。王旦は真宗の誰よりも信頼している人物だった。太平宰相とはいざという時に役に立たぬ皮肉を含む。王陶は神宗時代の御史《ぎょし》となった論客。

馬知節《ばちせつ》　枢密《すうみつ》・馬正恵《せいけい》公・知節（九五五—一〇一九）

字は子元《しげん》。幽州《ゆうしゅう》（河北）の人。父全義《ぜんぎ》は太祖の片腕として活躍した武将。七歳で父を亡くし、太祖のいわば部屋子《へやご》として成長。太宗時代、重要地点の軍将を歴任、真宗になって枢密の長官をつとめた武人の雄。

三一　正直な武人

真宗の末期、宰相王欽若《おうきんじゃく》は天子の裁可を求めて上奏するたびに、多数の上奏文を懐《ふところ》に入れ、その一つ二つを出すだけでほかは隠し、退出するや、勅許《ちょっきょ》を得たといってそれら全部を施行《しこう》にまわした。ある時、馬知節とともに天子に上奏して、欽若が退出しようとしたところ、知節がにらみつけ、「懐の中の上奏文をなぜ全部ださぬのか」となじった。

真宗の末、王欽若、事を奏せしごとに、あるいは数奏を懐《ふところ》にし、その一、二を出す。その余はみなこれを匿《かく》す。すでに退《しりぞ》くや、己《おの》が意、聖旨にかなうをもってこれを行《こう》す。かつて馬知節とともに事を上の前に奏す。欽若まさに退《しりぞ》かんとして知節これを目《もく》して曰く、「懐中の奏、なんぞことごとくは、これを出《いだ》さざるか」と。

真宗末、王欽若毎奏事、或懐数奏、出其一二、其余皆匿之、既退、以己意称聖旨行之、嘗与馬知節倶奏事上前、欽若将退、知節目之、曰、懐中奏、何不尽出之。

▼王欽若《おうきんじやく》（九六二—一〇二五）はしばしば出てきた丁謂《ていい》とともに真宗時代の南方派官僚の巨頭で、皇太子の時から真宗は頭があがらなかった。王旦《おうたん》が失脚したのち、真宗最後の天禧《てんぎ》という年号の前半三年は欽若が宰相となる。政治家としてそれなりの人物だが、宋代には悪者のレッテルを貼られ、無論『言行録』にも出てこない。

曹瑋《そうい》　枢密・曹武穆《ぶぼく》公・瑋（九七三—一〇三〇）

字は宝臣《ほうしん》。真定（河北）が本籍。さきに出た曹彬《そうひん》の子。十九歳の時から陝西《せんせい》でタングート族との戦闘に従い、四十年間、負け知らずの名将として活躍した。真宗の末近く、短期間だが枢密院（軍政府）の長官をつとめる。五十七歳。真宗の廟に陪祀《ばいし》された。

三二　名将のあかし

天雄《てんゆう》（河北省大名府《だいめいふ》）の兵卒が法を犯した。人々は裁判できっと処刑されるだろうと思った。曹瑋《そうい》が平常の法規通りさばいたので、不思議がってたずねた者がいた。瑋は笑いながら、「国境で敵と対陣している時、命令にそむく者を斬るのは、味方に威令を徹底させたいためで、殺すのが好きなわけではない。平時に国内を治める際、そんなことができるか」と答えた。辺境を守っている時、山東の名士の賈同《かどう》という人物が、瑋のところへやって来て、宿舎に泊まった。瑋がいっしょに国境巡察に出かけようと、彼の宿まで迎えに赴いた。同が、つれてゆく兵隊はどこにいるのかと聞くと、ちゃんと揃っているとの答え。表に出て馬に乗ると、武装兵三千がきちんと整列しているにもかかわらず宿の部屋の中では物音一つきこえない。帰ってきた賈同《かどう》は、「なるほど曹瑋《そうい》は名将だ」と話した。瑋は大将としては父親の寛仁《かんじん》さには及ばぬとはいえ、それはそれでひとかどのものといわれた。

天雄《てんゆう》の卒、法を犯すあり。衆おもえらく、「獄具《ぐ》せばかならずこれを殺さん」と。公すなわち処するに常法をもってす。あるひともって疑となす。公笑いて曰く、「辺に臨《のぞ》み敵に対すれば、命《めい》を用いざる者を斬るは、わが衆に令《れい》するゆえんにして、殺《さつ》を喜ぶにあらざるなり。平時、内郡を治むるに、いずくんぞこれをこととせんや」。はじめ辺を守りし時、山東の知名の士賈同造《かどういた》る。公、外舎に客

天雄卒、有犯法、衆謂、獄具必殺之、公乃処以常法、或以為疑、公笑曰、臨辺対敵、斬不用命者、所以令吾衆、非喜殺也、平時治内郡、安事此乎、初守辺時、山東知名士賈同造、公客外舎、公欲按辺、即同舎邀与倶、同問従兵安在、曰、已具、既出就騎、

とす。公、辺を按《あん》ぜんと欲し、同《どう》の舎につきて邀《むか》えてともにせんとす。同問う、「従兵《じゅうへい》はいずくにありや」と。曰く、「すでに具《そなわ》れり」と。すでに出でて騎につくに、甲士《こうし》三千の列立するを見る。人音、舎に徹《とお》らず。同帰りて人に語りて曰く、「瑋はたして名将なり」と。公、将たることその父の寛なるにしかざるも、しかれどもおのずから一家をなすという。

見甲士三千列立、人音不徹舎、同帰語人曰、瑋果名将也、公為将、不如其父寛、然自為一家云。

畢士《ひつし》安《あん》　丞相・畢文簡《ぶんかん》公・士安（九三八―一〇〇五）字は仁叟《じんそう》。代州（山西）の出身。乾徳四年（九六六）の進士。宋初の文臣地方官として活躍したのち、皇子時代の真宗に侍従し、のち開封《かいほう》知事、翰林学士を歴任。景徳元年と二年（一〇〇四―〇五）宰相。古人の風ありと真宗から一目おかれていた。

三三　わたしは才能がない

畢士《ひつし》安《あん》は礼儀正しく、透徹《とうてつ》した目を持ち、どこでも厳格で公正だと評判をとっていた。しかしつつしみ深い性格で、人に対していつも、「自分は官員としてとりたてて何もやっていない。ただ一生懸命みずからをつつしみ、過《あやま》ちを少なくしようとしているだけだ」といっていた。

公端方沈雅《たんほうちんが》、清識あり。至るところ厳正をもって称さる。しかれども性謙退、つねに人に謂いて曰く、「僕、仕宦《しかん》して赫々《かくかく》の誉《ほまれ》なし。ただつとめてみずから規検し、過を寡《すくな》くするをねがうのみ」と。

公端方沈雅、有清識、所至以厳正称、然性謙退、嘗謂人曰、僕仕宦、無赫赫之誉、但力自規検、庶幾寡過耳。

▼彼は本当に子孫のために財産をふやすようなことはせず、亡くなった時彼の妻は葬式の費用を宰相王旦に借用に行ったといわれる。党派を作らず、王旦、呂端、寇準《こうじゅん》など当時の有力者から尊敬されたいわば古武士の風格を持つ君子。

寇準《こうじゅん》 丞相《じょうしょう》・萊国《らいこく》・寇忠愍《ちゅうびん》公・準（九六一―一〇二三）
字《あざな》は平仲《へいちゅう》。華州《か》（陝西《せんせい》東部）の人。太平興国四年（九七九）の進士。真宗の景徳元年（一〇〇四）、国都開封のすぐ北、黄河北岸まで侵入してきた契丹《キッタン》（遼《りょう》）軍に対し、決戦をとなえ、弱腰の真宗をかついで出兵、契丹と澶淵の盟約を結び、宋に平和をもたらした立役者。このあと二年ほどと、真宗末期に宰相となる。政敵丁謂と激しい政争をくりかえし、最後は雷州《らい》（広東）に流されて死んだ。

三四　敵に背をみせるな

寇準《こうじゅん》は真宗に従って澶州《せん》にいた。王欽若《おうきんじゃく》は金陵（現在の南京《ナンキン》）に、陳堯叟《ちんぎょうそう》は四川に行幸されるようひそかに願い出た。天子が準に御下問になった時、欽若と堯叟が側らにいた。準は二人がいったと察していたけれども、そ知らぬ顔で、「誰が陛下にそのような策謀を申し上げたのでしょう。そ奴《やつ》は斬り棄てるべきです。いま敵は勢いに乗っております。陛下は味方の心を結束させ、進んで敵をふせぎ、国をまもらねばなりません。それに祖先のみたまやを放棄し、はるか江南や四川に逃げるとは何たることですか。おまけに現在の情勢では、おかみが一歩でも方向をかえられれば、我軍は瓦解し、人民はちりぢりになりかねません。敵がそれに乗じれば、江南や四川に行きつくこともできますまい」。納得した真宗はようやくほかへ遷《うつ》ることをやめられた。二人はこれより準に恨みをいだいた。（紀聞）

公、上に従い澶淵《せんえん》に在り。王欽若《おうきんじゃく》ひそかに金陵に幸《みゆき》されんと請い、陳堯叟《ちんぎょうそう》は蜀《しょく》に幸されんと請う。上もって公に問う。時に欽若堯叟かたわらに在り。公心に二人のなせし所と知るも、陽《いつわ》りて知らずとなし、曰く「誰ぞ、陛下のためにこの策を画《かく》せしや。斬るべきなり。今、虜勢憑陵《りょせいひょうりょう》す。陛下まさに衆心を率励《そつれい》して前に進み敵を禦《ふせ》ぎ、もって社《しゃ》稷《しょく》を衛《まも》るべし。いかんぞ宗廟を委棄《いき》し、遠く楚蜀《そしょく》に之《ゆ》かんや。かつ今日の勢、鑾輿《らんよ》、軫《しん》の一歩を回《めぐ》らさば、四方瓦解《がかい》し、万衆雲散せん。虜その勢に乗ずれば、楚蜀至るを得べけんや」と。上悟りすなわちやむ。二人これより公を怨む。

公従上、在澶淵、王欽若陰請幸金陵、陳堯叟請幸蜀、上以問公、時欽若堯叟在旁、公心知二人所為、陽為不知、曰、誰為陛下画此策者、可斬也、今虜勢憑陵、陛下当率励衆心、進前禦敵、以衛社稷、奈何欲委棄宗廟、遠之楚蜀邪、且以今日之勢、鑾輿回軫一歩、則四方瓦解、万衆雲散、虜乗其勢、楚蜀可得至邪、上悟乃止、二人由是怨公。

▼運よく契丹の大将が戦死し、補給線がのびて後方に不安のある敵軍に対し、皇帝が親征して士気あがる宋軍はともかくも互角にわたりあい、澶淵《せんえん》の盟約を結んで面目を保った。毎年銀と絹を三十万契丹に贈り、北方の国境線をさだめ、宋が兄、契丹が弟となったこの条約を、王欽若ら反対派は〝城下《じょうか》の盟《めい》〟すなわち城を囲まれやむを得ず

結んだ屈辱的なものとして非難した。しかし、結果的にこの条約は宋に平和と安定をもたらし、以後百年、士大夫《したいふ》文化を繁栄させる一因となった。なおこの戦いの最中、陣中不安で眠られぬ真宗が寇準の様子をうかがわせると、酒をくらって大鼾《いびき》で寝ていたのでホッと安堵《あんど》したというエピソードもある。

三五　天のお告げとお祭りの狂乱

大中祥符元年《だいちゅうしょうふ》（一〇〇八）の正月、天からのお告げを書いた紙すなわち「天書《てんしょ》」が宮中の承天門《しょうてんもん》にふってきて、真宗はめでたい年号に改められた。六月に山東の泰山《たいざん》にもふってきたため、十月、泰山で天を祭る封禅《ほうぜん》の儀が行われ、二年の間をおいて、山西の汾陰《ふんいん》で后土《こうど》（地の神）が祀《まつ》られた。おかみは天書をきわめて丁重に扱われ、玉《ぎょく》輅《ろ》にのせ、天書が通る道すじは遠慮されるほどであった。ほどなく、宮中の延恩殿《えんおんでん》に降下になった〝天尊《てんそん》〟という神を天子自身がごらんになり、そこでますます盛んにお祀《まつり》にはげまれた。天のお告げが舞いおりてから、都に昭応宮《しょうおうきゅう》を築き、その後、会霊宮《かいれいきゅう》、景霊宮《けいれいきゅう》といった建物を造営し、亳州《はく》（安徽省）で老子を祀り、全国祭事一色にうずまった。当時地方官となっていた準は、天のお告げを信じなかったため、真宗はますます彼をうとまれた。準が最後に長安の知事となった時、軍政官の朱能《しゅのう》がまたも天のお告げを献上してきた。真宗は王旦にこのことを下問《かもん》されると、旦は、「最初、天書を信じなかったのは準でございます。いまそれが彼の所に降りました。彼に献上させれば、人民は承服し、疑念を抱く者も信ぜぬわけにはまいりますまい」と答えた。おかみは承知され、おそばの者に準に話を通じさせた。朱能はもとから宦官《かんがん》の周懐政《しゅうかいせい》の息がかかり、準の女婿の王曙《おうしょ》は朝廷にいて懐政と仲が良かった。そこで曙が能のいう通りするよう準に話し、はじめは首を横に振っていた準もとうとう折れてしまった。こうして中書侍郎《ちゅうしょじろう》の位階で平章事《へいしょうじ》（宰相）に返り咲く。天禧《てんぎ》三年（一〇一九）のことだった。（萊公伝《らいこうでん》）

大中祥符《だいちゅうしょうふ》元年正月、天書、宮中の承天門に降り、天子もって改元す。その六月また泰山に降る。この歳十月、泰山に封《ほう》ず。二歳を間して后土《こうど》を汾陰《ふんいん》に祀る。天子天書を奉ずること謹はなはだし。載《の》せるに玉輅《ぎょくろ》をもってし、天書行く所、天子あえてその道に当たらず。居ることいくばくもなく、ま

大中祥符元年正月、天書降于宮中承天門、天子以改元、其六月、又降于泰山、是歳十月、封泰山、間二歳、祀后土汾陰、天子奉天書、謹甚、載以玉輅、天書所行、天子不敢当其道、居無幾何、復

た神の延恩殿に降《くだ》るあり。号して天尊と称す。天子親《した》しくみずからこれを見らる。上ここにおいてますます祀事《しじ》を崇飾す。天書始めて降れば昭応宮を築きしより、その後、また会霊、景霊の属を置き、老子を亳州に祀る。天下、無慮《むりょ》みな神事なり。準この時出でて外官となる。また天書を信ぜず。上ますます準を疎《うと》んず。最後京兆府に知たり。都《と》監《かん》朱能また天書を献ず。上もって王旦に問う。旦曰く、「はじめ天書を信ぜざる者は準なり。いま天書準の所に降る。まさに準をしてこれをたてまつらしむれば、百姓《ひゃくせい》まさに大いに服し、疑う者あえて信ぜずんばあらざるなり」と。上これに従う。中貴の人をして準に逼《せま》らしむ。朱能もとより宦者《かんじゃ》周懐政《しゅうかいせい》に事《つか》え、準の婿王曙《おうしょ》は中に居《お》りて懐政とよし。準に能《のう》と合するを勧《すす》む。準はじめは肯《がえん》ぜざるも、曙かたく準に要《もと》むれば、準もまたこれによる。また中書侍郎、平章事となる。天禧三年なり。

有神降于延恩殿、号称天尊、天子親自見之、上於是益崇飾祀事、自天書始降、則築昭応宮、其後復置会霊景霊之属、而祀老子于亳州、天下無慮、皆神事矣、準是時出為外官、又不信天書、上益疎準、最後知京兆府、都監朱能、復献天書、上以問王旦、旦曰、始不信天書者、準也、今天書降準所、当令準上之、則百姓将大服、而疑者不敢不信也、上従之、使中貴人、逼準、朱能素事宦者周懐政、而準婿王曙、居中、与懐政善、勧準与能合、準始不肯、曙固要準、準亦因此、復為中書侍郎平章事、天禧三年也。

▼三代皇帝真宗時代の大事件に、天書すなわち天から降って来たお告げに端を発する国中をあげてのお祭りさわぎがある。本条はそれを要領よくまとめている。要するにデッチあげ事件にいかに宰相までまきこみ、誰も反対できぬ雰囲気にするかということだが、この事件の黒幕は先の王欽若や丁謂《ていい》をはじめとした江南官僚たちだった。太祖・太宗時代は、これまでの例でわかるように、黄河中流域出身の北方官僚が政権をにぎり、全国の富を開封宮城に蓄積して、財政ためこみ策がとられた。ところが澶淵《せんえん》の盟で、契丹の脅威が去ると、唐中期以来、経済的にめざましい発展をとげた江南を中心とした商人たちが、北方優先の古い経済政策に不満をもちはじめる。それを代弁した政治家が王欽若、丁謂たちで、彼らは宮中と国庫に蓄積された財貨を民間にばらまき、いまの言葉でいえば内需拡大、高度成長をはかろうとした。かくて国都開封はここにもみられる巨大な道教のお寺をはじめとした大建築ブームにわきかえり、皇帝は古式にのっとって山東の泰山で天を、陝西の黄河の曲り角にある汾陰《ふんいん》で地をまつる大ページェントをくりひろげて金《かね》をばらまいた。なかでも宮城外の西北に作られた天書を奉安する玉清昭応宮は六年をかけて完成した当時最大かつ豪華な道観であった。王旦や寇準は最初はこうしたバカさわぎに反対したが、大勢に従って結局は表面的に

は無抵抗から賛成へと変わってゆく。これまた中国の権力者たちの生き方の典型である。

三六　宰相のひげをふいてやる

寇準《こうじゅん》は優れた人材が良い政治を行うようにと推挽《すいばん》を怠らなかった。种放《ちゅうほう》や丁謂《ていい》たちもみな準の推挙にあずかっている。だが親しい者には、「丁君《てい》はまことにすぐれた才能を持つが宰相はだめだな」といっていた。準が宰相で謂が副宰相だった時のこと、ある日役所で会食し、準の鬚《ひげ》にスープがついた。謂が立《い》ちあがってそれを拭《ふ》いてやると、準は顔色を改めて、「副宰相の身で、おんみずから宰相の鬚《ひげ》をぬぐわれるのか」となじったので、謂は完全に面子《メンツ》を失った。準はまっすぐ一点張りで、こびへつらう者への対応を考えなかったため、結局はめられてしまった。（遺事）

公士を好み善を楽しみ、推薦を倦《う》まず。种放《ちゅうほう》、丁謂の徒、みなその門に出づ。しかれどもつねに親しむところに語りて曰く、「丁生は誠に奇材なる

公好士楽善、不倦推薦、种放丁謂之徒、皆出其門、然嘗語所親曰、丁生誠奇材、惟不堪重任、

も、ただ重任に堪えず」と。公丞相となり、謂参知政事たり。かつて都堂に会食し、羹《かん》公の鬚を染む。謂《い》たちてこれを払う。公色を正して曰く、「身執政たりて親しく宰相のために鬚を払うや」と。謂慙《は》じて勝《た》えず。公正直《せいちょく》を恃《たの》みて巧佞《こうねい》に虞《そな》えず。ゆえについに陥《おとしい》るるところとなる。

公為丞相、謂参知政事、嘗会食都堂、羹染公鬚、謂起払之、公正色曰、身為執政、而親為宰相払鬚耶、謂慙不勝、公恃正直、而不虞巧佞、故卒為所陥。

▼宿敵の丁謂ももとは寇準の恩をうけたこともあった。時代、場所をとわず、言葉たくみに人の足を引っ張る人間はあとを絶たない。前条でもうかがえるように寇準は正《せい》直《ちょく》といっても、そこは日本人的生《き》一本《いっぽん》の真面目人間ではなかったが、それでもしてやられる。

三七　贅沢《ぜいたく》と倹約のむくい

鄧州《とうしゅう》（河南南部）の花蠟燭《かざりろうそく》の名は天下にひびいており、都でも作れなかった。これは寇準の蠟燭だと伝えられている。彼は鄧州知事だった若いころから贅沢で、油燈《ゆとう》を使わず、とりわけ夜宴会を開いて痛飲することを好み、寝室でも夜どおし蠟燭をともし続けた。転任のあとで官舎にいってみると、便所の中まで蠟のたれあとがあり、うず高くつもっている所もあった。いっぽう清廉で倹約な杜衍《とえん》は、在官中に公用の蠟燭さえもやしたことがなく、ひとくゆりの油燈が消えかかってちらちらしていても、客と清談を続けていた。二人はいずれも名臣だが、奢侈《しゃし》と倹約の違いはこの通りである。されば、杜衍が終わりを全うし、寇準が晩年、嶺南に流されてそこで亡くなった。準の不幸といったこともやはり戒《いまし》めの材料とすべきである。（帰田録）

鄧州《とうしゅう》の花蠟燭は名天下に著《あら》われ、京師《けいし》といえども造るあたわず。あい伝えて云う、「これ寇萊公の燭法なり」と。公かつて鄧州に知たり。少年より富貴にして油燈を点《とも》さず。もっとも夜宴を好み劇飲し、寝室といえどもまた燭を燃《も》やして旦に達す。官を罷めおわるごとに、人、官舎に至り、厠溷《しこん》の間、燭涙《しょくるい》地にあり、往々堆《たい》と成るを見る。杜祁公《ときこう》人となり清倹。官にありていまだかつて官燭を燃

鄧州花蠟燭、名著天下、雖京師不能造、相伝云、是寇萊公燭法、公嘗知鄧州、而自少年富貴、不点油燈、尤好夜宴劇飲、雖寝室亦燃燭達旦、毎罷官去後、人至官舎、見厠溷間、燭涙在地、往往成堆、杜祁公為人清倹、在官未嘗燃官燭、油燈一炷、熒然欲

やさず。油燈一炷《しゅ》、熒然《けいぜん》として滅《き》えんとするも、客とあい対し清談するのみ。二公みな名臣たりて、奢と倹同じからざることかくのごとし。しからば、祁公、寿考吉に終わり、萊公晩に南遷の禍あり、ついに歿して反《かえ》らず。その不幸といえどももまたもって戒となすべきなり。

滅、与客相対、清談而已、二公皆為名臣、而奢倹不同如此、然祁公寿考終吉、萊公晩有南遷之禍、遂歿不反、雖其不幸、亦可以為戒也。

三八　スピード出世も考えもの

張詠《ちょうえい》が四川の長官の時、寇準《こうじゅん》に総理の大命がおりたと聞き、「寇準は本当の宰相だ。だが人々の幸せにはならぬ」といった。弟子の李畋《りでん》がいぶかってわけをたずねると、「普通の人が千言を費やしても足りぬことを、準は一言で片付ける。仕官が若すぎ、昇進も速すぎて、勉強する暇がない」と答えた。二人は昔からの友達で、準が詠に兄《けい》事《じ》していた。詠はいつもずけずけ彼をやっつけて容赦せず、偉くなっても変わらなかった。準が陝西《せんせい》、詠が四川と、二人一緒にいられなくなった。別れる時、詠が準に「霍光《かくこう》の伝記を読んだことがあるか」ときいた。「ない」と答えるとそれ以上何も言わなかった。準がもどってそこを読み「不学、無術」というところまでくると、「これが張君のわしに言いたかった点だ」と笑った。（談叢）

張忠定公蜀《しょく》を守る。莱公の大拝を聞きて曰く、「寇準《こうじゅん》は真の宰相なり」と。また曰く、「蒼生《そうせい》に福なからん」と。門人李畋《りでん》、怪しみてこれを問う。曰く、「人、千言して尽くさざるもの、準一言にして尽くす。しかれども仕《し》はなはだ早く、用はなはだ速く、学ぶに及ばざるのみ」と。張、寇は布《ほ》衣《い》の交わりなり。莱公これに兄事し、忠定つねに面折してややも恕《ゆる》さず。貴たるといえども改めざるなり。莱公岐《き》に在り、忠定蜀に在り、また留《とど》まらず。すでに別れんとして莱公を顧《かえり》みて曰く、「かつて霍光伝を読みしや否や」。曰く、「いまだしなり」、さらに它《た》の語なし、莱公帰りてその伝を取りてこれを読む。〝不学にして無術〟に至り、

張忠定公守蜀、聞莱公大拝曰、寇準真宰相也、又曰、蒼生無福、門人李畋、怪而問之、曰、人千言而不尽者、準一言而尽、然仕太早、用太速、不及学耳、張寇布衣交也、莱公兄事之、忠定常面折、不少恕、雖貴不改也、莱公在岐、忠定在蜀、還不留、既別、顧莱公曰、曾読霍光伝否、曰未也、更無它語、莱公帰、取其伝読之、至不学無術、笑曰、此張公謂我矣。

笑いて曰く、「これ張公、我れを謂うならん」。

▼寇準は弱冠十九歳で科挙に合格している。科挙では一年後輩の張詠は、すでに述べたようにズケズケ物を言う人間だったためこういう評価が生まれてくる。霍光は漢代の宰相。

高瓊《こうけい》　太尉・衛国・高烈《れつぶ》武王・瓊（九三五—一〇〇六）

字は宝臣。亳《はく》州（安徽北部）の人。生粋の軍人で、太祖、太宗につかえ、また澶淵《せんえん》の戦いでも指揮官として活躍した。孫娘が五代皇帝英宗の皇后で、のち元祐《げんゆう》の旧法党にかつがれた宣仁太后《せんにんたいこう》高氏である。

三九　兵隊にうまい米をくわすな

ある日、宮城護衛の兵士が、支給の粟《こめ》が古いといいだした。高瓊《こうけい》は「国境守備の兵士たちは酷寒の中で、味噌《みそ》と同じ色の粟《こめ》を食べている。お前らは月々宮中の倉からくばられるものをくらい、しかもその見本はおかみもごらんになっている。ほかの軍兵とはくらべものにならぬ。一言でもそんなことを言ってわしの兵隊を動揺させれば容赦なく斬るぞ」といった。このため、誰も何も言おうとしなかった。その後、瓊《けい》が病気でしばらく休んでいる間に、ふとどきにも御殿の下に古米を置いた者がいた。お側の者がこれをとって申し上げたので一人ずつ精米一石を下賜された。瓊は、「そんなことをするとは」と慨嘆し、そのまま病気を理由に軍司令官を辞任した。（神道碑）

它日《たじつ》、衛士《えいし》、稟粟《りんぞく》の陳腐《ちんぷ》なるを白《もう》す者あり。王曰く、「辺防戦守の兵、寒苦に暴露し、食《くら》うところの粟は豉《し》と同色なり。なんじら日ごとにすでに太《たい》官《かん》の月に給するところを食し、また先に様《よう》を上前《じょうぜん》に進む。あにただに諸軍に比べんや。一言《いちごん》もって吾軍を動かす者あらば斬す」と。ここにおいて衆、あえて言あるなし。その後、王疾《やまい》をこうむり、久しく出《い》でず。みだりに陳粒《ちんりゅう》を殿下に遺《のこ》す者あり。中貴の人、これを得てもって聞《ぶん》す。人ごとに精米一斛《こく》を賜る。王嘆じて曰く、「安《いず》くんぞこれあらんや」と。ついに疾をもって典軍を辞す。

它日、衛士有白稟粟陳腐者、王曰、辺防戦守之兵、暴露寒苦、而所食粟、与豉同色、若等日既食太官月所給、又先進様於上前、豈特諸軍比也、有一言以動吾軍者、斬、於是、衆莫敢有言、其後王被疾、久不出、輒有遺陳粒殿下者、中貴人得之、以聞、人賜精米一斛、王嘆曰、安有是邪、遂以疾辞典軍。

▼宋代の軍隊は正規軍である禁軍《きんぐん》と、各種の労役、土木工事などに従う廂軍《しょうぐん》、そして義勇軍などに分かれるが、いずれも近代的国民兵と相当違い、アウトローの集団に近かった。そこで不満がつのると爆発して兵変、軍乱がおこりやすく、そのきっかけの多くはここにみられる支給食糧の劣悪陳旧《れつあくちんきゅう》であった。粟《ぞく》には脱穀せぬ米と粟《あわ》の二つの意味があるが、ここでは前者。豉《し》は豆と塩で作る味噌、しおからのこと。衛士《えいし》というのは近衛兵なのだが、禁軍とは別系統で、糧米なども太官《たいかん》すなわち宮廷の特別倉から支給されたことがわかる。

楊億《ようおく》　内翰《ないかん》・楊文公・億（九七四―一〇二〇）

字は大年《だいねん》。浦城《ほじょう》（福建）が本籍。神童といわれ、十一歳で太宗より詩賦《しふ》の試験を課せられる。歴史書や百科事典などの国家的編纂事業にたずさわり、真宗時代は翰林学士となる。文豪として大御所的存在で、宋代に三人にすぎぬ〝文〟一字の諡《おくりな》を賜る。〝西崑体《せいこんたい》〟と呼ばれる伝統的な文学の旗頭としても有名。

四〇　君子とは、小人《しょうじん》とは

楊億《ようおく》は一人正論をふりかざした。ある時それに賛同しない者が、面とむかってからかった。「君子というものは、隠れた部分も明らかな部分も、柔らかきも剛《かた》いことも知るものだが」。「小人というものは無恥で心なく、畏《こわ》がることなく、義《すじ》がわからぬものじゃ」と億は応じた。（家塾記）

楊文公、直道《ちょくどう》をもって独り立つ。時に邪説を挾《たばさ》みてもって進む者あり。公に面戯《めんぎ》して曰く、「君子は微を知り、章を知り、柔を知り、剛を知る」と。公、声に応じ答えて曰く、「小人は恥じず、仁ならず、畏《おそ》れず、義ならず」。

楊文公、以直道独立、時有挾邪説以進者、面戯公曰、君子知微、知章、知柔、知剛、公応声答曰、小人不恥、不仁、不畏、不義。

四一　一代の文豪

楊億は文章を作ろうとすると、門弟や食客たちと酒を飲み、賭けごと、ゲーム、囲碁など、にぎやかな中で構想をねり、四角い小さな紙にぎっしり書きつけていった。飛ぶように筆を走らせ、直したりなどはしない。紙一幅《いっぷく》分できあがるごとに、門弟に複写させる。門弟たちは応接にくたくたになる。ほんの一時間ほどの間に、数千言ができあがるとは、まことに一代の文豪である。（帰田録）

楊《よう》大年、文を作らんと欲するごとに、門人、賓客と飲博《いんはく》す。投壺《とうこ》、奕碁《えきき》、語笑諠譁《かまびす》しくして締思《ていし》を妨《さまた》げず。小方紙をもって細書し、揮翰《きかん》飛ぶごとく、文は点を加えず。一幅に盈《み》つるごとに門人に命じて伝録せしむ。門人応命に疲る。頃刻《けいこく》の際、数千言を成す。真に一代の文豪なり。

楊大年毎欲作文、則与門人賓客、飲博、投壺奕碁、語笑諠譁、而不妨締思、以小方紙細書、揮翰如飛、文不加点、毎盈一幅、則命門人伝録、門人疲於応命、頃刻之際、成数千言、真一代之文豪也。

▼やはり宋代の文豪の一人で、楊億と逆の〝古文〟派の総帥であった欧陽脩《おうようしゅう》の書き残したはなしである。楊億はなるほど天才だったようだが、文章の中にもりこむ故事や、古典からの引用は弟子や助手が受持った点は、現代の流行作家と大同小異である。投

壺は宴会の席で壺に矢を投げ入れさせ、負ければ酒を飲まされる遊び。

王曙《おうしょ》　丞相・王文康公・曙（九六三―一〇三四）

字は晦叔《かいしゅく》。洛陽（河南省）の人。淳化三年（九九二）の進士。エリートコースを歩み、仁宗の天聖七年（一〇二九）副宰相、ついで枢密使となる。先にあげた寇準《こうじゅん》の婿。張詠とならぶ四川成都の名知事といわれた。

四二　倹約のすすめ

玉清昭応宮《ぎょくせいしょうおうきゅう》の火事で、守衛の責任者たちはすべて御史台《ぎょしだい》の刑獄につながれた。王《おう》曙《しょ》は次のような上奏を行った。「むかし魯《ろ》の国で桓公《かんこう》と僖公《きこう》の廟所《びょうしょ》が焼けた時、孔子《こうし》はまつる世代が離れすぎ、取り毀すべきものだったと仰言《おっしゃ》いました。漢代に、遼東《りょうとう》にある高祖《こうそ》の廟と、高祖の陵園の御殿が焼けた時、大学者の董仲舒《とうちゅうじょ》は、高祖の廟は地方にあるべきでなく、また御殿は陵墓のそばにあるべきでないと申しました。三国時代、魏《ぎ》の崇華殿《すうかでん》が炎上した時、重臣の高堂隆《こうどうりゅう》は、豪壮な宮殿を作ることに天が与えた警告で、修復すべきでないと言上したのに、文帝《ぶんてい》は聴きいれず、翌年再び焼けました。この昭応宮《しょうおうきゅう》は聖人の教えにそぐわず、火災は天の警告と受取られます。その建物をとりこわし、祭祀の場所を廃止して天変にこたえるべきです」。仁宗と曹《そう》太后はハッと胸をうたれて、守衛たちの罪を軽減し、再建せぬ旨の詔勅《しょうちょく》を公布された。王曙《おうしょ》は威厳があってもったいぶらず、大臣にふさわしかった。「臣下が贅沢なのはいけない。近頃は屋敷は身のほどを超え、衣服や持物も派手で、下僕妻妾《げぼくさいしょう》の数も多すぎる、適当に制限すべきだ」といったことがある。高い地位についてからは、つとめてみずからを抑《おさ》え、質素な住居と食事で満足していた。

玉清昭応宮《ぎょくせいしょうおうきゅう》災あり。守衛の者みな坐して御史《ぎょし》の獄に繋《つな》がる。王文康公上疏《じょうそ》して曰く、「昔、魯の桓《かん》と僖《き》の宮災あり。孔子おもえらく、桓と僖、親尽《つ》く。まさに毀《こぼ》つべきものなりと。遼東《りょうとう》の高《こう》廟《びょう》および高園の便殿《べんでん》災あり、董仲舒《とうちゅうじょ》おもえらく、高廟はまさに郡国に居《お》くべからず、便殿はまさに陵旁《りょうぼう》に居《お》くべからず。ゆえに災ありと。魏《ぎ》の崇華《すうか》殿《でん》災あり。高堂隆《こうどうりゅう》おもえらく、天、台榭宮室《だいしゃきゅうしつ》をもって戒《いまし》めとなす。よろしく罷《や》めて治《おさむ》るなかれと。

玉清昭応宮災、守衛者、皆坐繋御史獄、王文康公、上疏曰、昔魯桓僖宮災、孔子以為、桓僖親尽、当毀者也、遼東高廟、及高園便殿災、董仲舒以為、高廟不当居郡国、便殿不当居陵旁、故災、魏崇華殿災、高堂隆以為、天以台榭宮室為戒、宜罷勿治、文帝不聴、明年復災、今所建宮、

文帝聴《き》かず。明年ふたたび災あり。いま建つるところの宮は経義《けいぎ》に応ぜず。災変の来《きた》ること警あるもののごとし。ねがわくはその地を除き、もろもろの禱祠《とうし》を罷め、もって天変に応ぜられんことを」。仁宗と太后感悟《かんご》し、ついに守衛する者の罪を薄くす。すでにして詔《しょう》し、また繕修せざるをもって天下に諭《ゆ》す。公、方厳簡重《ほうげんかんちょう》、大臣の体あり。かつて言う、「人臣の節倹ならざるを患《うれ》う。いま居第《きょだい》多く踰僭《ゆせん》し、服玩《ふくがん》は奢侈《しゃし》、僕妾《ぼくしょう》は数うるなし。よろしく経制あるべし」と。貴顕におよび、深くみずから抑損《よくそん》し、斎居蔬食《さいきょそしょく》して泊如《はくじょ》たり。

不応経義、災変之来、若有警者、願除其地、罷諸禱祠、以応天変、仁宗与太后感悟、遂薄守衛者罪、已而詔以不復繕修、諭天下、公方厳簡重、有大臣体、嘗言、人臣患不節倹、今居第多踰僭、服玩奢侈、僕妾無数、宜有経制、及貴顕、深自抑損、斎居蔬食、泊如也。

▼おまつり騒動の総本山だった玉清昭応宮《ぎょくせいしょうおうきゅう》は仁宗天聖七年（一〇二九）、落雷で灰燼に帰した。これは天が戒告を与えたものだとして王曙は再建に反対する。こうした時、儒教の経典《けいてん》や古代の歴史からその正当性の根拠を数多くあげるのが約束ごとで、そのパターンは現在まで続いている。たとい事柄が正しくても正しくなくても、過去の人為的に確定された事実をまず前提にすること、それが中国においては公式文章に

客観性、説得力を与える一つの条件になっていた。魯の話は『春秋左氏伝』哀公《あいこう》三年の記事、高祖は漢の劉邦《りゅうほう》のことで、武帝時代第一の学者が董仲舒《とうちゅうじょ》。高堂隆の話は『三国志』に出てくるが、本条にいう文帝は実は明帝の間違い。記憶のままでものを書くから、時々こういうミスが起こる。

王曾《おうそう》 丞相・沂国《きこく》・王文正公・曾（九七八―一〇三八）

字は孝先《こうせん》。青州（山東）の人。咸平五年（一〇〇二）、地方、中央、皇帝と科挙の三段階すべて首席で進士となる。科挙の首席で宰相となった状元《じょうげん》宰相はそれほど多くなく、宋代では彼が有名。四代皇帝仁宗の初期、七年間宰相をつとめる。

四三　宰相の策略

真宗が重態におちいると、劉《りゅう》皇后は丁謂《ていい》とはかり、朝政を握ろうとした。誰もが後難をおそれて何も言おうとしない。宰相の王曾《おうそう》は皇后の親戚銭惟演《せんいえん》に話しにいった。「漢の呂后《りょこう》、唐の武氏はいずれも占めてはならぬ地位に座り、のち、子孫が殺戮《さつりく》され身をまっとうできませんでした。あなたは皇后の近い御親類。どうして参内《さんだい》して意見をのべられぬのですか。おかみに万一のことがあっても、皇太子が即位され、皇后がそれを補佐なされば劉氏にとってめでたいことではありませぬか。もし御自分がすべてを握ろうとされ、天下の疑惑を招くことになれば、劉氏の禍《わざわい》にとどまらず、ひいてはあなたもただではすみますまい」。惟演はふるえあがって参内し、その由を言上《ごんじょう》した。その計画は立消えになった。（政要）

章聖《しょうせい》不予《ふよ》なり。劉后、宰臣丁謂《ていい》を諷《ふう》し、朝に臨まんと欲す。中外洶々《きょうきょう》としてあえて言う者なし。時に宰相王曾、后の戚銭惟演《せきせんいえん》に謂《い》いて曰く、「漢の呂后、唐の武氏はみな非拠《ひきょ》の位なり。その後、子孫誅戮《ちゅうりく》され、首領を保つを得ず。公は后の肺腑《はいふ》なり。なんぞ入りて皇后に白《もう》さざるや。万一、宮車不諱《ふき》あるも、太子即位し、太后政を輔《たす》けらるれば、あに劉氏の福たらざらんか。もし制を称せんと欲し、もって疑を天下に取らば、ただに劉氏の禍のみならず、恐らくはまた延《ひ》いて公に及ばん」。惟演大いに懼《おそ》れ、入りてこれを白《もう》す。その議ついに止む。

章聖不予、劉后諷宰臣丁謂、欲臨朝、中外洶洶、無敢言者、時宰相王曾、謂后戚銭惟演曰、漢之呂后、唐之武氏、皆非拠之位、其後子孫誅戮、不得保首領、公后之肺腑、何不入白皇后、万一宮車不諱、太子即位、太后輔政、豈不為劉氏之福乎、若欲称制、以取疑於天下、非惟為劉氏之禍、恐亦延及公矣、惟演大懼、入白之、其議遂止。

に止《や》む。

▼真宗から仁宗へのバトンタッチも無風ではなかった。ひそかに権力独占を企てる丁謂《ていい》一派は、宦官雷允恭《かんがんらいいんきょう》などをだきこみ、劉皇后を摂政に擁立しようとたくらんだ。王曾は、五代呉越国の後裔《こうえい》で、隠然たる勢力を持つ劉皇后の姻戚銭惟演《せんいえん》に働きかけてその動きを封じた。こうして権力争いは王曾に軍配があがり、彼の政権は安定した。

四四　子分を高いポストにつけるな

韓琦《かんき》が次のような話をしてくれた。王曾が宰相だった時、自分の一党からは一人も高いポストにつけなかった。ある機会に范仲淹《はんちゅうえん》が、「優秀な人材をとりたてるのが宰相の任務です。立派な総理に欠点があるとすればそこだけです」とかまをかけた。「君はわしが恩義をきせれば、怨恨が誰にゆくか考えぬのかね」と曾はゆったりと答えた。茫然とした仲淹は「なるほどまことの宰相だ」と感嘆した。（魏《ぎ》公別録）

韓魏《かんぎ》公言う。王沂《き》公国に当たるに、門下よりいま　韓魏公言、王沂公当国、門下未だかつて一人をも顕抜《けんばつ》せられず。希文《きぶん》間に乗じてすなわちこれを諷して曰く、「士類を明揚するは宰相の任なり。公の盛徳、ひとりこれを少《か》くのみ」と。沂《き》公おもむろにこれに応じて曰く、「司諫思わざるや。恩もし己《おのれ》より出づれば、怨《うらみ》はた誰に帰《き》さん」。希文憫然《きぶんもうぜん》として嘆じて曰く、「真の宰相なり」と。

嘗見顕抜一人、希文乗間、輒諷之曰、明揚士類、宰相之任也、公之盛徳、独少此爾、沂公徐応之曰、司諫不思邪、恩若己出、怨将誰帰、希文憫然、嘆曰、真宰相也。

▼同じ宋代でもすぐ次の時代になると朋党がやかましくなり、現代のように自分の息のかかった者ばかりおし出そうとする傾向になる。国初から仁宗時代の中ごろまでは皇帝と臣下の間はより密接で、何でもいえた比較的健全な時代だった。韓魏《かんぎ》公は宋第一の名臣韓琦《かんき》。希文《きぶん》はこれも有名な范仲淹《はんちゆうえん》で、司諫というのは当時彼が諫官《かんかん》だったからそう呼ぶ。

第四章　仁宗　第四代皇帝——名君なのか恐妻家なのか

四代皇帝仁宗《じんそう》、本名趙禎《ちょうしん》は仁《じん》という諡《おくりな》の示すように、心がゆたかで暖かい人柄であり、従ってその時代もよく治まったよい治世と考えられがちである。特に新しく興った文人士大夫《したいふ》の理想像とされる、范仲淹《はんちゅうえん》、韓琦《かんき》、欧陽脩《おうようしゅう》らが輩出し、それが仁宗朝廷で大臣として活躍したことが、そうしたイメージを強化するに役立った。しかし、現実には、新しい宋王朝は早くも重大な危機の前に立ちすくむ状態だったのである。

唐の半ばからあと、二百年に及ぶ社会の変動は、宋王朝の成立で一挙《いっきょ》に収拾されたわけではなかった。古いもの新しいものが、多くの分野で未整理のまま残ってまじりあい、お互いに足をひっぱる状態が続いていた。とくに政治制度、財政制度などには解決すべき問題が山積していた。そこへ、西方辺境で異民族国家が叛旗をひるがえし、それに対処するための軍事費の増大がひき金となって、政府の財政は破産寸前に追いこまれる。

日本人には馴染《なじみ》薄いが、いまの寧夏《ねいか》を中心に陝西《せんせい》、甘粛《かんしゅく》北部一帯にいたチベット系のタングート族が、中国名を李元昊《りげんこう》と名のる英傑のもとで大同団結し、夏国《か》（西夏《せいか》）という独立国をたてて宋に攻撃をしかけてきた。仁宗《じんそう》の宝元《ほうげん》元年（一〇三八）という年のことである。国初の軍人、将軍たちは百年足らずの間に昔日の俤《おもかげ》を失い、西夏に対して歯がたたず、五年余りたってようやく契丹《キッタン》と同様に歳幣《さいへい》を贈ることで和議を結ぶまで、宋は散々苦しめられる。たいして戦力にならぬ軍兵の数ばかりふやされ、彼らへの糧食《りょうしょく》の補給、手当の支給で毎年莫大な赤字が出る。やっと西夏問題が一息つくと、今度は広東《カントン》、広西《こうせい》一帯で儂智高《のうちこう》という酋長《しゅうちょう》を中心とした少数民族の大反乱が起こる。新しい理想をかかげて、正論を展開する「名臣」たちも、結果としてこうした現実には対応しきれなかった。そしてそれが、六代皇帝神宗《しんそう》時代の王安石《おうあんせき》の改革を生む原因ともなるのである。仁宗の治世は四十一年と長く、宰相も二十三人を数える。王《おう》曾《そう》、呂夷簡《りょいかん》、文彦博《ぶんげんはく》、富弼《ふひつ》、龐籍《ほうせき》などが「名臣」側を代表するが、長く政権の座にあっても、賈昌朝《かしょうちょう》、陳執中《ちんしっちゅう》、章得象《しょうとくしょう》といった連中は本書にあらわれぬ。なお仁宗は女性に弱く、郭《かく》皇后を廃位したりトラブルが多かった。また女児は多くもうけたがみずからの息子ができず、それがまた次の時代の紛争の火種となってゆく。

李迪《りてき》　丞相・李文定公・迪（九七一—一〇四七）

字は復古《ふくこ》。濮《ぼく》州（山東省）の人。景徳二年（一〇〇五）の進士首席。真宗の天禧《てんぎ》元年（一〇一七）副宰相。皇太子時代の仁宗につかえ、明道《めいどう》、景祐《けいゆう》（一〇三二―三五）時代にかけて宰相となる。前々条にも出た真宗の章献劉《しょうけんりゅう》皇后と丁謂《ていい》のラインに反対した硬骨漢として知られる。

四五　皇帝危篤《きとく》で権謀《けんぼう》うずまく

真宗が病篤《やまいあつ》く、もう今日明日という夜、李迪《りてき》は同僚たちと御祈禱《きとう》をあげ、宮中内につめていた。仁宗はまだ幼く、皇族の八大王《はちだいおう》といわれて威名の高かった元儼《げんげん》が、病気うかがいということでこれも宮中にずっと泊まりこんで動かなかった。大臣たちは面倒なことだと思っていたがよい智慧もうかばない。たまたま、接待掛《がかり》が金の盂《たらい》に湯ざましをいれ、王の御用にと運んでいた。迪《てき》は机の上の筆をとってそれをかきまぜたため水が黒くなってしまった。そのまま持ってゆかせると、王は毒が入っているとびっくり仰天して、馬に乗って立去った。李迪のやりかたはざっとこのようなものだった。

（聞見録）

真宗不予《ふよ》なり。大漸《だいぜん》の夕《ゆうべ》、李文定公、宰執《さいしつ》と祈禳《きじょう》　真宗不予、大漸之夕、李文定公、をもって内殿《ないでん》に宿す。時に仁宗幼冲《ようちゅう》にして、八大王元儼《げんげん》なる者威名あり。問疾《もんしつ》をもって禁中に留まり、累日《るいじつ》あえて出《い》でず。執政《しっせい》これを患《わずら》うも、もって計をなすなし。たまたま翰林司《かんりんし》、金盂《きんう》をもって熟《じゅく》水《すい》を貯《たくわ》え、「王の須《もち》うるところなり」という。文定案上の墨筆《ぼくひつ》を取りて攪《ま》ず。水中ことごとく黒し。持ちゆかしむれば、王これを見て大いに驚く。その毒あるを意《おも》うなり。ただちに上馬して去る。文定事に臨むことおおよそこの類なり。

与宰執以祈禳、宿内殿、時仁宗幼冲、八大王元儼者、有威名、以問疾、留禁中、累日不肯出、執政患之、無以為計、偶翰林司、以金盂、貯熟水、曰、王所須也、文定取案上墨筆、攪、水中尽黒、令持去、王見之大驚、意其毒也、即上馬去、文定臨事、大率類此。

▼真宗から仁宗への帝位受けわたしに口をさしはさみ、あわよくばと考えるのは皇后劉氏だけではなかった。八大王元儼《げんげん》は太宗の第八子周王元儼、仁宗からは大叔父《おおおじ》に当たり、従って八番目の大王さまとなる。宰相たちもそれぞれの思惑でかけひきの火花を散らす。

魯《ろ》宗道《そうどう》　参政・魯粛簡《しゆくかん》公・宗道（九六六―一〇二九）

字は貫之《かんし》。亳州《はく》（安徽《あんき》省北部）の人。咸平《かんぺい》二年（九九九）の進士。仁宗皇太子時代の家庭教師の一人。仁宗はじめの七年間副宰相をつとめ、その硬骨さのため「魯魚《ろぎょ》頭《とう》」とか「魯直《ろちょく》」と仇名された。

四六　先生だって酒を飲む

仁宗が皇太子の頃、魯《ろ》宗道《そうどう》は、御教育掛の一人だった。宋門の外の浴堂巷《よくどうこう》と通称される所に住んでいた。すぐ側に都でも有名な仁和《にんわ》と呼ばれる酒肆《さかみせ》がある。彼はよく服を着かえておしのびでそこへでかけた。ある日、真宗が急に何かを御下問あそばされようと、使いがやってきたが家にいない。しばらくして、仁和《にんわ》酒楼《しゅろう》から飲んで戻ってきた。使いの宦官《かんがん》が、先に返事に帰ろうとして、「もしおかみがあなたの参内《さんだい》が遅いことを怪しまれたら、どう答えましょう。喰い違いのないよう、言い訳をお教え下さい」とたずねた。ありのままを言えという宗道に対し、宦官は「そんなことをすれば処罰されます」と心配した。しかし宗道は「酒を飲むのは人間あたり前のこと。君をあざむくは臣の大罪《たいざい》だ」ととりあわなかったため、宦官はため息をついて立ち去った。果たせるかな真宗がたずね、使者は宗道のいった通りお答えした。真宗が宗道にどうして勝手に酒楼に参ったのかと詰問されると、彼は次のように言い訳した。「それがしの家は貧しくもてなしの用意もできませぬ。酒肆《さかみせ》にはあらゆる設備が整っており、お客が次から次へとつめかけます。たまたま故郷からはるばる親しい客人が訪ねて来たため、彼と一献《いっこん》傾けておりました。ただし、それがしは平服に着がえ、誰も臣に気付くもののないようにしておりました」。真宗は「そちは東宮の臣下であり、みつかれば御史《ぎょし》から弾劾《だんがい》されるところだぞ」と笑っていわれた。しかし、このことがあってから、忠誠実直、将来の大臣と彼に目をつけられた。真宗は晩年、皇后劉氏と、重用すべき臣下数人について話をされていたが、宗道もその一人で、皇后はのちにその通りに任用された。（帰田録）

仁宗東宮に在り、魯粛簡公諭徳《ゆとく》たり。その居は宋門外に在り、俗にこれを浴堂巷《よくどうこう》という。酒肆《しゅし》のその側《かたわら》にあるあり、仁和と号し、酒は京師に名あり。公、往々《おうおう》服を易え微行《びこう》し、その中に飲む。一日、真宗急ぎ公を召し、まさに問うところあらんとす。使者門に及ぶも公不在なり。移時《いじ》、すなわち仁和肆中《しちゅう》より飲みて帰る。中使にわかに先に入り白《もう》さ

仁宗在東宮、魯粛簡公為諭徳、其居在宋門外、俗謂之浴堂巷、有酒肆在其側、号仁和、酒有名於京師、公往往易服微行、飲于其中、一日、真宗急召公、将有所問、使者及門、而公不在、移時、乃自仁和肆中飲帰、中使遽

んとし、すなわち公と約して曰く、「上もし公の来たること遅きを怪《あや》しまるれば、まさに何事に託してもって対《こた》うべきか。さいわい先に教えられよ、異同あらざらんことを冀《ねが》うなり」と。公曰く、「ただ実をもって告げよ」と。中使曰く、「しからばすなわちまさに罪を得べし」。公曰く、「飲酒は人の常情なり、君を欺くは臣子の大罪なり」と。中使嗟歎《さたん》して去る。真宗はたして問う。使者つぶさに公のごとく対《こた》う。真宗公に問う、「何の故《ゆえ》に私《わたくし》に酒家に入るや」と。公謝して曰く、「臣が家貧にして器皿《きべい》なし。酒肆、百物つぶさに備わり、賓《ひん》至ること帰するがごとし。たまたま郷里の親客遠きより来《きた》るあり。ついにこれと飲《いん》す。しかれども臣すでに服を易《か》え、市人もまた臣を識《し》る者なし」と。真宗笑いて曰く、「卿《けい》、宮臣《きゅうしん》たり。御史の弾ずるところとなるを恐る」と。しかれどもこれより公を奇とし、もって忠実、大用すべしとな

先入、白、乃与公約曰、上若怪公来遅、当託何事以対、幸先見教、冀不異同、公曰、但以実告、中使曰、然則当得罪、公曰、飲酒人之常情、欺君臣子之大罪也、中使嗟歎而去、真宗果問、使者具如公対、真宗問公、何故私入酒家、公謝曰、臣家貧無器皿、酒肆百物具備、賓至如帰、適有郷里親客、自遠来、遂与之飲、然臣既易服、市人亦無識臣者、真宗笑曰、卿為宮臣、恐為御史所弾、然自此奇公、以為忠実可大用、晩年、毎為章献明粛太后、言群臣可大用者数人、公其一也、後章献皆用之。

す。晩年、章献明粛太后のために、群臣の大用すべき者数人を言うごとに、公その一なり。のち章献みなこれを用う。

▼人口百万の北宋の都開封は、唐の長安とかなり違って、庶民文化、消費生活で躍動する活潑な大都会だった。中でも綵楼《さいろう》と呼ばれる入口を色絹でアーチ状にかざりたてた酒楼・酒肆《しゆし》は市民たちの歓楽の中心だった。北宋末、十二世紀はじめには、名の通った店だけで七十二軒あり、銀の食器に美酒、山海の珍味を盛って出した。なお士大夫と商人や市民たちは身分や職業によって服装を異にしていたことはこの話からもうかがえる。とくに皇太子の御教育掛が酒楼で遊ぶのは感心しなかったが、プライベートな時間に士大夫がこうした所に出入することは珍しくなく、第八代皇帝の風流天子徽宗《きそう》はおしのびで酒楼に美姫に会いに行くこともあったという。

薛奎《せつけい》　参政・薛簡粛公・奎（九六七—一〇三四）

字は宿芸《しゆくげい》。淳化三年（九九二）の進士。要地の地方官を歴任。仁宗の天聖七年（一〇二九）から四年間副宰相。少し融通のきかぬマジメ人間だったが、人を見る目はあったといわれる。

四七　叛乱をおさえる自慢話

王曙《おうしょ》と薛奎《せつけい》はともに成都《せいと》の知事となり、名声が高かった。章献《しょうけん》太后劉氏が実権を握っていた時、二人はいずれも副宰相だった。ある日上奏がおわって四川の話が出たついでに、まず王曙が、「成都にいた時、兵隊が叛乱を起こしたと報告を受けたので、ひっとらえて、軍営の門で斬りすて、事なきを得た」というと、薛奎は「わたしが成都にいた時も、兵隊が叛乱を起こしたと報告を受けました。叱りつけて追い出し、やはり何事も起こりませんでした」と話した。（東斎記事）

王文康公、薛簡粛公ともにかつて蜀に鎮し、みな名あり。章献の時ともに執政たり。一日事を奏しおわり、よりて蜀の事を語る。文康曰く、「臣蜀に在りし時、戍卒《じゅそつ》の反を告ぐるあり。すなわち執《とら》えてこれを営門に斬る。ついに事なし」と。簡粛曰く、「臣蜀に在りし時、また戍卒の反を告ぐる

王文康公、薛簡粛公、倶嘗鎮蜀、而皆有名、章献時、同為執政、一日、奏事已、因語蜀事、文康曰、臣在蜀時、有告戍卒反、乃執而斬之於営門、遂無事、簡粛曰、臣在蜀時、亦有告戍卒反者、

者あり。叱りてこれを出《いだ》し、また事なし」と。　叱出之、亦無事。

▼四川の中心成都《せいと》（益州《えきしゅう》）の統治には宋朝は神経をつかい、次々と有能な大物を派遣した。反乱は軍隊が導火線になる場合が少なくない。ここにみられるように、硬軟その時に応じて使いわけ、相手のトリックなどにひっかからぬようにすることが地方長官の心得として要求された。

蔡斉《さいせい》　参政・蔡文忠公・斉（九八八―一〇三九）

字は子思《しし》。萊州（山東）の人。大中祥符八年（一〇一五）の進士首席。最初から真宗の目にとまり、また丁謂《ていい》につかなかった。仁宗初め、三司使、枢密副使などを歴任、景祐二年（一〇三五）から二年間副宰相。

四八　酒はほどほどに

蔡斉《さいせい》は酒が好きで、酒量も多かった。科挙に合格し、済州《さい》（山東省済南）の副知事だった頃は、毎日美酒の盃をかたむけ、たいてい酔いつぶれた。高齢の母親はこのことを気にやんでいた。ある日、山東の高名な学者賈同《かどう》が済州を通ったので、斉は彼を賓客として数日滞在してもらった。賢明な斉が気に入った賈同は、酒で学問を放棄し、身体をそこなうことを心配して、詩を作って彼にみせた。

わが君の恩顧《おんこ》で首席に選ばれ、
年老いた母上の長い髪は雪のよう。
君と親の恩寵にむくいることなく、
酒で身を滅ぼせば悔《くい》は千載《せんざい》に残ろう。

ハッと胸をうたれた蔡斉は立ちあがって礼をのべ、これより、親しい客の時以外は酒の相手をせず、一生酔っぱらうほど酒は飲まなかった。(澠水燕談《じょうすいえんだん》)

蔡文忠《さいぶんちゆう》公酒を喜び、飲量《いんりよう》人に過ぐ。すでに第に登り、済州に通判たり。日に醇酎《じゆんちゆう》を飲み、往々酔に至る。この時太夫《たいふ》人《じん》、年すでに高く、すこぶるこれを憂う。一日、山東の賈存道《かそんどう》先生済《さい》を過《よぎ》る。文忠これを館《かん》すること数日。先生文忠の賢を愛し、その酒をもって学を廃し疾《やまい》を生ずるを慮《おもんぱか》り、すなわち詩をつくりて文忠に示して曰く、

蔡文忠公喜酒、飲量過人、既登第、通判済州、日飲醇酎、往往至酔、是時、太夫人年已高、頗憂之、一日、山東賈存道先生、過済、文忠館之数日、先生愛文忠之賢、慮其以酒、廃学生疾、乃為詩、示文忠曰、聖君恩重竜

聖君の恩は重し、竜頭《りゅうとう》の選
慈母は年高く、鶴髪《かくはつ》垂る
君の寵、母の恩、倶《とも》にいまだ報《むく》いず
酒もし病を成さば、悔《く》ゆとも何ぞ追《つい》せん

文忠矍然《かくぜん》として起《た》ちてこれに謝す。これより、親客にあらずんば対酒せず。終身いまだかつて酔うに至らず。

頭選、慈母年高鶴髪垂、君寵母恩倶未報、酒如成病悔何追、文忠矍然、起謝之、自是、非親客、不対酒、終身未嘗至酔。

▼中国では政治家はむろん、学者でもトップクラスの人は酒に強い方が普通である。宋代の士大夫《したいふ》も概して酒を嗜《たしな》んだ。薛奎《せっけい》のある話にも「大臣たちはしばしば酒をのんで、しめしがつかぬ」というくだりがある。日本人と少し違うのは全くやめるのではなくて、適当にコントロールし、それを破らなかったあたりだろうか。太夫人はこれまでできた皇太后の太と同じく父親の夫人つまり母親の意。賈同《かどう》は真宗から仁宗時代の篤学の地方官として知られた人物、すでに曹瑋のところで登場している。字は希《き》徳《とく》。存道先生とは門人たちがつけた諡《おくりな》。

呂夷簡《りよいかん》　丞相・許国・呂文靖公《ぶんせい》・夷簡（九七九―一〇四四）

字は坦夫《たんぷ》。寿州《じゆ》（安徽省北部）の出身。咸平《かんぺい》三年（一〇〇〇）の進士。敏腕な地方官として順調に出世コースを歩み、仁宗即位とともに副宰相、天聖七年（一〇二九）宰相にのぼり、足かけ十三年の長期にわたってその地位にあった。特にその後半はタングート族西夏との戦争に直面し、また実務派官僚の統帥として、范仲淹《はんちゆうえん》、韓琦《かんき》らのいわば理想派と対立するなど波瀾も多かった。仁宗の廟所に陪祀《ばいし》され、また子孫は宋代新興権勢家の名門呂氏として長く繁栄した。

四九　政治家のかけひき

王洙《おうしゆ》の作った『経武聖略《けいぶせいりやく》』を見て喜んだ仁宗は、彼に直竜図閣《ちよくりゆうとかく》の称号を授けようとした。「この本はいわば事典の「辺防」の部分にすぎず、褒賞するほどではございません」と呂夷簡は答えた。退出した彼は、王洙にむかい「わしはあの書物によって君を直竜図閣にしようとしたが、おかみが事典の「辺防」の部分にすぎぬではないかといわれたため結局ダメだった」と話した。洙《しゆ》が帰宅すると、宦官《かんがん》が天子の使者としてやって来て、お褒めの言葉とともに、「お前を登用しようとしたが、呂夷簡が反対した」旨《むね》を伝えた。そこで王洙は紙と筆を出して、宦官におかみの言葉を書きとめさせた。翌日、洙は夷簡《いかん》のもとに出かけ、昨日の話をもう一度するようたのんだ。夷簡が同じことをくり返すと、洙は宦官のメモを出してみせた。夷簡は立ちあがり、笏《こつ》をさがしつつ「おかみは御多忙を極めるから、わしの言葉をお忘れなのだろう」ととぼけた。その後、王洙は『祖宗故事』の一書を編纂《へんさん》した。副宰相の范仲淹が、洙に直竜図閣の称号を与えるよう願い出た。天子が許可されると、仲淹が、「おかみの御心より出たというお墨付きをいただきたい」といったところ、天子は顔色をかえ、「任用するとあれば任用するのじゃ。わしの確認書がいちいちいるのか。お墨付きがほしいとは、この任用に不承知か」と御機嫌をそこなわれた。王洙の任命は御破算となり、仲淹は恐れいって退出した。この話は王洙自身が孫甫《そんほ》に語ったものである。（南豊雑識）

王洙《おうしゅ》、経武聖略を修す。仁宗覧《み》てこれを善しとし、呂夷簡《りょいかん》に命じ、洙を直竜図閣に用いんとす。夷簡曰く、「これただ会要中の辺防の一門なるのみ。賞を加うるに足らず」と。すでに出で、すなわち洙にいいて曰く、「夷簡、経武聖略を修せしをも

王洙修経武聖略、仁宗覧而善之、命呂夷簡、用洙直竜図閣、夷簡曰、此特会要中辺防一門耳、不足加賞、既出、乃謂洙曰、夷簡以修経武聖略、欲用学士直竜図

って、学士を直竜図閣に用いんと欲す。しかれども上、ただ会要中り辺防の一門なるのみにして、賞を加うるに足らずと謂《い》わるるをもってのゆえに果たさざりき」と。洙退《しりぞ》き帰る。たまたま上、中人をして奨諭せしめ、つぶさに洙を用いんと欲せしも、夷簡のもって不可となすものを道《い》う。洙よりて紙筆を出《いだ》し、中人に上の語を具記《ぐき》せんことを請う。明日、往《ゆ》いて夷簡に見《まみ》え、昨日かつて洙に語りし者を問う。夷簡また称説すること昨《きのう》のごとし。洙よりて中人の記すところを出《いだ》しこれに示す。夷簡起立し、笏を索《さが》して曰く、「上、万機こと繁《しげ》し、恐らくは夷簡の語を記せざらん」と。その後、洙また祖宗故事を修す。参知政事范仲淹、洙を直竜図閣に用いんことを請う。上すでにこれを許す。仲淹また曰く、「上の意より出づる宣諭を乞う」と。上色を正して曰く、「まさに用うべければ用う。なんぞ朕が意より出づるを必せんや。いま宣

閣、而上謂、特会要中辺防一門耳、不足加賞、故不果、洙退帰、会上使中人奨諭、具道欲用洙、与夷簡以為不可者、洙因出紙筆、請中人具記上語、明日往見夷簡、問昨日嘗語洙者、夷簡復称説、如昨、洙因出中人所記、示之、夷簡起立、索笏曰、上万幾事繁、恐不記夷簡語、其後洙又修祖宗故事、参知政事范仲淹、請用洙直竜図閣、上已許之、仲淹又曰、乞宣諭出自上意、上正色曰、当用則用、何必出朕意、今欲宣諭、是不当用也、其命遂寝、仲淹大慙而退、此洙自為孫之翰、言之。

諭を欲するは、これまさに用うべからざるなり」と。その命ついに寝《や》む。仲淹大いに慙《は》じて退《しりぞ》く。これ洙みずから孫之翰《そんしかん》がためにこれを言えり。

▼呂夷簡は権謀術策にたけた人物で、范仲淹らのいわゆる宋代の新士大夫の対極にいる実務派とされる。しかし十数年も宰相の地位で権勢をふるうこと自体、なみの人物でなく、それだけ長い間政権を左右すれば、目の仇《かたき》にされるのも当然であろう。ここでは一つ二つ彼の術策の一端を示す。直竜図閣は宋代に入って新しく作られた「館職」と称するエリートの肩書の一つで、宮中アカデミーの会員証のようなもの。実際の職務はほとんどないが、いろいろなランクがあり、それによって将来の出世や特権が約束される。経武聖略は現存せぬが、軍事軍政関係の書物。会要とは、国が編纂する諸制度全般を網羅した制度集成ともいうべき書物で、外夷との軍事関係の一項目を辺防《へんぼう》と呼ぶ。笏《こつ》は日本でも王朝時代の臣下が正式儀礼の時に前にささげ持っているメモ用の薄い木片。

五〇　宦官《かんがん》をひきずりおろす深謀

景祐《けいゆう》年間の終わり、西夏との軍事行動で、大将の劉平《りゅうへい》が戦死した。「朝廷が宦官《かんがん》に軍隊を監視させ、司令長官がそれに掣肘《せいちゅう》されたため彼は敗死したのだ」という議論によって、詔勅で監視者の黄徳和《こうとくわ》が処刑された。この機会に各軍隊の監視者を廃止してはという意見を出すものがいた。仁宗が呂夷簡《りよいかん》にただしたところ、彼は、「どうしても罷めさせる必要はなく、勤勉な人格者を択《えら》んでやらせればよい」と答えた。仁宗がではお前が選ぶようにといわれると、「わたくしは、宰相の任にあり、宦官たちとつき合いはございません。どうして彼らの賢否《けんぴ》がわかりましょう。宦官の頭《かしら》である都知《とち》押班《おうはん》に推薦かたを命ぜられ、不適任の場合はいっしょに罰せられればよろしいかと存じます」と申しあげた。仁宗がその通り実行しようとすると、翌日、都知押班が、宦官による軍隊監督すべてをやめるよう頭をすりつけて願い出た。人々は夷簡の深謀に感心した。（紀聞）

景祐《けいゆう》末、西鄙《せいひ》兵を用う。大将劉平《りゅうへい》これに死す。議者おもえらく、「朝廷、宦者《かんじゃ》に委《ゆだ》ねて軍を監せし

景祐末、西鄙用兵、大将劉平死之、議者以朝廷委宦者監軍、主

む。主帥《しゅすい》の節制専《もっぱ》らなるをえず。ゆえに平、利を失う」と。詔して監軍黄徳和《こうとくわ》を誅《ちゅう》す。あるひと、諸帥《しょすい》の監軍を罷めんことを請う。仁宗もって宰臣呂文靖公に問う。公曰く、「かならずしも罷めず、ただ謹厚なる者を択《えら》びてこれとなせ」と。仁宗公に委《ゆだ》ねてこれを択《えら》ばしめんとす。対《こた》えて曰く、「臣、罪を宰相に待つ。まさに中貴と私に交わるべからざれば、何によりてかその賢否を知らん。願わくば都知押班に詔して保挙せしめ、職に称《かな》わざる者あれば同罪を与えよ」と。仁宗これに従う。翌日都知、叩頭《こうとう》して諸《すべて》の監軍の宦官を罷めんことを乞う。士《し》大夫《たいふ》、公の謀《はかりごと》あるを嘉《よみ》す。

帥節制、有不得専者、故平失利、詔誅監軍黄徳和、或請罷諸帥監軍、仁宗以問宰臣呂文靖公、公曰、不必罷、但択謹厚者、為之、仁宗委公択之、対曰、臣待罪宰相、不当与中貴私交、何由知其賢否、願詔都知押班、保挙、有不称職者、与同罪、仁宗従之、翌日、都知叩頭、乞罷諸監軍宦官、士大夫嘉公之有謀。

▼唐の中期以降、節度使の勢力に対抗するためもあって、唐王朝はさかんに側近の宦官を要職に任命し、それが次々と弊害を生み出した。特に軍隊の目付けとして宦官を任命したのが監軍である。宋に入っても一部にそれが残りこの話のような事態をまねく。タングート族の李言昊《りげんこう》は、仁宗の宝元元年（一〇三八）独立して、夏国（宋から

いえば西夏）と号し、現在の甘粛《かんしゅく》、陝西の辺境から中国に攻めこんできた。二年のちの康定元年（一〇四〇）、陝西東北の要衝延州（現在の延安）で宋軍は大敗北を喫し、司令官劉平が殺された。ここではその事件が問題にされている。都知押班は宦官の系統の長官クラスにあたる。

陳堯佐《ちんぎょうさ》　丞相・陳文恵公《ぶんけいこう》・堯佐（九六三―一〇四四）字は希元《きげん》。閬州《ろうしゅう》（四川東部）の人。端拱《たんきょう》二年（九八九）の進士。堯叟《ぎょうそう》・堯諮《ぎょうし》の兄弟とともに俊秀の誉《ほまれ》が高い。翰林学士、開封《かいほう》長官をへて、仁宗の天聖七年（一〇二九）副宰相。宝元元年（一〇三八）西夏戦争のおこった時に宰相であった。

五一　部下のストライキ

太常博士《たいじょうはくし》の陳詁《ちんこ》は祥符《しょうふ》県の知事だった。県の胥吏《しょり》たちはその明察をけむたがり、中傷で足を引っ張ろうとしたが、公正清廉な詁はすきがない。そこで奇策で都《みやこ》の人たちを驚かそうと胥吏頭《がしら》以下全員が役所をカラにして雲隠れした。はたせるかな都では「詁の政治は暴虐だ」といいたてた。当時まだ実権をにぎっていた章献劉太后は、怒って詁《こ》を処罰しようとした。枢密副使（軍政次官）の陳堯佐は、「詁を罰すれば悪い

奴らの思うツボにはまり、有能な人材を抑えることになる」と強力に反対し、このため詰は罪をまぬがれた。（神道碑）

太常博士陳詁《たいじようはくしちんこ》、祥符県に知たり。県吏その明察を悪《にく》み、中《あ》つるに事をもってせんと欲するも、詁は公廉にして事得《ことう》べからず。すなわち奇をもって京師を動かさんと欲し、録事《ろくじ》以下、一県を空にしてみな逃去す。京師はたして「詁の政の苛暴《かぼう》」と喧言《けんげん》す。この時、章献明粛太后なお政を聴く。詁を怒り、加うるに罪をもってせんと欲す。公枢密副使たり。つとめてこれを争い、おもえらく、「詁を罪すれば、姦人《かんじん》計を得て能吏を沮《はば》む」と。詁これにより免《まぬが》るるをえたり。

太常博士陳詁、知祥符県、県吏悪其明察、欲中以事、而詁公廉、事不可得、乃欲以奇動京師、自録事以下、空一県、皆逃去、京師果喧言、詁政苛暴、是時、章献明粛太后猶聴政、怒詁、欲加以罪、公為枢密副使、力争之、以謂、罪詁、則姦人得計、而沮能吏、詁由是獲免。

▼当時の県は一万以下七千、五千から最低一千内外と、戸数によって何等かに分かれていた。そこに勤める官員つまり公務員は、知事以下四、五人にすぎず、あと数百か

ら千以上に及ぶ事務職はすべて胥吏《しょり》によって占められていた。胥吏は徒弟《とてい》制の仲間組織で、職務の名称や肩書は地方や役所によってマチマチだった。祥符県は国都開封城内の半分を管轄する県で、実質は国都と同じ。その県の胥吏の親方が録事《ろくじ》である。なお冒頭の太常《たいじょう》博士は科挙出身の従七品を示す肩書きにすぎぬ。

晏殊《あんしゅ》　丞相・晏元献公・殊（九九一―一〇五五）

字は同叔《どうしゅく》。撫州臨川《ぶしゅうりんせん》（江西省）の人。神童の呼声高く、十三歳で真宗じきじきの試験を受け、進士の扱いをされる。詔勅起草官をへて仁宗時代、三司使から副宰相、慶暦二年から四年まで（一〇四二―四四）宰相。後に出てくる富弼《ふひつ》の義父。江南系の新官僚の総帥であり、また学校を興すなど、いわゆる「慶暦の治」の柱ともなった。

五二　大奥の秘密

章懿《しょうい》皇后李氏がなくなると、李淑《りしゅく》が葬儀をとりしきり、晏殊《あんしゅ》が墓誌《ぼし》を書いた。そこで「女の子を一人生んだがすぐなくなり、男の子はない」と記したので、仁宗は心中深く恨みをいだいた。帝位につくと、その文章を取り出し、「先皇后は自分を生み育《はぐく》んでくれた。晏殊はそば近くにいて知らぬはずはないのに、一人の公主を生みまた養育しなかったというは、何を考えているのか」と宰相にただされた。これに対する呂《りょ》夷簡《いかん》の答えは次のようなものだった。「殊はなるほどよろしくない。しかし、大奥の事は外に洩らさぬもの、宰相の私でさえ、当時うすうすそれを知っていても詳しいところは存じませぬ。殊にわからぬのは無理もないでしょう。章献太后が政権を握っておられる時、もし、先皇后がおかみの実の母だと明言してよいものでしょうか」。しばらく黙っていた仁宗は、殊を金陵（現南京《ナンキン》）の知事に出す詔勅を下されたが、次の日、遠いからと南都《なんと》（帰徳府《きとくふ》）に改められた。晏殊が宰相になった時、八大王が危篤に陥った。お見舞にかけつけた仁宗に、「長い間そなたに会わなかったが、いま宰相は誰かな」と王がたずねた。「晏殊です」と答えると、「この人の名は宋の命運からは不吉じゃ、どうして登用したのか」と語った。宮城に戻り、天子が運勢の書物をみると、〝成功と失敗〟の言葉が出ていた。墓誌銘の件と思いあわせ、彼を重く処分しようとされると、詔勅の起草にあたった翰林学士《かんりんがくし》の宋祁《そうき》が強く反対したので、位階を二段階さげ、潁州《えいしゅう》（河南省南部）の知事とした。その辞令には「土地経営を手広くやって金を儲け、国の兵隊を使って利益をあげようとした」などと、他の罪状で処分をかざりたてた。晏殊が重刑から免れたのは宋祁《そうき》のおかげである。（竜川志）

章懿《しょうい》の崩《ほう》ずるや、李淑《りしゅく》護喪し、晏殊《あんしゅ》志文を撰《せん》す。志に言う「女一人を生むも早に卒す。子なし」と。仁宗これを恨む。親政におよび、内より志文を出し、もって宰相に示して曰く、「先后、朕が躬《み》を誕育《たんいく》さる。殊は侍従たりて、いずくんぞ知らざるをえんや。すなわち、一公主を生み、また育《はぐく》まずという。これ何の意なるや」と。呂文靖曰く、「殊もとより罪あり。しかれども宮省は事《こと》秘なり。臣位に宰相に備わり、この時ほぼこれを知るも、その詳を得ず。殊の審《つまびらか》ならざること、理としてまさにこれあるべし。しかれども章献臨御にあたり、もし明らかに、先后まことに聖躬を生めりと言わば、事、安《あん》を得るや否《いな》や」と。上、黙然やや久しゅうす。命じて殊を出し、金陵を守らしむ。明日、もって遠しとなし、改めて南都を守らしむ。殊相となるにおよび、八大王疾《やまい》革《あらたま》る。上親《した》しく往きて疾を問う。王曰く、「叔《しゅく》、久しく官家《かんか》を

章懿之崩、李淑護葬、晏殊撰志文、志言、生女一人、早卒無子、仁宗恨之、及親政、内出志文、以示宰相、曰、先后誕育朕躬、殊為侍従、安得不知、乃言生一公主、又不育、此何意也、呂文靖曰、殊固有罪、然宮省事秘、臣備位宰相、是時雖略知之、而不得其詳、殊之不審、理容有之、然方章献臨御、若明言先后実生聖躬、事得安否、上黙然良久、命出殊、守金陵、明日、以為遠、改守南都、及殊作相、八大王疾革、上親往問疾、王曰、叔久不見官家、不知今誰作相、上曰、晏殊、王曰、此人名在図識、胡為用之、上帰閲図識、得成敗之

見ざりき。いま誰が相たるやを知らず」と。上曰く、「晏殊なり」。王曰く、「この人、名、図識《としん》に在り。いずくんぞこれを用うるをなすや」と。上、帰りて図識を閲し成敗《せいばい》の語を得《う》。ならびに志文の事を記して重くこれを黜《しりぞけ》んと欲す。宋祁《そうき》学士となり、白麻を草するに当たり、これを争う。すなわち二官を降《くだ》し潁州《えいしゅう》に知たらしむ。詞《し》に曰く、「広く産を営《いとな》みてもって貲《し》を殖《ふ》やし、多く兵を役《えき》して利を規《はか》る」と。它罪《たざい》をもってこれを羅織す。殊深譴《しんけん》を免るるは祁《き》の力なり。

語、并記志文事、欲重黜之、宋祁為学士、当草白麻、争之、乃降二官、知潁州、詞曰、広営産、以殖貲、多役兵、而規利、以它罪羅織之、殊免深譴、祁之力也。

▼前段では李宸妃《りしんひ》と呼ばれ、死後章懿《しょうい》皇后と名をおくられた真宗の側室が実は仁宗皇帝の実母で、権力を握っていた章献劉皇后の手前、表ではそれが口にされなかった話が出てくる。次の八大王は、さきに李迪《りてき》のところで説明した仁宗の大叔父元儼《げんげん》。占の話はともかくとして、後段、宋祁《き》の尽力で晏殊は危いところを助かる。辞令の中の金儲けに熱心だったことは一部は本当かも知れぬが、丸呑みにしてはいけないので、今

も昔も政治的かけひきで表に出てくる文章や言葉には常に裏を予測して読まなければならない。それが〝中国の文化〟なのだが、日本人にとっては厄介な代物である。白麻は辞令用の白い上質紙から転じて翰林学士の書く辞令の意。なお正式の伝記などではしばしば男子がなければ〝子なし〟と書く。官家は皇后や近い皇族の天子への呼びかけの言葉。

宋庠《そうしょう》　丞相・鄭国・宋元憲公・庠（九九六―一〇六六）

字は公序《こうじょ》。開封（河南省）の人。最初は宋郊《そうこう》といったが、仁宗の命令で庠《しょう》に改名。天聖二年（一〇二四）の進士首席。前の話に出た弟の祁《き》とともに二宋《にそう》と呼ばれ、文辞の才をうたわれる。仁宗の宝元二年（一〇三九）副宰相、皇祐《こうゆう》元年（一〇四九）から二年足らず宰相。

五三　みずからを誇るな

宋庠《そうしょう》の日頃の言葉。「人を傷つけわが才を誇り、相手の嘘をみすかして明察ぶることは、わしは生涯やらなかった」。（退朝録）

宋元憲公常に曰く、「人を残《ざん》して才を矜《ほこ》り、詐《さ》を逆《はか》りて明を恃《たの》むこと、吾れ終身なさざるなり」。

宋元憲公、嘗曰、残人矜才、逆詐恃明、吾終身不為也。

五四 主人と召使のけじめ

侍郎《じろう》の王古《おうこ》が次のようにいった。「宋庠《そうしょう》は、台諫《だいかん》たちから、無能呼ばわりされて枢密使（軍政長官）をやめ、洛陽の知事となった。ある科挙受験生が、荷物の中に税金を払わぬ品物をもっていると下僕に訴えられた。宋庠が、「地方からの受験者が商品を運んでくるのは当たり前のことで、そう重く罰しなくてもよい。しかし下僕が主人を告訴するような風潮は助長させてはならぬ」というと、同僚や部下は、「犯人はあの台諫《だいかん》官の息子だ」と報復をそそのかす口ぶりであおり立てた。庠はそれには答えず、商税徴集所に送って倍の税金を支払わせ、下僕の罪を罰してケリをつけた」。（麈史《しゅし》）

王侍郎《じろう》古説《い》う。元憲宋公、言者、その才に非ずと斥《しりぞ》くをもって、枢相を罷《や》めて洛を守る。一挙人あり、行槖《こうたく》中に不税《ふぜい》の物あり、僕夫の告《こく》するところ

王侍郎古説、元憲宋公、以言者斥其非才、罷枢相、守洛、有一挙人、行槖中有不税之物、為僕

となる。公曰く、「挙人挙に応ずるに、たれか貨す所の物なからん。いまだ深く罪すべからず。奴の主を告するがごときは、この風長ずべからざるなり」と。寮属《りょうぞく》曰く、「犯人はすなわち言官の子なり」と。意《い》、それを激しこれに報《むく》いしめんと欲す。公答えず。ただ、税院に送り、その税を倍し、なおその奴の罪を治《おさ》めてこれを遣《や》る。

夫所告、公曰、挙人応挙、孰無所貨之物、未可深罪、若奴告主、此風不可長也、寮属曰、犯人乃言官之子也、意欲激其報之、公不答、但送税院、倍其税、仍治其奴罪、而遣之。

▼地方での試験に合格し〝挙人〟と呼ばれるようになった受験生は、中央礼部での会試と皇帝の殿試受験のために国都に集まる。その時、地方の物資、特産品を運び都で商売することが普通に行われる。ここでいう〝税〟は商税で、宋代では、原則として一つの州単位で一回かけられる二パーセントの通過税と、取引の時にかけられる三パーセントの売買税があった。商税制は宋代に確立し、専売税とともに国家の重要な貨幣収入となっていた。台諫《だいかん》と訳した言官、言事官は、御史台系の台官と、皇帝に諫言する諫官に分かれる。真宗以後ようやく彼らの活動が活潑になり、主として官位の低い有望な若手が抜擢されて、大臣、宰相たちと諸政策、人事などについてわたりあっ

た。『言行録』でも大多数の人間がこの台諫官となっている。有徳《ゆうとく》の君子《くんし》といわれ、一見無能にみえた宋庠は、旧怨をはらすようなことはしなかった。王古は北宋後半の人。最高位が戸部侍郎《じろう》（大蔵次官）だったため王侍郎という。

韓億《かんおく》 参政《さんせい》・韓忠憲公・億（九七二―一〇四四）

字は宗魏《そうぎ》。祖先の本籍は真定（河北）だが開封にうつる。咸平《かんぺい》五年（一〇〇二）の進士。地方の優良ポストを歴任。仁宗の景祐二年（一〇三五）副宰相。

五五 貧しき竹馬《ちくば》の友

副宰相の韓億《かんおく》と李若谷《りじやくこく》の二人は進士の試験に合格するまで貧しかった。都へ受験に出かけた時、人を訪問するには交代で下僕をつとめた。李が先に合格し、許州《きよ》長社《ちようしや》県（河南省）の文書《ぶんしよ》部長を授けられた。赴任の際、自身が妻の驢《ろ》の手綱《たづな》を握り、韓が荷物の箱を背負っていった。長社まで十数キロというところで、李は県の胥吏《しより》が迎えに来るといけないと、箱の中のたった六百文の銅銭を半分韓にやり、だきあって大声で悲しみあい、別れた。次の試験で韓も合格し、どちらも副宰相まで昇進し、子孫代々姻戚関係をもった。（聞見録）

韓参政億、李参政若谷、いまだ第《だい》せざる時みな貧なり。ともに京師に試《し》す。出でて謁《えつ》するごとにかわるがわる僕となる。李さきに第に登り、許州長社県の主簿を授けらる。官に赴くに、みずから妻の驢《ろば》を控《ひか》え、韓はために一箱《そう》を負《お》う。まさに長社に至らんとすること三十里、李、韓に謂《い》いて曰く、「県吏の来《きた》るを恐る」と。箱中ただ銭六百あり、その半《なかば》をもって韓に遺《おく》り、あい持して大いに哭《こく》して別去す。次の挙に韓もまた第に登る。のちみな参知政事に至り、世々婚姻をなして絶えず。

韓参政億、李参政若谷、未第時、皆貧、同試京師、毎出謁、更為僕、李先登第、授許州長社県主簿、赴官、自控妻驢、韓為負一箱、将至長社三十里、李謂韓曰、恐県吏来、箱中止有銭六百、以其半遺韓、相持大哭、別去、次挙、韓亦登第、後皆至参知政事、世為婚姻、不絶。

▼科挙の受験が金持や権力者たちに有利だったことは事実だが、ここに見られるように、ほとんど素寒貧の者でも、試験に通る実力があれば出世と富を手にすることができた。すでに十一世紀にそうした原則が制度的に確立したところに、中国世界の先進性がはっきりあらわれている。なお当時の貨幣価値は銅銭を基準とし、江戸時代の穴

あき銭と同じように、銅銭一枚の重さは一銭、それが千枚で一貫となる。銅銭千枚は従って千銭、おかねの呼名では千文《もん》、それを緡《ぜにさし》に通して運ぶから千銭を一緡《いちびん》とも呼ぶ。

程琳《ていりん》 参政・程文簡公・琳（九八八―一〇五六）

字は天球《てんきゆう》。中山《ちゆうざん》府博野《はくや》県（河北中部）の人。制科《せいか》と呼ばれる少数の人材のための特別試験の合格者。開封知事、三司使（大蔵大臣）などで名をあげ、仁宗の景祐四年（一〇三七）副宰相となり、宝元二年（一〇三九）までつとめた。

五六　小を許せば大をひらく

程琳《ていりん》は契丹《キツタン》の使節の接待役を仰せつかった。使者は、「中国の使節が我が国に来ると殿上に坐り、席の位置も高い。それなのに契丹の使いが中国に来れば、低い席に坐らされる。あげていただくべきだ」と語気も鋭く申しいれた。おかみと大臣たちは、いずれも小さなことで、問題にするほどでもないと許可しようとした。琳は「小さいことを許せば、大きいことの糸口をひらくものです」と、断乎《だんこ》として反対し、結局認められなかった。（欧陽公撰墓誌）

公かつて契丹使に館《かん》す。使者言う、「中国の使契丹に至れば、殿上に坐し、位次は高きに、契丹の使来《きた》れば、坐次下《げ》なり。まさに陞《のぼ》すべし」と。語はなはだ切《せつ》なり。上と大臣、みなもって小故《しょうこ》争うに足らずとなし、まさにこれを許さんとす。公おもえらく、「その小を許さば、かならずその大を啓《ひら》かん」と。力争してもって不可となす。ついにとどむ。

公嘗館契丹使、使者言、中国使至契丹、坐殿上、位次高、而契丹使来、坐次下、当陞、語甚切、上与大臣、皆以為小故不足争、将許之、公以謂、許其小、必啓甚大、力争以為不可、遂止。

▼契丹は宋と澶淵《せんえん》の盟から自国が女真《じょしん》族の金に滅される一一二五年まで、曲折はあったがともかく友好関係を続けた。毎年正月と、双方の皇帝や皇太后の誕生日には使節が往来していたし、元首の即位、葬儀、結婚などの際も同様だった。

杜衍《とえん》　丞相・祁国《きこく》・杜正献公・衍（九七八―一〇五七）字は世昌《せいしょう》。紹興《しょうこう》（浙江）の出身。大中祥符元年（一〇〇八）の進士。順調な出世コースを辿り、仁宗の慶暦三年（一〇四三）枢密使。韓琦《かんき》、范仲淹《はんちゅうえん》らと政治改革、綱紀粛正にはげむ。翌年宰相となるが、百日あまりで反対派にひきずりおろされる。多くの門弟をかかえていた。

五七　事務処理の天才

杜衍《とえん》の事務処理は彼の人柄そのままだった。裁判に際しては明敏であってこまかいところまで十分配慮をゆきとどかせ、ためにたびたび難事件を解決して、人間わざでないと人々を驚かせた。帳簿処理では一銭一円まで調べて長い時間をそれに費やし、文書《ぶんしょ》作成にあたっては決して胥吏《しょり》が悪事を働かぬようにした。一方、民衆に対しては、簡単でやりやすいよう心掛けたため、平遙《へいよう》県（山西省）の知事だった時、別の仕事で離れた州に行っている間、県民たちは裁《さば》きをつけずに、衍が帰ってくるのを待っていたほどだった。乾《けん》州（陝西中部）の知事時代、任期満了にならぬ先に、長官たる安撫《あんぶ》使《し》が彼の行政能力を見抜いて鳳翔《ほうしょう》府（陝西西部）の知事代理に任命した。乾州と鳳翔の人々は州境《ざかい》で喧嘩をはじめ、一方が「これは我々の知事様だ、お前らがとっていった」というと、一方は「なにもうこっちの知事様だ。お前らのものでない」とやりあった。（欧陽公撰墓誌）

公、吏事を治《おさ》むることその人となりのごとし。その獄訟を聴《き》くに、明敏といえども審覈《しんかく》いよいよ精なり。ゆえにしばしば疑獄を決し、人もって神となす。その簿書出納には、毫髪《ごうはつ》を推析し、終日倦《けん》色《しょく》なし。条目をつくるに至りては、かならず吏をして奸をなすをえざらしむるのみ。その民に施すにおよびては、簡にして行い易《やす》し。はじめ平遥に居《お》り、かつて吏事をもって他州に適《ゆ》く。県民訟を争う者、みなあえて決せず、もって公の帰るを待つ。乾州に知たり。いまだ歳に満たずして安撫使《あんぶし》その治行を察し、公をもって権《か》りに鳳翔府《ほうしょうふ》に知たらしむ。二邦の民、界上に争う。一は曰く、「これわが公なり、汝これを奪えり」。一は曰く、「いまわが公なり、汝なんぞこれを有《ゆう》せん」と。

公治吏事、如其為人、其聴獄訟、雖明敏、而審覈愈精、故屢決疑獄、人以為神、其簿書出納、推析毫髪、終日無倦色、至為条目、必使吏不得為奸而已、及其施於民者、則簡而易行、始居平遥、嘗以吏事、適他州、而県民争訟者、皆不肯決、以待公帰、知乾州、未満歳、安撫使察其治行、以公権知鳳翔府、二邦之民、争於界上、一曰、此我公也、汝奪之、一曰、今我公也、汝何有焉。

▼吏事というのは行政、司法、財務などの実務処理、いいかえれば主として胥吏のやる仕事の意味である。科挙は現実の個別的な実務処理よりも理念的、綜合的な教養を

競うものだから、士大夫社会で吏事というと当然軽蔑のニュアンスが伴う。しかし、吏事と教養が両方とも素晴らしいとなると話はまた別で、宋代でも何人かはそうしたスーパーマン的名臣がいた。杜衍《とえん》もその一人である。吏事は吏治とも書く。安撫使は文官で、河北や陝西の重要府州の知事が兼任し、いくつかの府州の軍事や人事ににらみをきかしていた。権知の権の字は資格の低いものがつけられる時に加えられるが、その場合も実質は知事に変わりない。

五八　部下の悪事を防ぐには

吏部《りぶ》と審官院《しんかんいん》は全国官員の人事をつかさどっていたが、お偉方たちはすぐに転任するため胥吏《しょり》は悪いことができる。杜衍《とえん》がその長官となった当初、ある日一つのポストに三人の候補者がでた。衍が胥吏に相談すると、丙から袖の下を貰っていた彼は、「甲にするべきです」と答えた。問題にされなかった乙は、そこで別のポストにまわってしまった。数日たって、胥吏の差金《さしがね》で丙が、「甲にはこういう良くないことがあり、ポストにつくべきでない」と訴え出た。様子を察した衍が乙を召し出してたずねると、「もう他のポストにつきましたから、いまさら争いたくありません」と断った。

衍は微笑んで、「これは胥吏の罪ではない。わしが人事の法規に通じていなかっただけだ」といった。そこで、各部局に命じ、それぞれの法令、則例などを全部揃えさせた。これで全部かと念を押すと全部ですという答えだったので、翌日、胥吏たちに命じ、審議決定の部屋に入ることなく、机の前に坐って文書を受渡しするだけにさせた。このため、胥吏は人事に口出しできず、決定権はすべて衍ににぎられた。賄賂をもってポストを得ようと審官院にきた者に、胥吏は受取らずにこう答えたものだった。「わしらの檀那《だんな》は御立派な方だから、間もなくもっと偉くなって出てゆかれる。それまでちょっとの間の辛抱だ」。（墓誌）

吏部審官、主天下吏員、而居職者、類以不久遷去、故吏得為奸、公始視銓事、一日選者三人、争某闕、公以問吏、吏受丙賕、対曰、当与甲、乙不能争、遂授他闕、居数日、吏教丙訟甲負某事、不当得、公悟、召乙、問之、乙

吏部、審官、天下の吏員を主《つかさど》るも、職に居《お》る者、おおむね久しからずして遷去す。ゆえに吏《り》えて奸をなす。公はじめ銓事《せんじ》を視るに、一日、選にある者三人、某闕《ぼうけつ》を争う。公もって吏に問う。吏丙の賕《まいない》を受け、対《こた》えて曰く、「まさに甲に与うべし」と。乙争うあたわず、ついに他の闕《けつ》を授《う》く。おること数日、吏丙に教えて、「甲、某事を負《お》い、

まさに得べからず」と訟えしむ。公悟《さと》り、乙を召してこれに問う。乙謝して曰く、「すでに他闕《けつ》を得れば争うを願わず」と。公やむをえず丙に与え、笑いて曰く、「これ吏の罪あらず、すなわちわれいまだ銓法《せんぽう》を知らざるのみ」と。よりて諸曹《しよそう》に命じておのおの格式《かくしき》、科条を具してもって白《もう》さしむ。問いて曰く、「尽《ことごと》くなりや」。曰く、「尽《ことごと》くなり」。明日諸吏に勅し、堂に升《のぼ》るをうるなく、庁に坐して文書を行《こう》せしむのみ。これより吏銓事《せんじ》にあずかるをえず。与奪《よだつ》はもっぱら公より出ず。その審官にあり、賂《まいない》をもって官を求むる者あれば、吏謝して受けず、曰く、「わが公賢名《けんめい》あり。久しからずして用いられて去《さ》らん。しばらくこれを待て」と。

謝曰、業已得他闕、不願争、公不得已、与丙、而笑曰、此非吏罪、乃吾未知銓法爾、因命諸曹、各具格式科条、以白、問曰、尽乎、曰、尽矣、明日、勅諸吏、無得升堂、使坐聴行文書而已、由是、吏不得与銓事、与奪一出於公、其在審官、有以賂求官者、吏謝不受、曰、我公有賢名、不久見用、去矣、姑少待之。

▼官と吏の関係、吏がどのように活動するかが具体的によくわかる。北宋時代の官員の人事は、高級官僚と重要ポストと堂除《どうじよ》といって皇帝と宰相、副宰相たちが決め、そ

れ以下は、文官上級が審官院、下級が吏部流内銓《りぶりゅうないせん》、武官は枢密院と三班院で決められた。従ってここで吏部、審官といっている。また人事のことは銓選《せんせん》あるいは銓事と呼ぶ。原文で最初にでる吏員は胥吏でなく官員のこと。闕《けつ》はポストの意。官員の任期は普通は二年か三年、審官院長官のようなエリートポストは、さらに短く、ほとんどその専門職務に通暁できず、すべて胥吏まかせとなる。ここでもうかがえると思うが、賄賂という感覚も日本と中国では相当違う。胥吏への世話になったお礼は一定程度までは手数料として当然渡されるべきで、賄賂とはみなされぬ。中国の賄賂は金額が常識をはるかに超えてはじめて悪となると考える方が適当である。

五九　若い時は目立たぬように

門弟の一人が県知事となった時、杜衍《とえん》は、「君の才能器量は県知事には惜しい。しかしそれをつつみかくし、かどをたてることをするな。たとえ自分が正しくても相手に合わせ、ほどほどに味方をしておけ。さもなくば、何事もなし得ず、禍をまねくだけだ」と訓戒した。その男は、「あなたは平生、公明正直、誠実で信頼できることで天下になりひびいておられる。それにいま、私にこのようにおさとしになるのはなぜでしょうか」とたずねた。杜衍は以下のように答えた。「わしはたくさんの職務につき、年もとっている。上は天子の思召《おぼしめし》をこうむり、下は多くの人たちから信用されている。だから、自分の思う通りができる。きみはいま県知事になったばかりで、うまくゆくゆかぬの鍵は上役に握られている。立派な州知事はそうはおらぬもの、もし認めてもらえなければ、君はどうして志をのばすことができよう。つまらぬ禍をまねくだけだ。だからわしは、君がたとい間違っていてもみなに合わせ、平均値でゆけというのだ」。（語録）

門生の県令となるあり。公これに戒《いまし》めて曰く、「子《し》の才器、一県令にては施すに足らず、しかれどもせつにまさに韜晦《とうかい》して圭角《けいかく》を露《あら》わすなく、方《ただしき》を毀《こぼ》ちて瓦合《がごう》し、合《ごう》を中《ちゅう》に求むれば可《か》なり。しからずんば、事に益なく、いたずらに禍を取るのみ」と。門生曰く、「公、平生直亮《へいぜいちょくりょう》忠信をもって重《おも》きを天下に取る。今かえりて某《それがし》を誨《おし》うるにこれをもってするは何ぞや」。公曰く、「衍《えん》は任を

有門生為県令、公戒之曰、子之才器、一県令不足施、然切当韜晦、無露圭角、毀方瓦合、求合於中、可也、不然、無益於事、徒取禍爾、門生曰、公平生以直亮忠信、取重天下、今反誨某以此、何也、公曰、衍歴任多、歴年久、上為帝王所知、次為朝野

歴《ふ》ること多く、年を歴ること久し。上帝王《かみ》の知るところとなり、次《つぎ》、朝野の信ずるとなる。ゆえにもってその志を申《の》ばすを得《う》。いま、子《し》県令たりて、休戚《きゅうせき》を巻舒《けんじょ》することこれを長吏に繋ぐ。それ良《よ》き二千石《にせんせき》なる者もとより得やすからず。もし知《ち》を奉《ほう》ぜざれば、子いずくんぞもってその志を申《の》ばすをえん。いたずらに禍を取るのみ。予《よ》、子が方《ただしき》を毀《こぼ》ちて瓦合し、合を中に求むることを欲するゆえんなり。

所信、故得以申其志、今子為県令、巻舒休戚、繋之長吏、夫良二千石者、固不易得、若不奉知、子烏得以申其志、徒取禍爾、予所以欲子毀方瓦合、求合於中也。

▼単に複雑な中国の人間関係の中で生き抜く知慧だけではなく、どこの世界にも当てはまる話であろう。毀方瓦合《きほうがごう》は『礼記《らいき》』の儒行《じゅこう》篇に出てくるたとえ。自分の正しさを毀《やぶ》って、衆人と迎合する意。二千石は、漢代の郡《ぐん》の太守《たいしゅ》の扶持高でここでは州もしくは府の知事を指す。つまり県知事の上役のこと。

范仲淹《はんちゅうえん》 参政・范文正公・仲淹（九八九―一〇五二）

字は希文《きぶん》。蘇州（江蘇省）の出身。宋代の新しい士大夫官僚を代表するだけでなく、清末までの中国読書人の理想像でもあった。四代皇帝仁宗の慶暦三年（一〇四三）副宰相となり、その治世は後世「慶暦の治」と呼ばれて推奨される。しかし現実には西夏との戦いを契機に、唐から宋への巨大な社会変動で清算されなかった矛盾が噴出する時代でもあった。現存する彼の文集には政治、財政、教育など数多くの改革案がのせられている。

六〇　寝食忘れて猛勉強

范仲淹《はんちゅうえん》は南都《なんと》（河南省帰徳府）の学寮で、五年の間夜も昼も勉学に励《はげ》んだ。床に入っても帯は解かず、夜になって気持がゆるんでくるとすぐ顔に水を沃《そそ》いだ。しばしばお粥さえも十分には食べず、日が傾いてはじめて食事にありつくほどで、同じ寮の者が御馳走を食べさせようとしてもすべて断って受けつけなかった。（遺事）

公南都の学舎に処《お》り、昼夜苦学すること五年、いまだ衣を解きて寝につかず、夜あるいは昏怠《こんたい》すれば、ただちに水をもって面に沃《そそ》ぐ。往々饘粥《せんしゆくみ》充

公処南都学舎、昼夜苦学五年、未嘗解衣就寝、夜或昏怠、輒以水沃面、往往饘粥不充、日昃始

たず。日昃《ひしょく》して始めて食《くら》う。同舎生あるいは珍膳　食、同舎生或饋珍膳、皆拒不受。を饋《おく》るも、みな拒みて受けず。

▼范仲淹《はんちゅうえん》が昔勉強していた部屋の天井は油燈の煤《すす》のためある場所だけが真黒だったとか、伝説化された猛勉強の話はいくつか残っている。南都の学校とは前に出た晏殊が作った開封の東南の商邱県、いまの帰徳府にある応天府学のこと。

六一　法律か人情か

慶暦年間、流賊《りゅうぞく》の張海《ちょうかい》があちこちと荒らし回り高郵軍《こうゆうぐん》（江蘇省北部）を通過しようとした。知事の晁仲約《ちょうちゅうやく》は防禦できぬとみてとり、城内の金持から醵金《きょきん》し、酒肴《しゅこう》を調《ととの》えて迎えいれ、おまけに沢山の贈物をした。海は満足して立去り暴逆行為をしなかった。報告を受けた朝廷では論議が沸騰した。当時范仲淹《はんちゅうえん》が政府、富弼《ふひつ》が枢密院（軍政府）にいた。弼は仲約を法に従って処分しようといい、それには及ばぬとする仲淹と、仁宗の御前《ごぜん》で争った。富弼が「盗賊がわがもの顔に横行しているのに、地方官がつかまえに出ることはおろか城を守ろうともせず、民から金を集めて渡すとは、法規に従えば死罪に相当する。処刑しなければ、州県官にもう城を守ろうとする者がいなくなる。聞くところでは高郵の民は彼をにくみ、殺して肉を食べたいとの由、ゆるすべきではない」というのに対し、仲淹の意見は「州県に十分な戦闘防禦の設備がありながら、盗賊がきて守らず金品を渡したのであれば、法律通り処刑してよい。ところが高郵には兵隊も武器もない。義《すじ》からいえば仲約は力の限り抵抗すべきだったとしても、情状酌量の余地はある。処刑するのは法の意図するところでなかろう。それに民衆の気持になってみれば、品物を出して殺掠を免れたことを、きっと喜んでいるに相違ない。それに彼の肉が食べたいというのは、報告者の間違いであろう」と述べたてた。仁宗は心のわだかまりも晴れ、仲淹に従い、仲約はこのため処刑を免れた。（竜川志）

慶暦中、劫盗張海《こうとうちょうかい》、数路に横行し、まさに高郵を過《よぎら》んとす。知軍晁仲約《ちぐんちょうちゅうやく》、禦《ふせ》ぐあたわざると度《はか》り、軍中の富民に喩《さと》して金帛《きんぱく》を出し、牛酒《ぎゅうしゅ》を具《そな》え、人をして迎え労《ねぎら》う。かつ厚くこれに遺《おく》る。海悦《よろこ》び径《ただち》に去りて暴をなさず。事聞《ぶん》し、朝廷大いに怒る。時に范文正公政府に在り、富鄭公枢府に在り。鄭

慶暦中、劫盗張海、横行数路、将過高郵、知軍晁仲約、度不能禦、喩軍中富民、出金帛、具牛酒、使人迎労、且厚遺之、海悦径去、不為暴、事聞、朝廷大怒、時范文正公在政府、富鄭公在枢

公議して仲約を誅しもって法を正さんと欲し、范公はこれを宥《ゆる》さんと欲して上前に争う。富公曰く、「盗賊公行し、守臣戦うあたわず。またすすみ守らずして民をして銭を醵《あつ》めしめこれに遺《おく》る。法としてまさに誅すべきところなり。誅せざれば郡県またあえて守る者なし。聞くに高郵の民これを疾《にく》み、その肉を食せんと欲すと。釈《ゆる》すべからざるなり」。范公曰く、「郡県の兵械《へいかい》もって戦守に足り、賊に遇《あ》いて禦《ふせ》がず、またこれに賂《まいな》すれば、これ法の誅するところなり。いま、高郵兵と械なし、仲約の義まさに力を戦守に勉《つと》むべきといえども、しかれども事恕《ゆる》すべきあり。これを戮《りく》するは、恐らくは法意にあらざるなり。小民の情、財物を醵出して殺掠を免るるを得《う》れば、理としてかならずこれを喜ばん。しかるにその肉を食せんと欲すというは伝者あやまてり」と。仁宗釈然としてこれに従う。仲約これにより死を免る。

府、鄭公議、欲誅仲約、以正法、范公欲宥之、争於上前、富公曰、盗賊公行、守臣不能戦、又不前守、而使民醵銭遺之、法所当誅也、不誅、郡県無復肯守者矣、聞高郵之民疾之、欲食其肉、不可釈也、范公曰、郡県兵械、足以戦守、遇賊不禦、而又賂之、此法所誅也、今高郵無兵与械、雖仲約之義、当勉力戦守、然事有可恕、戮之、恐非法意也、小民之情、得醵出財物、而免於殺掠、理必喜之、而云欲食其肉、伝者過也、仁宗釈然、従之、仲約由此免死。

▼長くなるため後文は省略する。高郵軍の軍は宋代、交通や軍事上の要地に特に置かれた州に準じる行政区画で、知軍はそこの知事。政府は中書つまり最高民事行政府、枢府は軍事の最高機関枢密院だが、いずれも文官が握っていた。

六二　部下に人材を集めるには

韓琦《かんき》の話。ある時范仲淹《はんちゆうえん》と呂夷簡《りよいかん》が人材について議論した。「わしも随分多くの人を見てきたが、節操ある者はないものだ」という夷簡に対し、仲淹は、「世間には人物がいるので、あなたが御存じないだけです。そうした先入観で人に接しておられると、節操ある者がやって来ないのはむしろ当たり前でしょう」と応じた。（魏公別録）

韓魏公《かんぎこう》言う。希文《きぶん》かつて呂申公《りよしんこう》と人物を論ず。申公曰く、「われ人を見ること多し。節行ある者なし」と。希文曰く、「天下もとより人あり。ただ

韓魏公言、希文嘗与呂申公、論人物、申公曰、吾見人、多矣、無有節行者、希文曰、天下固有

相公《しょうこう》知らざるのみ。この意《こころ》をもって天下の士を待《たい》せば、うべなるかな節行ある者の至らざること」。

人、但相公不知爾、以此意、待天下士、宜乎、節行者之不至也。

六三 一族のために――范氏義荘

范仲淹《はんちゅうえん》はお金に執着せず、人のため使うことを喜び、とりわけ、一族には十分に面倒をみた。偉くなってから、蘇州のすぐ郊外に数千畝《ほ》の良い田地を買って〝義荘《ぎそう》〟をつくり、親族のうち貧しい者を養った。一族の中から年かさで賢明な一人をえらび、それを管理させ、一人あたり毎日米一升、一年に衣料として縑《かとりぎぬ》一匹を与える。また婚礼と喪儀にも給付して援助する。親族は全部で百人に達した。仲淹がなくなって四十年になるが、子孫たちは現在に至るまで、彼の規定を遵守し、いい加減なことはしていない。(澠水燕談《じょうすいえんだん》)

范文正公、財を軽んじ施《ほどこ》しを好み、もっとも族人に厚くす。すでに貴くして、姑蘇《こそ》の近郭《きんかく》に良田数

范文正公、軽財好施、尤厚於族人、既貴、於姑蘇近郭、買良田

千畝《ほ》を買い、義荘となし、もって群従の貧しき者を養う。族人の長にして賢なる者一人を択び、その出納を主《つか》さどらしむ。人ごとに日に米一升を食し、歳ごとに縑《けん》一匹を衣《き》せしめ、嫁娶《かしゅ》喪葬みな贍《せん》給《きゅう》あり。族人を聚《あつ》むることほとんど百口。公歿《ぼっ》して四十年を踰《こ》え、子孫賢令《けんれい》いまに至るも公の法を奉じてあえて廃弛せず。

数千畝、為義荘、以養群従之貧者、択族人長而賢者一人、主其出納、人日食米一升、歳衣縑一匹、嫁娶喪葬、皆有贍給、聚族人、僅百口、公歿、逾四十年、子孫賢令、至今奉公之法、不敢廃弛。

▼范仲淹の義荘は宋代以後民国に至るまで、一千年間、族人相互救済の一つのモデルにされたほど有名なものである。ここでは簡単に記されているが、彼の文集には〝義荘規矩《きく》〟と呼ばれる詳細な規定が残っている。范仲淹は軽財好施といわれるが、これまた相対的なもので、当時多くの金持たちが投資の対象に選んだ江蘇省の穀倉地帯の良田をまとめて手に入れる余裕があった。姑蘇《こそ》とは「姑蘇城外寒山寺」の詩で有名な蘇州呉県の別称で、蘇州と全く同じ意味。

六四　先に憂い、後に楽しむ

范仲淹は年少の頃から確立した自己《じこ》を持ち、富貴貧賤とか毀誉《きよ》褒貶《ほうへん》などにまったく左右されなかった。天下国家のことを深く心におもい、いつも「士たる者は天下の憂《くる》しみに先んじて憂《くるし》み、天下の楽《たの》しみに後《おく》れて楽しむべきである」とくりかえし話していた。天子につかえ人に対する場合でもみずから信じるところを貫《つらぬ》き、利害によって左右されなかった。ことの実行にあたっては必ずあらゆる手だてをつくし、「わたしが自分からしようとすることはこのようにすべきだ。成否が自分にどうにもならぬことで、たとい聖人が首をかしげても、わたしはいい加減にはできない」といっていた。

（神道碑）

公少《わか》くして大節あり。その富貴貧賤、毀誉《きよ》歓戚《かんせき》においては、一としてその心を動かさず。慨然《がいぜん》として志を天下に有す。常にみずから誦《しょう》して曰く、「士はまさに天下の憂に先んじて憂い、天下の楽に後《おく》れて楽しむべきなり」と。その上に事《つか》え人を

公少有大節、其於富貴貧賤、毀誉歓戚、不一動其心、而慨然有志於天下、常自誦曰、士当先天下之憂而憂、後天下之楽而楽也、其事上遇人、一以自信、不択利

遇するにもっぱら自から信じるをもってし、利害を択《えら》びて趨捨《すうしゃ》をなさず。そのなすところあれば、かならずその方を尽す。曰く、「これをなすに我よりする者はまさにかくのごとし。その成と否、我にあらざる者あり、聖賢も必《ひつ》すあたわざるといえども、吾れあに苟《かりそめ》にせんや」と。

害為趨捨、其有所為、必尽其方、曰、為之自我者、当如是、其成与否、有不在我者、雖聖賢不能必、吾豈苟哉。

▼この文章は神道碑といってお墓の入口に大きな石をたて、そこに生前の事蹟をややくわしく刻みこむために作られている。誰か偉い文筆家に多額の謝礼を出して書いてもらうため褒めすぎるのが通例となる。従って歴史の史料や伝記の材料としては相当割引いて読む必要がある。范仲淹の最も有名な言葉はここにみえる「先憂後楽」であり、野球でお馴染みの東京後楽園、岡山の名園後楽園はこの言葉にちなんだ名称である。歓戚《かんせき》はよろこびと憂《うれ》い、趨捨《すうしゃ》は取捨とほぼ同じ。

种世衡《ちゅうせいこう》　東染院使《とうせんいんし》・种公・世衡（九八五—一〇四五）

字は仲平。洛陽の人。兄种放《ちゅうほう》の恩蔭《おんいん》で官途に入り、地方官を歴任したが行政処分を受け、武官に転向。仁宗なかばの対西夏《せいか》防衛に才能をあらわし、陝西《せんせい》に派遣された范《はん》仲淹《ちゅうえん》らに信頼され、当時西夏戦線第一の名将とうたわれた。

六五　辺境の名司令官

种世衡《ちゅうせいこう》が赴任してきた当初、西夏との国境に近い青澗《せいかん》城は、防備力は弱く、兵馬の糧食はいずれも乏しかった。世衡は公金を商人に貸付け、やり方は一切不問にして穀物を調達させ、間もなくどの倉《くら》もいっぱいになった。また、人々に射撃の練習をさせ、女性や僧侶《そうりょ》にもそれに習熟させた。銀を的《まと》に使い、命中すればその場でくれてやる。ほどなく命中者が増えてくると、銀の質量はもと通りで、的《まと》を小さく厚さを増やした。徭役《ようえき》の軽重が問題になってもやはり射撃を命じ、命中した方に有利な方を与える。過失を犯した者にも射撃させて、成績がよければ釈放した。このため誰でも射撃ができた。兵員が病気にかかると、いつも子供に面倒をみさせ、治せなければかならず笞《むち》うつと警告した。宋に味方するタングート族を慰撫し、彼らの家にみずから赴いてその歓心を買ったため、ことあれば、われ先にこちらに役立ってくれた。西夏が侵入して、その部落を破壊すると、家族と同様に彼らを扱い、功労をたてれば、身につけた金の帯をはずし、あるいはその場にあった銀器をばらまいて彼らに与えた。二、三年の間

に、青澗城《せいかん》は豊かで強力なものとなり、延州に属する城寨《じょうさい》のうち、ここだけが増兵と糧食補給を要求しなかった。（紀聞）

种世衡《ちゅうせいこう》はじめ青澗城に至る。虜境に逼近《ひょくきん》し、守備単弱、芻糧《すうりょう》ともに乏し。世衡、官銭をもって商旅に貸《か》し、これを致さしめ、出入する所を問わず。いまだ幾ばくならずして倉廩《そうりん》みな実《みの》る。また吏民に教えて射に習わしむ。僧道《そうどう》、婦人といえどもまたこれに習う。銀をもって射的となし、中《あ》つる者ただちにこれを与う。すでにして中つる者ますます多ければ、その銀の重軽もとのごとくして的《まと》ようやく厚くかつ小《しょう》にす。あるいは徭役《ようえき》の優重《ゆうちょう》を争うもまたこれをして射せしむ。射中《あた》る者優なる処を得《う》。あるいは過失あれば、またこれに射せしむ。射中ればすなわちこれを釈す。これにより、人々みなよく射す。士卒病《や》む者あらば、つねに一子を

种世衡初至青澗城、逼近虜境、守備単弱、芻粮俱乏、世衡以官銭、貸商旅、使致之、不問所出入、未幾、倉廩皆実、又教吏民、習射、雖僧道婦人、亦習之、以銀為射的、中者輒与之、既而中者益多、其銀重軽如故、而的漸厚且小矣、或争徭役優重、亦使之射、射中者、得優処、或有過失、亦使之射、射中、則釈之、由是、人人皆能射、士卒有病者、常使一子視之、戒以不愈、必笞之、撫養羌属、親入其家、得歓

してこれを視《し》せしめ、戒《いまし》むるに、愈《ゆ》せざればかならずこれを笞《むち》うつをもってす。羌属《きょうぞく》を撫養し、親しくその家に入り、歓心を得、争いてこれが用をなさしむ。寇《こう》至り、しばしばこれが部落を破れば、待遇すること家人の如し。功ある者、あるいは服すところの金帯を解き、あるいは席上の銀器を撤《てっ》してこれに遺《おく》る。数年のころおい、青澗城ついに富彊《ふきょう》と成《な》り、延州諸寨の中《うち》、ひとり兵を益し、芻《すう》糧《りょう》を運ぶを求めず。

心、争為之用、寇至、屢破之部落、待遇如家人、有功者、或解所服金帯、或撤席上銀器、遺之、比数年、青澗城遂成富彊、於延州諸寨中、独不求益兵運芻粮。

▼青澗城は陝西《せんせい》省の東北、延州《えんしゅう》（現在の延安）の東北約百キロの地点の城寨《じょうさい》。康定《こうてい》元年（一〇四〇）に構築された。タングート族の西夏は東方では夏州《かしゅう》を拠点として、横《おう》山《ざん》山脈をこえ、あるいは無《む》定河《ていが》に沿って陝西《せんせい》に侵入していた。青澗城は黄河の支流無定河の一つ南にある延水に沿い、延州最後の防衛線となる。またこの一帯、長城線にはタングート族がいくつもの集団に分かれて居住し、その一部は熟羌《じゅくきょう》と呼ばれて宋に服属していた。种世衡は彼らから慕われ、その力を利用して生羌《せいきょう》である西夏と戦った。

龐籍《ほうせき》　丞相・潁国《えいこく》・龐荘敏公《そうびん》・籍（九八八―一〇六三）

字は醇之《じゅんし》。単州《ぜんしゅう》（山東西部）の人。大中祥符八年（一〇一五）の進士。順調に出世したが、西夏の侵入の時、山西や陝西《せんせい》で苦戦し、責任をとって左遷される。仁宗の慶暦五年（一〇四五）枢密副使《すうみつ》として返り咲き、皇祐元年《こうゆう》（一〇四九）から二年足らず宰相をつとめる。若いころの司馬光《しばこう》の保護者。

六六　兵員削減の大英断

傅永《ふえい》が次のような話をしてくれた。皇祐《こうゆう》二年（一〇五〇）、陝西《せんせい》で軍隊と新しく募集した保捷軍《ほしょう》を整理し、五十歳以上と背の高さが基準に少し及ばぬ者はすべて民にもどすことにした。西辺の紛争の帰趨《きすう》がわからぬ時に、兵員削減をすべきではないとか、兵隊をやめて衣服食糧のあてがなくなり、故郷に帰れば必ずあつまって盗賊となるといった反対の声が高まった。辺境の将軍たちの抵抗はとりわけ激しかった。当時宰相だった文彦博《ぶんげんはく》と枢密使（軍政府長官）の龐籍《ほうせき》は断固としてゆずらない。この年新募の保捷兵三万五千人あまりが帰郷を許され、みな大喜びで家にもどり、残った五万人あまりは帰れなくて、悲嘆の涙にくれた。永は、「陝西の国境地帯では、年間銅銭七十

貫で一人の保捷兵を養っている。この年は年間二百四十五万貫節約でき、ために陝西の民はやや息がつけた」といった。（紀聞）

傅《ふ》永《えい》曰く、「皇祐二年陝西に詔し、諸軍および新保捷を揀閲《かんえつ》し、年五十以上もしくは短にして四指に格《いた》るに及ばざる者はみな免《めん》じて民となす。議者紛然としておもえらく、辺事いまだ知るべからず。よろしく兵を減ずべからずと。またいう、停卒《ていそつ》、いったん衣糧を失い、郷閭《きょうりょ》の間《かん》に帰らば、かならずあい聚まりて盗賊とならんと。縁辺の諸将、これを争うこともっとも甚し、この時文公執政《しっせい》たり、龐《ほう》公枢密使たり。かたく執《と》りてこれを行い疑わず。この歳《とし》、陝西免ずるところの新保捷はおよそ三万五千余人。みな歓呼《かんこ》しその家にかえる。そのいまだ免ぜられざる者なお五万余人、みな悲涕《ひてい》し、おのれの去るを得ざるを恨む」。永《えい》曰く、「陝西縁辺、

傅永曰、皇祐二年、詔陝西、揀閲諸軍及新保捷、年五十以上、若短不及格四指者、皆免為民、議者紛然、以為辺事未可知、不宜減兵、又云、停卒一旦失衣粮、帰郷閭間、必相聚為盗賊、縁辺諸将、争之尤甚、是時文公為執政、龐公為枢密使、固執行之不疑、是歳、陝西所免新保捷、凡三万五千余人、皆歓呼返其家、其未免者、尚五万余人、皆悲涕、恨己不得去、永曰、陝西縁辺、計一歳費七十貫銭、養一保捷、

計るに一歳七十貫の銭を費して一保捷を養う。この歳、辺費およそ二百四十五万貫を減じ、陝西の民これによりてやや蘇《よみがえ》る」と。

是歳、辺費凡減二百四十五万貫、陝西之民、由是稍蘇。

▼北宋中期、政府にとって頭を悩ました問題が冗官と冗兵、それに起因する厖大な人件費である。とくに兵数は太宗時代四十万といわれたものが、西夏戦争の始まる仁宗宝元《ほうげん》年間前後には百二十五万と三倍以上にはねあがっている。文彦博《ぶんげんはく》と龐籍《ほうせき》はいろいろな反対をおしきって、まず保捷という軍団名を与えられた半強制的に集められた補充兵たちを削減した。この軍兵一人に年間七十貫かかったわけで、長社県知事に就任した韓億《かんおく》の行李の中にあった六百銭の百倍以上にあたることになる。傅永《ふえい》は仁宗末から神宗時代に活躍し開封の知事だったこともある人物。

狄青《てきせい》　枢密使・狄武襄《ぶじょう》公・青（一〇〇八―五七）

字は漢臣《かんしん》。汾《ふん》州（山西省）の人。軍卒あがりの生粋《きっすい》の軍人で、顔にその証拠の刺青《いれずみ》をしていた。西夏戦で頭角をあらわし、韓琦《かんき》、范仲淹に重用され、龐籍《ほうせき》の推薦で広南の広源州《こうげんしゅう》蛮《ばん》討伐に大功をたてる。皇祐五年（一〇五三）枢密使に昇進。南宋の岳飛《がくひ》にくらべられる北宋名将の雄。

六七　勝が見えたら図に乗るな

狄青《てきせい》が嶺南《れいなん》の賊を平定した時、賊の首領儂智高《のうちこう》の部下たちは邕州《ようしゅう》（広西省南寧附近）に敗走した。青の軍将たちはみな賊の巣窟をやっつけようと望んだが、青は承知しない。有利な立場に立ち、勢いにまかせて、先のわからぬ所にふみこむことは大将のやるべきことでないというのが彼の言い分である。智高はこのため逃げおおせた。世間ではだれもが、邕州《ようしゅう》に突入せず、智高を死地から脱出させたことで青を非難した。しかし狄青《てきせい》の用兵は勝つことに主眼をおくだけで、特別な手柄を求めない。だから一度も大敗北を喫せず、功労を樹《た》てた回数も多く、結局は名将となった。たとえてみれば、囲碁《いご》でも、もう勝とわかればとどまるべきで、攻めを続けてゆくと、しばしば大敗を喫するものである。これが狄青の警戒する点で、有利な態勢になって自戒できるところこそ、青が人に優れているといえよう。（筆談）

狄青嶺寇《てきせいれいこう》を平らぐ。賊帥儂智高《ぞくすいのうちこう》の兵、敗れて邕州《ようしゅう》に奔《はし》る。その下みなその窟穴《くつけつ》を窮《きわ》めんと欲す。

狄青平嶺寇、賊帥儂智高兵、敗奔邕州、其下皆欲窮其窟穴、青

青また従わず。おもえらく、「利に趨《おもむ》き勢いに乗じ、不測《ふそく》の城に入るは大将の事にあらず」と。智高よりて免《まぬが》るるを得《う》。天下みな青の邕州に入らず、智高をまさに死せんとするより脱《にが》せしを罪とす。しかれども青の用兵は勝を主《つかさど》るのみ。奇功を求めず。ゆえにいまだかつて大敗せず、功を計るに最も多く、ついに名将となる。たとうれば奕碁《えきき》すでに敵に勝たば、止むべきなり。しかれどもなお攻撃してやまざれば、往々大敗す。これ青の戒むるところなり。利に臨みてよく戒しむるは、すなわち青の人に過ぐる処なり。

亦不従、以謂、趨利乗勢、入不測之城、非大将事、智高因而獲免、天下皆罪青不入邕州、脱智高於垂死、然青之用兵、主勝而已、不求奇功、故未嘗大敗、計功最多、卒為名将、譬如奕碁已勝敵、可止矣、然猶攻撃不已、往往大敗、此青之所戒也、臨利而能戒、乃青之過人処也。

▼西夏との戦が一段落した仁宗の皇祐元年（一〇四九）、現在の広西省南寧に近い邕《よう》州《しゅう》で、広源州蛮と呼ばれる少数民族の首長儂智高《のうちこう》が反乱をおこして暴れまわり、四年には珠江《しゅこう》に沿って広東《カントン》を攻撃した。宋側は対応に苦慮したが、狄青と余靖《よせい》の働きで皇祐五年ようやくこれを平定した。

呉育《ごいく》　参政・呉正粛《せいしゅく》公・育（一〇〇四―五八）

字は春卿《しゅんけい》。建州浦城《ほじょう》（福建省）の人。天聖五年（一〇二七）の進士。若くして博学俊才の名を得、出世コースを歩んで、仁宗慶暦五年（一〇四五）副宰相となるが、晩年は病気で不遇だった。

六八　運の悪いこともある

王鞏《おうきょう》の話。彼の父の王仲儀《おうちゅうぎ》がこういった。陳執中《ちんしっちゅう》が宰相を罷める時、仁宗は誰を代わりにすればよいかたずねた。彼は呉育を推挙したので、ただちに都に召し出された。たまたま皇帝誕生日の宴会に列席した彼は酔ってしまい、その席でねむりこけていた。突然ハッと気がつきあわてふためき、床《ゆか》をたたいて従者を呼んだ。仁宗は驚き呆れ、即刻、洛陽の閑職を授けた。この話からみると、陳執中は事務屋だといってもやはり賢明とすべきで、育には宰相になる命運がなかったのだ。しかし、晩年は心の病《やまい》でやはり重用できず、仁宗が才能ある者を見棄てる君主だったわけではない。（東坡《とうば》志林）

王鞏云《おうきょうい》う。その父仲儀言えらく。陳執中《ちんしっちゅう》相を罷む。仁宗問う、「誰か卿に代わるべきや」と。執中、呉育を挙ぐ。上ただちに召して闕《けつ》に赴かしむ。乾元節《けんげんせつ》に会《かい》し、宴に侍《じ》して、たまたま酔い、坐睡《ざすい》す。たちまち驚き、顧みて床を拊《ふ》し、その従者を呼ぶ。上、愕然《がくぜん》としてただちに西京留台《せいけいりゅうだい》に除《じょ》す。これをもってこれを観るに、執中は俗吏《ぞくり》といえどもまた賢とすべきなり。育の相たらざるは命なるかな。しかれども晩節、心疾《しんしつ》ありてまた大用し難し。仁宗は材を棄つる主にあらざるなり。

王鞏云、其父仲儀言、陳執中罷相、仁宗問誰可代卿者、執中挙呉育、上即召赴闕、会乾元節侍宴、偶酔坐睡、忽驚顧、拊床、呼其従者、上愕然、即除西京留台、以此観之、執中雖俗吏、亦可賢也、育之不相、命矣夫、然晩節有心疾、亦難大用、仁宗非棄材之主也。

▼王鞏《おうきょう》は蘇軾《そしょく》（東坡《とうば》）の友人。彼の書いたいくつかの随筆が現存している。陳執中は皇祐五年（一〇五三）から二年間宰相だったが、ここで俗吏と評価されるように、実務に通暁するが理念と学問に乏しい官僚だった。『言行録』に採録されぬ宰相、副宰相の一つの規準がこの俗吏にほかならぬ。これでみると呉育も正義派で直言をはばからないと見なされていても、あまり名臣とはいいにくい。西京留台は正しくは西京

留守御史台《りゅうしゅ》のことで、形式的に洛陽に設けられた高級官僚の左遷ないし隠居ポスト。
乾元節《けんげんせつ》は仁宗の誕生日の名称。

王堯臣《おうぎょうしん》　参政・王文忠公・堯臣（一〇〇三―五八）
字は伯庸《はくよう》。応天府（河南省）の人。天聖五年（一〇二七）の進士首席。文章にすぐれ十数年詔勅起草官をつとめる。枢密副使をへて仁宗末近い嘉祐元年（一〇五六）副宰相となるが、二年あまりで惜しまれつつ世を去る。

六九　財政処理の達人

朝廷が李元昊《りげんこう》（西夏）の罪をただそうと武力を行使されてから、支出は増大の一途をたどった。大蔵省では税金を無茶苦茶にひきあげ、さらには天子の財庫である内蔵《ないぞう》庫《こ》から借入れたり、金持にわりつけて銅銭を徴収し、はては果物や野菜などにまで課税したが、財政は赤字になる一方だった。王堯臣《おうぎょうしん》が任用されると、「現在、国も人民もすべて疲弊しております。陛下は私にどのようにさせていただけるのでしょうか」ととたずねた。天子から何でも彼のすることを聴きいれるというお墨付きをとると、彼は国家財政の出入伸縮を分析し、「これが根本、あれは枝葉」と、重要性や緩急の度合をはかり、根本的弊害を除き、無意味な施策や小さな利益はあるが大きな本質をそこなうものをしりぞけてから、実施の条目を使って法規と組合せた。大蔵省の次官、局長で役に立たぬ者十五人を罷免し、あらためて才能ある賢明な人物を推挙した。一年たって増税しなくてもやってゆけるようになり、翌年には余剰金で内蔵庫から借入れた数百万貫を返済し、三年目には黒字が数千万もたまって、故郷を棄てた人々ももとへ戻りはじめた。（墓誌）

朝廷元昊《げんこう》の罪を治め、軍興りてより、用ますます広し。さきに三司となる者、みな厚賦《こうふ》暴斂《ぼうれん》す。はなはだしきは内蔵より借り、富人に率《りつ》して銭を出ださしめ、下《しも》は果菜に至るまでみな税を加えて用ますます足らず。公はじめ命を受くるや、曰く、「今国《いま》と民みな弊《つか》る。陛下臣に任ずる者にありてはいかんぞ」と。これにより、天子もっぱら公のなすところに聴《き》く。公すなわち財利の出入盈縮《えいしゅく》を推見して曰く、「これ本なり。かれ末なり」と。

自朝廷理元昊罪、軍興、而用益広、前為三司者、皆厚賦暴斂、甚者、借内蔵、率富人出銭、下至果菜、皆加税、而用益不足、公始受命、則曰今国与民、皆弊矣、在陛下任臣者、如何、由是、天子一聴公所為、公乃推見財利出入盈縮、曰、此本也、彼末也、計其緩急先後、而去其蠹弊之有

その緩急先後を計りてその蠹《と》弊《へい》の根穴《こんけつ》ある者を去り、その妄計《もうけい》、小利の大体を害する者を斥《しりぞ》け、しかるのち一《いち》に条目をつくり、法度に就《つ》かしむ。副使、判官の用うべからざる者十五人を罷め、あらためて材かつ賢なる者を薦用す。朞《き》年《ねん》にして民《たみ》賦《ふ》を加えずして用足り、明年その余をもって内蔵借《か》るところ数百万を償《つぐな》う。また明年、その余りて有《ゆう》司《し》に積むもの数千万にして、所在《しょざい》の流庸《りゅうよう》ようやくその業に復す。

根穴者、斥其妄計小利之害大体者、然後一為条目、使就法度、罷副使判官、不可用者十五人、更薦用材且賢者、朞年、民不加賦而用足、明年、以其余、償内蔵所借数百万、又明年、其余而積於有司者、数千万、而所在流庸、稍復其業。

▼この一文は欧陽脩が書いた王堯臣《おうぎょうしん》の墓誌銘の一節である。神道碑が墓道に立てられるのに対し、墓誌銘は石棺の裏側などに刻んで土中に埋められる違いがある。神道碑と同様に別に嘘が書いてあるわけではないが、美辞麗句で飾られ、よいことずくめが普通で、要するにその人物を中心とした最大公約数の記事といってよい。王堯臣は三司使、参知政事として仁宗末の財政危機にあれこれ手段を講じたことは事実だが、結局それはここに書いてあるようにはうまくゆかず、次の王安石の改革へと突入してゆ

く。宋代には三司（大蔵省）の財庫を左蔵庫というのに対し、皇帝が直接にぎっている財庫を内蔵庫と称した。政府財政が逼迫《ひっぱく》して来ると、ここからの借用が激しくなる。三司は戸部《こぶ》、塩鉄《えんてつ》、度支《たくし》の三部局から成り、それぞれに副使、判官が複数おかれていた。また有司《ゆうし》とは関係官庁の意味で、ここでは三司を中心とした財務官庁を指す。

包拯《ほうじょう》　枢密・包孝粛公・拯（九九八―一〇六二）
字は希仁《きじん》。廬州《ろしゅう》（安徽《あんき》省合肥《ごうひ》）の人。天聖五年（一〇二七）の進士。開封府知事時代、剛毅厳正さで有名となり、包竜図《ほうりゅうと》、包待制《ほうたいせい》などと呼ばれてこわもての大岡越前として伝説的人物となった。後世、民間の芝居や物語にしばしばあらわれる。仁宗の末嘉祐《かゆう》六年（一〇六二）になった枢密副使が最高位。

七〇　清廉と明察でなる知事

包拯《ほうじょう》が天長県（江蘇省揚州）の知事だった時、盗人が牛の舌を引き抜いたと訴えた者がいた。拯が帰らせてその牛を殺して売らせたところ、勝手に牛を殺したと告発してくる者があった。拯《じょう》は「どうしてお前は某《ぼう》々の家の牛の舌を抜き、また殺したことを告《つ》げにくるのか」といったので、盗人は明察に恐れいった。端州《たんしゅう》（広東省）の知事にうつった時のことである。ここからは毎年、硯《すずり》を貢物《こうもつ》として中央に送っていた。前知事はそれにかこつけて数十倍も強制徴発し、お偉方たちに贈り物にした。拯は製造者に貢物としての数だけ作らせ、任期が満了した時も一個も持ち帰らなかった。（巵史）

包孝粛公、天長県に知たり。盗の牛の舌を割《さ》くと訴う者あり、公、帰りてその牛を屠り、これを鬻《いく》せしむ。すでにして私《ひそか》に牛を殺すと告ぐ者あり。公曰く、「何すれぞ某家の牛の舌を割き、またこれを告ぐるや」と。盗む者驚伏す。知端《ちたん》州に徙《うつ》る。州、歳《とし》ごとに硯を貢す。前守、貢により数十倍を率《りっ》してもって権貴の人に遺《おく》る。公製者に命じ、わずかに貢数に足らしむ。歳満ちて一硯をも持さずして帰る。

包孝粛公、知天長県、有訴盗割牛舌者、公使帰屠其牛、鬻之、既而有告私殺牛者、公曰、何為割某家牛舌、而又告之、盗者驚伏、徙知端州、州歳貢硯、前守縁貢、率数十倍、以遺権貴人、公命製者、纔足貢数、歳満、不持一硯帰。

▼宋代では牛は耕作用の重要な家畜として貴重視され、勝手に屠殺できなかった。端《たん》

州《しゅう》の硯はいうまでもなく端渓《たんけい》の名で現在までもてはやされるが、士大夫の書斎の文房具として当時でもこのように珍重された。宋代では全国各府州から一年一回、朝廷に特産品を献上する規定で、これが貢物である。その量は必ずしも多くなく、北宋なかばのきまりでは端渓硯は十枚だった。

七一　賄賂のきかぬ閻魔様《えんまさま》

王珪が、次のような話をした。「包拯《ほうじょう》が廬州《ろしゅう》の知事となった。廬州は彼の郷里である。親類縁者《えんじゃ》たちはよい機会とばかり、いろいろと利権をあさろうとした。母方の親類が法にふれると、拯は容赦なく笞打ったため、縁者たちはみな鳴《な》りをひそめた。拯は科挙に合格した当初、年老いた親に仕えるため十年近くも仕官せず、親孝行の名をたかめた。開封府知事として、剛毅厳正で裏口取引に応ぜず、このため都では「関節《わいろ》のきかぬ閻魔《えんま》の包大王《ほうだいおう》」と呼び、胥吏《しょり》も市民も畏《うやま》れ敬ってほめたたえた。上官や同僚のために、意見を具申する時には、好んでずけずけとやりこめたが、理にかなったことであれば、あっさりとそれに従った。剛直だが片意地を張らぬところ、これが他の人にできぬ点だ」。（紀聞）

王禹玉《おううぎょく》曰く、「包希仁廬州《ろしゅう》に知たり。廬州はすなわち郷里なり。親旧多く勢に乗じ、官府を擾《さわが》す。従舅《じゅうきゅう》の法を犯すあり。希仁これを撻《むちう》つ。これより親旧みな屛息す。希仁はじめて及第するや、親の老なるをもって侍養《じよう》して宦《かん》に仕《つか》えざることまさに十年ならんとし、人その孝を称す。開封府に知たり。人となり剛厳にして干《かん》するに私《し》をもってすべからず。京師これがために語りて曰く、「関節到らず閻羅《えんら》包老あり」と。吏民畏服し遠近これを称す。長吏僚佐《りょうさ》のために関白するところあれば、喜びて面折、人を辱《はず》かしむるも、しかれどもその言うところもし理に中《あた》れば、また番然《ほんぜん》としてこれに従う。剛にして愎《もと》らず、これ人の難《かた》きところなり」。

王禹玉曰、包希仁知廬州、廬州即郷里也、親旧多乗勢、擾官府、有従舅犯法、希仁撻之、自是、親旧皆屛息、希仁始及第、以親老侍養、不仕宦且十年、人称其孝、知開封府、為人剛厳、不可干以私、京師為之語曰、関節不到、有閻羅包老、吏民畏服、遠近称之、為長吏僚佐、有所関白、喜面折辱人、然其所言若中於理、亦番然従之、剛而不愎、此人所難也。

▼「関節いたらず閻羅包老」という表現は宋以後の中国でよく使われる。アンタッチ

ャブルの包の人気の秘密の一つは、爽快感のほかにあまり偉くなりすぎなかったところにあるのかも知れぬ。王禹玉《おううぎよく》は王珪《おうけい》のあざな。彼は文章の達人だった。当時の六代皇帝神宗の後半期の宰相で、有名人はわれわれもわれもと彼に神道碑や墓誌銘を書いてもらったが、不思議に〝名臣〟に入っていない。なお、宋代では地方官が自分の出生地に就職できぬ〝本籍回避〟の規定が後世ほど厳しくはなかった。

王徳用《おうとくよう》　枢密使・魯国・王武恭公・徳用（九八七—一〇六五）

字は元輔《げんぽ》。鄭州《ていしゅう》（河南省）の人。父王超《おうちょう》は宋初の有力な将軍。彼も将家の子弟として育ち、国軍の総司令官に至り、仁宗の至和元年（一〇五四）、軍人としては少ない枢密使となる。色が黒く、黒王相公《こくおうしょうこう》と呼ばれて部下や一般大衆に親しまれ、契丹《キッタン》にも名が通っていた。また太祖に顔立ちが似ていたといわれる。

七二　戦争は議論ではない

宝元慶暦年間、李元昊《りげんこう》が陝西の北で叛旗をひるがえしてから、負けいくさばかり続き、士大夫たちは我勝ちに策略をたてまつり、次から次へと政策が変更された。王徳用は笑って「何をごたごたやっているのか。兵法とはそうしたものではない。部下の兵士たちに畏敬と親愛の情をもたしめ、怯気《おじけ》づく者はふるいたたせ、勇猛な者は驕《おご》りたかぶらさず、こちらから攻めて勝つことができ、相手の力を利用しても勝つだけのことだ。あれこれ言いたてる必要などない」と喝破《かっぱ》した。枢密院にあっても、常にみずから戦場で指揮をとらんと願い出たが、許されなかった。重要な謀議があれば必ず意見をきかれ、中央にいない時は、天子は宦官《かんがん》を派遣して直接諮問《しもん》された。その意見は採用されることが多かった。(神道碑)

宝元、慶暦の間、元昊《げんこう》河西に叛す。兵久しくして功なし。士大夫争いて計策を進め、改作するところ多し。公笑いて曰く、「いかんぞ紛々《ふんぷん》たらん。兵法はかくのごとからざるなり。士をして畏愛を知らしめ、怯者《きようしや》は勇み、勇者は驕《おご》らず、吾をもって勝つべく、敵によりてこれに勝つのみ。あに多く言《かた》らんや」と。その枢密に在りてもまたつねにみずから辺に臨まんと請うも許されず。およそ大いなる謀議あらば、かならずもってこれに諮《はか》る。

自宝元慶暦之間、元昊叛河西、兵久無功、士大夫争進計策、多所改作、公笑曰、奈何紛紛、兵法不如是也、使士知畏愛、而怯者勇、勇者不驕、以吾可勝、因敵而勝之爾、豈多言哉、其在枢密、亦嘗自請臨辺、不許、凡大謀議、必以諮之、其在外、則遣中貴人、詔問、其言多見施用。

その外に在らば中貴の人を遣《つかわ》して詔問《しょうもん》せられ、その言多く施用せらる。

▼仁宗の宝元元年（一〇三八）の末、李元昊がタングート族を大同団結して夏国（西夏）を建て、公然と宋に叛旗をひるがえした。契丹《キッタン》の場合のように、宋の国都のすぐ近くで戦闘が行われたわけではないが、政府は長くこれに苦しめられた。慶暦三年（一〇四三）四月絹十万匹と茶三万斤《きん》の歳幣《さいへい》でともかくも講和を結ぶまで、ここに書かれているように、韓琦《かんき》、范仲淹《はんちゅうえん》を筆頭とした新興士大夫たちもあれこれやってはみたが、結局は何もできぬに等しく、それが国家財政に与えた影響は深刻だった。河西《かせい》は黄河以西のことだが、陝西《せんせい》、甘粛《かんしゅく》の北部、オルドス地方を指す。

田錫《でんしゃく》　諫議《かんぎ》大夫《たいふ》・田公・錫（九四〇―一〇〇三）

字は表聖《ひょうせい》。嘉州《かしゅう》（四川）の人。祖先が長安から四川に遷り住んだ。太平興国三年（九七八）の進士。『五朝言行録』は巻九以後は宰相クラスを離れる。その中の一つのジャンルに天子に直接諫言できる諫官《かんかん》と、監察官である御史《ぎょし》台《だい》官がある。あわせて台《だい》諫《かん》と呼ばれる彼らは、位階は低いが、現在の国会における政府攻撃の代表質問者のように、歯に衣《きぬ》を着せぬ発言で人々の喝采を博し、その経歴に大いにプラスになった。北宋時代は皇帝や大臣たちも、かなり彼らの意見をとりいれ、健全な政治を目指していたと考えられるが、北宋も末になると台諫たちの発言にスタンドプレイが目立ちはじめ、やがて形式的なものになる。田錫は范仲淹から「天下の正人」と称され、太宗、真宗たちへの直諫で知られ、太宗に対する彼の上奏文は特に漆の箱に入れて、太宗の遺愛品を蔵する竜図閣《りゅうとかく》におかれていた。

七三　皇帝へのいましめ

田錫《でんしゃく》は太宗時代、国事の枢要な問題一つと、朝廷の本質に関する問題四つを上奏し、太宗はいつも、「彼は文にすぐれ徳行あって言いにくいことを言う」と語っていた。真宗が位につくと、たびたびお召しにあずかって意見を具申した。『御覧《ぎょらん》』を三百六十巻に要約して、毎日一巻ずつ読まれるように願ったり、経書《けいしょ》や歴史書の重要な語句を十巻の屏風《びょうぶ》仕立てとして天子が簡便にみられるようはかった。亡くなった時、真宗は劉沆《りゅうこう》に、「田錫《でんしゃく》は直言の臣だった。天はなぜこうも早く彼を召されたのだろう。朝政に欠失があり、どうしようかと考えている時には、すぐに田錫の上奏がとどいていたものだった」と話された。（蒙求）

田錫、太宗の時、軍国の要機なる者《もの》一、朝廷の大体なる者《もの》四を上言す。太宗つねに錫の文行ありて敢言するを言う。真宗位に即《つ》くや、しばしば召対《しょうたい》して事を言わしむ。かつて御覧を三百六十巻に抄略し、日に一巻を覧るを請い、また経史の要言を采《と》りて御屛風十巻をつくり、もって観覧に便にす。卒するにおよび、真宗、劉沆《りゅうこう》に謂《い》いて曰く、「田錫は直臣なり。何ぞ天これを奪うの速きや。朝廷やや欠失あり、まさに思慮にあるごとに、錫の章奏すでに至れり」と。

田錫、太宗時、上言軍国要機者一、朝廷大体者四、太宗嘗言、錫有文行敢言、真宗即位、屢召対言事、嘗請抄略御覧三百六十巻、日覧一巻、又采経史要言、為御屛風十巻、以便観覧、及卒、真宗謂劉沆曰、田錫直臣也、何天奪之速、朝廷毎有小欠失、方在思慮、錫之章奏已至矣。

▼太宗皇帝時代には、文化国家を誇示するためと、宋王朝に不平を持つ四川や江南の学者たちを懐柔するために、大規模な編纂事業が行われた。『冊府元亀《さつぷげんき》』とか『太平《たいへい》御覧《ぎょらん》』など、一千巻を超す中国風百科全書もその一成果である。ここでいう『御覧』はこの『太平御覧』で、帝王の為政《いせい》に益ありとされる古今のあらゆる事柄が、中国風

の分類によって網羅されている。劉沆は仁宗皇祐年間、宰相にまでなった人。

王禹偁《おううしよう》　内翰《ないかん》・王公・禹偁（九五四―一〇〇一）

字は元之《げんし》。済州（山東省）の人。台諫とともに名臣が多い職任は詔勅起草官である。宋に入って皇帝権がこれまでになく強固になると、官員の辞令を書く起草官の地位も非常に高くなる。それは皇帝が直接命令して書かせる翰林学士《かんりんがくし》と、中書（いまの内閣）が皇帝の認可をとって書かせる知制誥《ちせいこう》に分かれる。前者は大臣クラスの一歩手前、後者には将来を嘱望される中堅のエリートが任命された。ここで内翰と呼ばれるのは翰林学士のこと。

七四　お金をもらうにも筋を通して

翰林学士《かんりんがくし》だった王禹偁《おううしよう》は、夏州《かしゆう》の李《り》継遷《けいせん》の辞令を書いてやった。継遷が送ってきたお礼は平常より数倍もしたが、普通の挨拶状をつけて送ってきたため受取らなかった。筋道をたてたわけである。近ごろは詔勅起草官が辞令を書き、謝礼が少しおそいと、きっと使いがやってきて催促する。また送らねばならぬ方も往々にして知らぬ顔をし、それが当たり前のようになっている。催促する方も送る方も、平然としておかしいと

も思っていない。(帰田録)

王元之《おうげんし》翰林にあり。かつて夏州の李継遷の制を草す。継遷潤筆《じゅんぴつ》の物を送るに常より数倍す。しかれども啓頭《けいとう》の書を用《も》って送る。拒みて納めず。けだし事体を惜むなり。近時、舎人院《しゃじんいん》制を草し、潤筆の物を送り、やや時におくるる者あらば、必ず院子を遣《つか》わして門に詣《いた》り、催索す。まさに送るべき者往々送らず。あいうけてすでに久し。いま索《もと》むる者、送る者、みな恬然《てんぜん》としてもって怪となさざるなり。

王元之在翰林、嘗草夏州李継遷制、継遷送潤筆物、数倍於常、然用啓頭書送、拒而不納、蓋惜事体也、近時舎人院草制、有送潤筆物、稍後時者、必遣院子、詣門催索、而当送者、往往不送、相承既久、今索者送者、皆恬然不以為怪也。

▼辞令は今のように一片の紙きれでなく、官位によって巻物の装訂から色、紙質すべて違い、また文句も、その人の性格、能力、当該官職との関係などが、短い中に盛りこまれ、かつそれが優れた文章であることが要求された。それができるのは超一流の文人ということになり、従って翰林学士は尊敬され、潤筆料の名のもとに莫大な謝礼

にもありつけた。夏州李継遷とは西夏の李元昊の父親で、この時は表面的に宋に服属していた。なお李継遷が王禹偁《うしょう》に贈った潤筆料は馬五十頭といわれる。啓頭は拝啓といった形ではじまる普通の手紙。

孫奭《そんせき》 侍読《じとく》・孫宣公・奭（九六二—一〇三三）

字は宗古《そうこ》。博平（山東省）の人。太宗の端拱《たんきょう》二年（九八九）、九経及第《きゅうけいきゅうだい》といって、儒教《じゅきょう》の経典《けいてん》の専門試験に合格。儒学者、イデオロギーの専門家として重きをなし、仁宗の御講書掛を続けた。真宗時代の天地のお祭りさわぎに強硬に反対したことでも知られる。

七五　皇帝の御教育掛

孫奭《そんせき》は天子の御前《ごぜん》で経書《けいしょ》を講義し、乱君や亡国の記事になると、くり返し説明を加え、ためらうことなくそれによって現在を諷諫《ふうかん》した。また五経の中で治世に直接役立つものを五十篇の『経典徽言《けいてんきげん》』として献上し、また「無逸《むいつ》の図」を画いて御座所において、おかみの反省の一助とされるよう願い出た。当時、皇太后の劉氏は五日に一度、正殿に出御し、仁宗とともに政務をとった。孫奭《そんせき》は「古の帝王は朝に夕に臣下にまみえ、一日として朝見せずにはすませませんでした。陛下も、毎日御殿に出座あそばし、万機を通覧されるべきです」と奏上した。上奏はにぎりつぶされたが、仁宗と皇太后の敬愛は変わることなく、お目通りのたびに厚く礼遇された。（紀聞）

孫奭《そんせき》、上の前に経《けい》を説き、乱君亡国のことに及ぶごとに、反復中繹《しんえき》し、いまだかつて避諱《ひき》せず。よりてもって規諷《きふう》す。また五経の治道に切《せつ》なるものを掇《と》りて五十篇となし、『経典徽言《けいてんきげん》』と号してこれをたてまつり、「無逸《むいつ》」を画いて図となし、便《べん》坐《ざ》に施して勧鑒《かんかん》の助となさんことを乞う。時に荘《そう》憲明粛《けんめいしゅく》皇后、五日ごとに一たび殿に御《ぎょ》し、仁宗と同《とも》に政を聴く。奭《せき》よりて言う。「古の帝王は朝《あした》に朝《ちょう》して暮《ぼ》夕《せき》し、いまだ日を曠《むな》うして朝せざることあらず。陛下よろしく日ごとに殿に御し、もって万機を覧《み》られんことを」と。奏、留中して報ぜられず。しかれども、上と太后もとよりこれを愛重し、進見ごとにつねに礼を加う。

孫奭、毎上前説経、及乱君亡国事、反復中繹、未嘗避諱、因以規諷、又掇五経切治道者、為五十篇、号経典徽言、上之、画無逸為図、乞施便坐、為勧鑒之助、時荘憲明粛皇后、毎五日一御殿、与仁宗同聴政、奭因言、古帝王朝朝暮夕、未有曠日不朝、陛下宜毎日御殿、以覧万機、奏留中、不報、然上与太后、雅愛重之、毎進見、常加礼。

▼頑固一徹の皇帝の師、伝統的儒学の祖述者というのが孫奭《そんせき》のイメージであろうか。五経は『書経《しょきょう》』『詩経《しきょう》』『易経《えききょう》』『礼《らい》』『春秋《しゅんじゅう》』の儒教の経典《けいてん》。宋代にはこの五種類のうち礼と春秋が三種類ずつに分れるから九つの経書《けいしょ》があり、儒教のバイブルとなっていた。無逸は『書経』の一篇の名。周公旦が成王に安逸を戒めるため作ったと伝えるもの。孫奭《そんせき》はその内容を絵にかいたと考えられる。朝朝暮夕は朝に朝見し夕に朝見すること。『周礼《しゅうらい》』にみえる言葉。

李及《りきゅう》　御史中丞《ぎょしちゅうじょう》・李恭恵公・及（九五七―一〇二八）

字は幼幾《ようき》。鄭州《ていしゅう》（河南省）の人。真宗時代の進士。杭州など要地の知事を歴任。のち御史台の長官となる。宴遊を嫌い杭州知事時代林逋《りんぽ》（和靖《わせい》）と清談を楽しんだことで知られる。

七六　先人のやり方を変えぬ

長らく秦州《しんしゅう》（甘粛省天水）にあった曹瑋《そうい》はたびたび上奏して交代を願い出た。真宗が誰がよいかと王旦《おうたん》にたずねると、旦は枢密直学士《すうみつちょくがくし》の李及《りきゅう》を推薦したので、ただちに彼を秦州《しんしゅう》知事に任命した。「及は人物は謹厳篤実で行いも正しいが、辺境の長官としての才能はなく、曹瑋の後つぎには役者不足だ」と誰もが考えた。皆の意見をふまえて楊億《ようおく》が王旦に話したが、旦は返事をしなかった。及が秦州に着任すると、軍将や官員たちも心中これを軽視した。たまたま、駐屯軍の兵士が、白昼、市場で女性から銀の釵《かんざし》をひったくった。胥吏《しょり》がとりおさえてくると、読書していた及は犯人を面前によびよせ、大筋を問いただした。兵士が罪を認めると、再び胥吏の手にわたさず、ただちに斬刑に処し、何事もなかったように読書にもどった。周囲の者たちは驚いて感服し、ほどへて評判は都にもとどいた。それを耳にした楊億はまた王旦とあってその事を話し、「先ごろ、総理が及を登用された時、外《そと》の者たちはみな彼は任務にたえられぬだろうと話し合いました。ところがその才能はこの通りです。総理の人物に対する先見の明はさすがですね」とほめた。旦は笑いながら、「外《そと》の評判というものは御安直なものだな。辺防にあたる正規兵が白昼市場で盗みをはたらけば、指揮官が斬って捨てるのは常法で、別に異とするに足らない。わしが及を任用した意図はそんなことではない。いったい曹瑋は七年の間秦州の知事を務め、異民族たちはおそれ服従してきた。辺境でやるべき施政は瑋がしつくしている。別の人間に代わらせると、きっと、自己の聡明さをみせびらかすため、あれこれ変わったことをやり、瑋の実績をぶちこわしてしまうだろう。わしが及を使ったのは、彼なら慎重で、きっと瑋のやった通りをちゃんと守ってくれると思ったからだけだ」と答えた。このことあってから億は王旦の識見にますます心服した。（紀聞）

曹瑋久しく秦州にあり、累章《るいしょう》して代《だい》を求む。真宗、王旦に誰か代《か》わるべきかを問う。旦、枢密直学士李及を薦《すす》む。上ただちに及をもって秦州に知とす。衆議みな謂《い》えらく、「及は謹厚にして行検ありといえども、辺に守《しゅ》たるの才にあらざれば、もって瑋を継ぐに足らず」と。楊億、衆言をもって旦に告ぐ。旦答えず。及秦州に至る。将吏《しょうり》心またこれを軽んず。たまたま屯駐の禁軍に、白昼婦人の銀《ぎん》釵《さい》を市中に掣《せい》するあり。吏、執《と》らえてもって聞《ぶん》す。及まさに坐して書を観るにあたる。これを召して前《すすま》しめ、ほぼ詰問を加う。その人罪に服す。及また吏に下《くだ》さずして、すみやかに命じてこれを斬り、

曹瑋久在秦州、累章求代、真宗問王旦、誰可代瑋者、旦薦枢密直学士李及、上即以及知秦州、衆議皆謂、及雖謹厚有行検非守辺之才、不足以継瑋、楊億以衆言、告旦、旦不答、及至秦州、将吏心亦軽之、会有屯駐禁軍、白昼掣婦人銀釵於市中、吏執以聞、及方坐観書、召之使前、略加詰問、其人服罪、及不復下吏、亟命斬之、復観書如故、将吏皆驚服、不日、声誉達於京師、億

また書を観ることもとのごとし。将吏みな驚服《きょうふく》す。日ならずして声誉京師に達せり。億これを聞き、また旦に見《まみ》え、つぶさにその事を道《い》い、かつ曰く、「さきに、相公《しょうこう》はじめて及を用う。外廷の議みな及のその任に勝《た》えざらんことを恐《おそ》る。いま及の材器すなわちかくのごとし。まことに相公人を知るの明なるかな」と。旦笑いて曰く、「外廷の議、何ぞそれ得やすきぞ。それ禁軍辺を戍《まも》り、白昼市に盗をなすをもって、主将これを斬るは事《こと》の常《じょう》なり。いずくんぞもって異政となすに足らん。旦の及を用いしはその意これがためにあらざるなり。それ曹瑋をもって秦州に知たらしむること七年、羌人讋服《きょうしょうふく》し、辺境の事、瑋これを処してすでにその宜《よろしき》を尽《つ》くす。他人に住かしむれば、その聡明を矜《ほこ》らんと、変置するところ多く、瑋の成績を敗壊《はいかい》せん。旦、及を用うるゆえんの者は、ただ及は重厚にして、かならずよく瑋の規摹《きぼ》を謹守するとお

聞之、復見旦、具道其事、且曰、向者、相公初用及、外廷之議、皆恐及不勝其任、今及材器乃如此、信乎相公知人之明也、旦笑曰、外廷之議、何其易得也、夫以禁軍戍辺、白昼為盗於市。主将斬之、事之常也、烏足以為異政乎、旦之用及者、其意非為此也、夫以曹瑋知秦州七年、羌人讋服、辺境之事、瑋処之已尽其宜矣、使他人往、必矜其聡明、多所変置、敗壊瑋之成績、旦所以用及者、但以及重厚、必能謹守瑋之規摹而已矣、億由是益服旦識度。

もうのみ」。億これによりますます旦の識度《しきど》に服す。

▼ここに登場する曹瑋、王旦、楊億の三人はすべて前にでてきた人物である。秦州《しんしゅう》は長安から渭水《いすい》をさかのぼり、甘粛省に入ったところにある天水。北宋の前半期にはチベット系異民族に周りを囲まれた西の国境の最重要拠点だった。

孔道輔《こうどうほ》　御史中丞《ぎょしちゅうじょう》・孔公・道輔（九八六—一〇三九）

字は原魯《げんろ》。曲阜《きょくふ》（山東省）の人。孔子四十五代目の孫。剛直の台諫官として名をはせる。

七七　諫官《かんかん》のお手本

孔道輔は仁宗に仕え、天聖から宝元の頃（一〇二三—三九）、剛毅で正論を吐く人物として天下になりひびいた。知諫院《ちかんいん》の任にあって、明粛劉《めいしゆく》皇太后に、政権を仁宗に還すよう上奏し、また枢密使曹利用《そうりよう》と、宦官羅崇勲《かんがんらすうくん》の罪状を直訴《じきそ》した。当時崇勲は権力を握り、士大夫と取引をし、利用は威勢にまかせておごりたかぶり、すべての人たちから恐れられていた。御史中丞だった時、皇后の郭氏《かくし》が廃位された。彼は諫官と御史たちをひきつれて宮門で抗議し、御目通りを願った。仁宗が許可されぬと、あくまで抵抗し、処分を受けるまでやめなかった。道輔の君主に仕える姿勢はこの通りで、だからこそ、その名は全国にきこえ、士大夫たちは彼が大臣になれなかったことを天下のために惜しんだのである。（王荊《おうけい》公撰墓誌）

公、当今の天子に仕え、天聖、宝元の間、剛毅諒《ごうきりょう》直《ちょく》をもって名天下に聞こゆ。かつて知諫院《ちかんいん》たり。上書して明粛太后の政を天子に帰さんことを請い、枢密使曹利用を廷奏し、御薬羅《ぎょやくら》崇勲《すうくん》の罪状をたてまつる。この時にあたり、崇勲権利を操り、士大夫と市をなし、利用は悍彊不遜《かんきょうふそん》にして、内外これを憚《はばか》る。かつて御史中丞たり。皇后郭氏廃せらる。諫官御史を引き、閤《こう》に伏してもって争い、見《まみ》えんことを求む。上みな許さず。かたくこれを争い、罪を得てしかるのちやむ。けだし公、君に事《つか》うる

公仕当今天子、天聖宝元之間、以剛毅諒直、名聞天下、嘗知諫院矣、上書、請明粛太后、帰政天子、而廷奏枢密使曹利用、上御薬羅崇勲罪状、当是時、崇勲操権利、与士大夫為市、而利用悍彊不遜、内外憚之、嘗為御史中丞矣、皇后郭氏廃、引諫官御史、伏閤、以争之、求見、上皆不許、而固争之、得罪然後已、

の大節かくのごとし。これその、名天下に聞こえ、士大夫多く公大位に終わらざるをもって、天下のために惜しむゆえんのものなり。

蓋公事君之大節、如此、此其所以名聞天下、而士大夫多以公不終於大位、為天下惜者也。

▼この文章は王安石の作った墓誌銘の一部である。孔子直系の子孫ということで、彼も一時山東省曲阜《きょくふ》県の知事をつとめてから、台諫官となって名を売った。曹利用は澶《せん》淵《えん》の盟の時の宋の全権。のち後宮や宦官と結んで権勢をふるった。羅《ら》崇勲《すうくん》もその一人で、御薬《ぎょやく》は宦官の職名。郭《かく》皇后は仁宗の最初の皇后だったが、天子の前で他の側室と争い、はずみで仁宗の首をたたいて問題となり、廃位された。伏閤《こう》の閤は閤門のことで、皇帝の居住区に通じる宮城内部の門、上奏文などはここで皇帝に取次がれる。

尹洙《いんしゅ》　起居舎人・尹公・洙（一〇〇一―四七）

字は師魯《しろ》。洛陽（河南省）の人。仁宗天聖二年（一〇二四）の進士。州県の地方官をへたのち西夏戦では夏竦《かしょう》の幕下で活躍。また范仲淹《はんちゅうえん》の同志として名高い。

七八　宋代文芸復興のにない手たち

唐の衰亡このかた、文章は日を追って浅薄俗悪に流れ、どうにもならなくなった。宋になって柳開《りゅうかい》が漢以前の文を称揚したけれどもあとが続かない。天聖年間のはじめ、尹洙《いんしゅ》と穆脩《ぼくしゅう》（伯長）の二人が、時代の好尚を改めて、古文運動をおこし、次に欧陽脩《おうようしゅう》が出て、立派な文章を書いてそれを前進させた。そこで若い人たちの心を動かし、文風は一変した。（墓表）

文章、唐の衰えしより、日ごとに浅俗に淪《しず》み、ようやくもって大敝《たいへい》す。本朝、柳《りゅう》公仲塗《ちゅうと》、はじめて古道をもってこれを発明するも、のちついに振うあたわず。天聖はじめ、公ひとり穆《ぼく》参軍伯長《はくちょう》と時の尚《この》む所を矯《た》め、つとめて古文をもって主となす。次に欧陽永叔《おうようえいしゅく》の雄詞をもってこれを鼓動するを得、ここにおいて後学《こうがく》大いに悟り、文風一変す。

文章、自唐之衰、日淪浅俗、寖以大敝、本朝柳公仲塗、始以古道発明之、後卒不能振、天聖初、公独与穆参軍伯長、矯時所尚、力以古文為主、次得欧陽永叔、以雄詞鼓動之、於是、後学大悟、文風一変。

▼六朝《りくちょう》から唐《とう》へ、文章の主流は四六駢儷体《べんれいたい》と呼ばれる、二頭だての馬をならべるように四字、六字の対句《ついく》を駆使した華麗なスタイルだった。いわば当時の貴族の趣味にマッチするこの文体は、唐の半ば以後形式化し、韓愈《かんゆ》（退之《たいし》）、柳宗元《そうげん》（子厚《しこう》）などの古文復興運動がはじまる。五代から宋初、この運動はここにみえるように柳開（仲塗《ちゅうと》）によって支えられたが続かず、文辞の主流は先にのべた楊億らの守旧派に占められていた。仁宗時代に入って、古文復興の旗頭となった一人が尹洙《いんしゅ》であり、それは欧陽脩《おうようしゅう》、王安石、蘇軾《そしょく》らにひきつがれ、新士大夫の間に深く根をおろすにいたる。

余靖《よせい》 尚書・余襄公《じょう》・靖（一〇〇〇―六四）

字は安道。韶州《しょう》曲江《きょくこう》（広東省）の人。天聖二年（一〇二四）の進士。当時としては珍しい、嶺南《れいなん》の出身者で、湖南、広西などの地方官をへて諫官となり、范仲淹、欧陽脩らと行をともにする。欧陽脩、王素《おうそ》、蔡襄《さいじょう》とならび四諫《しかん》と呼ばれた。儂智高《のうちこう》の乱平定にも活躍。

七九　中国人と外国語

余靖《よせい》が契丹《キッタン》に使節にたった。契丹の言葉を話す靖を彼らは気にいり、二度目の訪問ではいよいよ親密となった。余靖は夷狄の言葉で詩を作ったため、契丹の皇帝は大いに喜び、盃をのみほしてくれた。帰国してから問題となり左遷された。(劉貢父詩話)

余尚書契丹に使し、よく胡語をなす。契丹これを愛す。再び往くに及び、虜の情ますます親《した》し。余胡語の詩を作る。虜主大いに喜び、これがために觴《さかずき》を酾《あ》ぐ。還《かえ》りて坐して貶官《へんかん》せらる。

余尚書使契丹、能為胡語、契丹愛之、及再往、虜情益親、余作胡語詩、虜主大喜、為之酾觴、還坐、貶官。

▼中国の正式の使者として、夷狄に親愛の情をみせすぎ、彼らの言葉を使うのは許されぬ建前がここにあらわれている。わが国を訪れる中国の人で、日本語が達者でも、公式の席でそれを表に出さぬ場合が普通なのは、あちらの立場からは当然なのである。余靖は広東の出身、伝統的な中原の人たちの感覚からややズレていたとしても仕方あるまい。なお別の資料では彼は三回契丹を訪れ、詩を作ったのは仁宗の慶暦四年(一〇四四)といわれる。

王質《おうしつ》 待制《たいせい》・王公・質(一〇〇一—四五)

字は子野《しや》。大名《たいめい》（河北省南端）の人。宰相王旦の甥、王旭《きよく》の子。恩蔭で官途に入り、のち特別試験で進士の資格をとる。范仲淹《はんちゆうえん》の支持者。二十年間、館職におり、高級窓際族といったところ。

八〇　誠実な二代目

王質は宰相の一族だったが威張らずかざらず、貧乏を大切にしていた。王旦が詔勅起草官だったころ、家には何もなく、いつも借金しては弟達の面倒をみていた。返済期限がすぎると、乗っていた馬を引渡してカタをつけた。王質は蔵書をめくっていて、その証文を見つけ、「こうした先代のすがすがしい行いは我々もけがさないで守らなければならぬ。証文は大切にしまっておこう」と家族にみせた。また唐の顔真卿《がんしんけい》が大臣だった時、李大夫に米の援助を求めた墨跡《ぼくせき》を手にいれ、それを石に刻んで拓本をとり、親族友人たち全部に贈った。このように高雅な心を持っていたから、生涯貧乏ではなかったにも拘らず、どこでも貧苦に耐えたとの名声を得た。（墓誌）

公、相門に在りて驕《おご》らず華《はな》やかならず、貧をもって宝となす。文正舎人《しやじん》たりし時、家はなはだ虚な

公在相門、而弗驕、弗華、以貧為宝、文正作舎人時、家甚虚、

り。つねに人に金を貸《か》り、もって昆弟《こんてい》を贍《たらわ》す。期を過ぎて入《い》らざれば、乗るところの馬を輟《てつ》してもってこれを償《つぐな》う。公、家蔵の書を閲《えつ》するによりてその券を得、家人を召してこれに示して曰く、「これ前人の清風なり。われらが輩、まさに奉じて墜《おとさ》ざるべし。よろしくこれを秘蔵すべし」と。また顔魯公尚書たりし時、米を李大夫に乞いし墨《ぼく》帖《じょう》を得て、石に刻してもってこれを摸し、遍《あまね》く親と友の間に遺《おく》る。その雅尚かくのごとし。ゆえに終身貧ならざるに、至る所氷蘗《ひょうはく》の声あり。

嘗貸人金、以贍昆弟、過期不入、輟所乗馬、以償之、公因閲家蔵書、而得其券、召家人、示之曰、此前人清風、吾輩当奉而不墜、宜秘蔵之、又得顔魯公為尚書時、乞米于李大夫墨帖、刻石、以摸之、遍遺親友間、其雅尚如此、故終身不貧、所至有氷蘗声。

▼宰相や高官の子弟は恩蔭といって九品程度もしくはそれに準じる官位を与えられる。しかし彼らが高級官僚になろうとすれば、原則として科挙を受験し進士の資格をとらねばならぬ。恩蔭をもらった高官の子弟は正規の方法で科挙をパスするほかに、特別試験で進士の資格を入手できる横道もあった。王質もその一人である。しかし結局は彼も蔵書家として有名にはなりはしても、官僚としては二、三流どまりだった。氷蘗《ひょうはく》

は冷い氷や苦いきはだを食べることで、貧苦の生活にたとえる。

孫甫《そんほ》　侍《じ》読《とく》・孫公・甫（九九八―一〇五七）

字は之《し》翰《かん》。陽翟《ようてき》（河南省）の人。仁宗天聖八年（一〇三〇）の進士。文人官僚の標準コースを辿ったが、歴史とくに唐代史に詳しく、史実をふまえた諫言が得意で、最後には天子の講書官となる。

八一　高価な硯《すずり》は役立たぬ

ある人が孫甫に三十貫文もする硯を贈った。彼が「この硯は何が珍しくてそんなに高いのか」とたずねると、その人は「硯はしっとりと潤《ぬ》れた石をよしとします。この石は息をはきかけると水が流れるのです」と答えた。「一日息をはきつづけて一荷《いっか》の水がたまったとしても値段はたった三銭だ。こんなものを買っても役に立たぬ」と、孫甫はとうとう受取らなかった。（筆談）

孫之《そんし》翰《かん》、人かつて一硯《けん》の値《あたい》三十千なるを与う。孫曰く、「硯何の異ありてかくのごときの価なり

孫之翰、人嘗与一硯、直三十千、孫曰、硯有何異、而如此之価也、

や」と。客曰く、「硯は石の潤をもって賢となす。この石、これに呵すれば水流る」と。孫曰く「一日呵し、一檐《たん》の水を得るもわずかに直三銭なり。これを買いて何にか用いん」と。ついに受けず。

客曰、硯以石潤為賢、此石呵之、則水流、孫曰、一日呵、得一檐水、纔直三銭、買此何用、竟不受。

陳摶《ちんたん》　希夷《きい》・陳先生・摶（不詳―九八九）

字は図南《となん》。亳州《はくしゅう》（安徽省北部）の人。五代後唐《こうとう》の時科挙に失敗。湖北省西北の武当《ぶとう》山《ざん》に二十年間こもって道術を体得。のち陝西の華山にうつる。後周の世宗、宋の太宗に尊崇され、それぞれ白雲先生、希夷先生の号を賜った。百日間鍵のかかった部屋を一歩も出なかったという風な神話に囲まれ、皇帝が時として指教を乞う一種のカリスマ的存在となっていた。

八二　柳の下にどじょうはいない

陳摶《ちんたん》が太宗のお召しによって都へやって来ると、士大夫たちは彼のところへ行って何か役に立つ話をきこうとした。陳の「気にいった場所にいつまでもひきずられるな。うまくいった所には二度と足をむけるな」という言葉をきき、人々はなるほど至言《しげん》だ

と思った。（倦遊《けんゆう》雑録）

陳摶《ちんたん》詔をこうむり、闕下《けつか》に至る、まま士大夫その止《とど》まる所に至り、善言を聞きてもってみずから規《き》誨《かい》せんことを願うあり。陳曰く、「優好の所、久しく恋うるなかれ。志を得るの処《ところ》再び往くなかれ」と。聞く者もって至言と謂《い》う。

陳摶被詔、至闕下、間有士大夫、詣其所止、願聞善言、以自規誨、陳曰、優好之所、勿久恋、得志之処、勿再往、聞者以謂至言。

▼陳摶《ちんたん》の道教ともかかわる易学《えきがく》、数学、暦《こよみ》、天体などの学術は、穆脩《ぼくしゅう》（伯長）、李之《りし》才《さい》（挺之《ていし》）、邵雍《しょうよう》（尭夫《ぎょうふ》）、种放《ちゅうほう》などに伝えられていった。『言行録』のこの巻では、陳摶のあとにそうした隠棲《いんせい》の君子の話が一人ずつ記されている。

胡瑗《こえん》　安定・胡先生・瑗（九九三―一〇五九）

字は翼之《よくし》。泰州《たいしゅう》（江蘇省北部）の人。科挙に落第をつづけ、その間山東の泰《たい》山で孫《そん》復《ふく》（明復《めいふく》）、石介《せきかい》（徂徠《そらい》）らと学問にはげむ。浙江省湖州で私塾をひらいて成功。仁宗の慶暦年間、全国州県に学校が設けられた時、彼の実績がモデルにされた。

八三　これぞ学者のかがみ

胡瑗《こえん》が御講書掛として都へ召された時、まず、閤門《こうもん》で慣例通り宮中儀礼のリハーサルをしなければならなかった。彼は「自分が平生読んでいる書物はすべて君につかえる事柄に関するものばかりである。わざわざ練習する必要はない」ときかない。閤門《こうもん》の官が上奏し、おかみは都に来る船の中でも習わせようとされたが、瑗《えん》は固く断り、おかみもそれ以上強制されなかった。人びとはみな「田舎者が、きっと失敗するだろうに」と思っていた。いざ皇帝に謁見すると、大いに御意《ぎょい》に称《かな》い、仁宗は、「胡瑗の挙措《きょそ》動作はことごとく古《いにしえ》の礼に合致している」とおそばの者に話された。（曾孫滌《てき》の記する所）

侍講《じこう》、召対にあたり、例としてすべからくさきに閤門に就《つ》きて儀を習うべきなり。侍講曰く、「われ平生読むところの書は、すなわち君に事《つか》うるの礼なり。何をもってか習わん」と。閤門奏す。上舟次《しゅうじ》につきてこれを習わしめんとす。侍講固辞し、

侍講当召対、例須先就閤門習儀、侍講曰、吾平生所読書、即事君之礼也、何以習為、閤門奏、上亦令就舟次習之、侍講固辞、上亦不之強、卒許之、人皆謂、山野

上もまたこれを強《し》いず、ついにこれを許す。みなおもえらく、「山野の人、かならず儀を失せん」と。登対に及び、すなわち大いに旨《むね》に称《かな》う。上、左右に謂《い》いて曰く、「胡瑗、進退周旋《しゅうせん》、あげて古の礼に合せり」と。

之人、必失儀、及登対、乃大称旨、上謂左右曰、胡瑗進退周旋、挙合古礼。

▼胡瑗の私塾は私立総合大学のようなもので、彼自身は十年間、家との音信も断って勉学にはげみ、またそれを実践したというからかなりアカデミックな学者だった。しかし一方で湖学には治道（政治術）、治兵、治民、水利、算数などの分科があったようで、またここで学んだ者に科挙合格者が多く、弟子が各地方に散って教育に携わったともいわれ、功利的側面も強かった。いずれにせよ、唐代以来発展して来た江南の富と人材が、こうした形で黄河中流域の宋政府に入ってきたことは注意すべきであり、それが次の王安石時代の南人の活躍につながってゆく。

孫復《そんふく》　泰山《たいざん》・孫先生・復（九九二―一〇五七）

字は明復。平陽（山西省）の人。科挙に通れず山東の泰山で「春秋《しゅんじゅう》学」にうちこむ。儒学者として高い評価をうけ、五十一歳になって宰相利迪《りてき》の姪をおしつけられるほどだった。胡瑗と同じ釜のめしを食べたこともあるが、のち対立。開封の国子監（国立大学）の教授をも務めた。

八四　落着いて勉学にいそしめ

范仲淹が睢陽《すいよう》（河南省）で学校をも管轄していた時、孫秀才なる男がふらりと訪れ、路銀をせびって目通りを願った。仲淹は一貫文の銅銭をわたした。翌年また睢陽を通り、再び仲淹に会うと、彼はさらに十貫を与えながら、「君はなぜいつも旅をしているのか」とたずねた。孫は悲しそうに表情をかえ「老いた母親に十分孝養がつくせません。せめて毎日百銭あればうまい物が食べさせられますのに」と答えた。范仲淹が、「わしのみるところ君の応答は、ただの物乞いではない。二年の間、そんなことをしていると、幾らにもならないのに、学問はすっかりお留守になるだろう。わしが君を学校の仕事に傭い、月々三貫文もらって母親に食べさせれば、君は落着いて学問できるかな」とたずねると、孫はたいへん喜んだ。そこで『春秋《しゅんじゅう》』を学ばせると彼は昼夜を忘れて熱心にとりくみ、行為動作もきちんとしていたため、仲淹は非常に目をかけてやった。翌年、仲淹が睢陽を離れると、孫も職を辞した。仲淹が帰って後十年をへて、泰山のふもとに孫明復《そんめいふく》なる先生がいて『春秋』を学生に教え、人徳は高邁《こうまい》であるという評判がたった。朝廷がお召しになってやって来ると、何と昔、路銀をねだった孫秀才だった。（東軒筆録）

范文正睢陽《すいよう》にあり、学を掌《つかさど》る。孫秀才なる者あり、遊《ゆう》を索《もと》めて上謁《じょうえつ》す。文正銭一千を贈る。明年、孫生また睢陽に道し、文正に謁《えつ》す。また十千を贈り、よりて問う。「何すれぞ道路に汲々たるや」と。孫生戚然《せきぜん》として色を動かして曰く、「母老い、もって養うなし。もし日に百銭を得れば甘旨《かんし》足らん」と。文正曰く、「われ子の辞気を観るに、乞《こつ》客《きゃく》にあらざるなり。二年僕々《ぼくぼく》として得るところ幾《いく》何《ばく》ぞ。しこうして学を廃する多からん。われいま子を補して学職となし、月に三千を得てもって養に供すべくんば、子よく学に安んぜんか」と。孫生大いに喜ぶ。ここにおいて授くるに春秋をもっ

范文正在睢陽、掌学、有孫秀才者、索遊上謁、文正贈銭一千、明年、孫生復道睢陽、謁文正、又贈十千、因問、何為汲汲於道路、孫生戚然動色曰、母老無以養、若日得百銭、則甘旨足矣、文正曰、吾観子辞気、非乞客也、二年僕僕所得幾何、而廃学多矣、吾今補子為学職、月可得三千、以供養、子能安於学乎、孫生大喜、於是、授以春秋、而孫生篤学、不捨昼夜、行復脩謹、文正

てす。孫生篤く学び昼夜を捨てず、行もまた脩謹《しゅうきん》なれば、文正はなはだこれを愛す。明年、文正睢《すい》陽《よう》を去る。孫もまた辞す。帰りてのち十年、泰山の下に孫明復先生あり、春秋をもって学ぶ者に教授し、道徳高邁なりと聞く。朝廷召して至れば、すなわち昔日遊を索《もと》めし孫秀才なり。

甚愛之、明年、文正去睢陽、孫亦辞、帰後十年、聞泰山下有孫明復先生、以春秋教授学者、道徳高邁、朝廷召至、乃昔日索遊孫秀才也。

石介《せきかい》　徂徠《そらい》・石先生・介（一〇〇五―四五）　字は守道《しゅどう》。兗州《えんしゅう》（山東省）の人。天聖七年（一〇二九）の進士。必ずしも隠者でないが奇行が多く、両親の喪《も》に服すといって、徂徠《そらい》山（山東）の下で百姓をやり、「易《えき》学《がく》」を教授したりした。

八五　調子にのってお先棒

慶暦三年（一〇四三）呂夷簡《りょいかん》が宰相を罷め、夏竦《かしょう》は枢密使を辞し、杜衍《とえん》、章得象《しょうとくしょう》、晏殊《あんしゅ》、賈昌朝《かしょうちょう》、范仲淹、富弼《ふひつ》、韓琦らがともに政治の中枢にたち、欧陽脩、余靖《よせい》、王素と蔡襄《さいじょう》がいずれも諫官となった。喜んだ石介は、「これはめでたい事だ。歌を作るはわしの専門、だまってはいられない」と、「慶暦聖徳詩《けいれきせいとくし》」を書いた。その一節に、「賢人たちは茅《ちがや》の根の相つらなるように次々と進み、悪者どもは距《けづめ》を脱《ぬ》きとったように力を失う」という文句があった。賢人たちとは杜衍らをいい、悪人とは竦《しょう》を指している。詩が公表されようとした時、師匠の孫明復がそれを見て、「おまえの不幸はこれより始まる」と言ったため、石介は不安に駆られ、中央を離れて濮州《ぼくしゅう》（山東）の副知事に出ていった。（澠水燕談《じょうすいえんだん》）

慶暦三年、呂夷簡罷相、夏竦罷枢密使、而杜衍章得象晏殊賈昌朝范仲淹富弼韓琦、同時執政、欧陽脩余靖王素蔡襄、並為諫官、先生喜曰、此盛事也、歌頌吾職、其可已乎、乃作慶暦聖徳詩、略曰、衆賢之進、如茅斯抜、大姦之去、如距斯脱、衆賢謂衍等、大姦斥竦也、詩且出、泰山先生

慶暦三年、呂夷簡相を罷め、夏竦《かしょう》枢密使を罷む。杜衍《とえん》、章得象《しょうとくしょう》、晏殊《あんしゅ》、賈昌朝《かしょうちょう》、范仲淹、富弼《ふひつ》、韓琦《かんき》、同時に政を執る。欧陽脩、余靖、王素、蔡襄ならびて諫官となる。先生喜びて曰く、「これ盛事なり。歌頌《かしょう》はわが職。それやむべけんや」と。すなわち慶暦聖徳の詩を作る。略に曰く、「衆賢の進むや、茅《ぼう》のこれ抜けるがごとく、大姦の去るや、距《きょ》のこれ脱するがごとし」と。衆賢は衍らを謂《い》い、大姦は竦《しょう》を斥《さ》すなり。詩まさに出でんとし

て泰山先生これを見て曰く、「子の禍《わざわい》これに始まらん」。先生自から安んぜず、出づるを求めて濮《ぼく》州《しゅう》に通判《つうはん》たり。

見之、曰、子禍始於此矣、先生不自安、求出、通判濮州。

▼仁宗「慶暦の治」のことはこれまで何回かふれた。呂夷簡と夏竦《かしょう》がいわば実務派、官僚派で悪役、韓琦、范仲淹、欧陽脩らが理想派、党人派で善玉に区分され、前者が小人、後者が君子という形になる。現実には両派はそう明確に分けられるものでもなく、善悪も一方の立場からの評価にすぎない。ただ『名臣言行録』とか宋代の士大夫の意識のたてまえからいうと、これが衆聖と大姦になるのだが、石介も提灯持ちで安心しているわけにゆかず、まき返しを恐れて早々に身の安全をはかるほど、実務派の力は決して弱いものではなかった。

蘇洵《そじゅん》　老蘇《ろうそ》先生・洵（一〇〇九―六六）

字は明允《めいいん》。眉山《びざん》（四川）の人。仁宗末の嘉祐《かゆう》年間、欧陽脩、韓琦らの推薦を受けて一躍有名になり、蘇軾《そしょく》（東坡《とうば》）、蘇轍《そてつ》の二人の息子とともに都にきて、士大夫社会に蘇氏ブームをまきおこした。文章にすぐれ、日本でもよく読まれた『唐宋八家文』の中には洵《じゅん》、軾《しょく》、轍《てつ》三人とも入っている。洵を老蘇、軾を大蘇、轍を小蘇と別称する。

八六　先見の明《めい》

嘉祐の初年、王安石の名声は一気に高まり、誰も彼もがよしみを通じたがった。欧陽脩もまた安石を評価し、蘇洵に交際をすすめ、安石の方でもそれを望んだ。洵はしかし、「わしは彼を知っている。人の情《こころ》にそぐわない男で、世に災をもたらすであろう」と断った。安石の母親が亡くなり、士大夫たちすべてが弔問に出かけても、蘇洵だけはいかず、「弁姦《べんかん》」の一文を書いた。洵が死んで三年たち、王安石が政権を握ると、彼の言ったことが証明された。(墓表)

嘉祐初め、王安石の名はじめて盛んなり。党友一時を傾く。欧陽脩もまたこれを善《よ》しとし、先生にこれと遊ばんことを勧《すす》む。安石もまた先生に交わるを願えり。先生曰く、「吾れその人を知る。これ人の情に近からざるもの、天下の患とならざること鮮《すくな》し」と。安石の母死し、士大夫みな弔《とぶら》うも、

嘉祐初、王安石名始盛、党友傾一時、欧陽脩亦善之、勧先生与之遊、而安石亦願交於先生、先生曰、吾知其人矣、是不近人情者、鮮不為天下患、安石之母死、士大夫皆吊、先生独不往、作弁

先生ひとり往《ゆ》かず、弁姦の一篇を作る。先生すでに没して三年、安石事を用い、その言すなわち信あり。

姦一篇、先生既没三年、而安石用事、其言乃信。

▼仁宗にたてまつった王安石の建白書は俗に「万言の書」と呼ばれ、文体、内容とも現在読んでも見事なできばえである。詩と文に通じ、地方官としても画期的な才能をみせ、しかも清廉で中央の要職に見向きもせぬ。こうした王安石に人々が注目したのは無理もない。その王安石の前途を占って反対した人は数人にすぎなかったが、「弁《べん》姦論《かんろん》」に自分の真意を託した蘇洵と、『三朝名臣言行録』の終わりに登場する邵雍《しょうよう》はその代表といえる。

第二部　三朝名臣言行録

第一章　英宗――薄命の皇帝

北宋第五代の皇帝英宗《えいそう》は本名を趙曙《ちょうしょ》というが、その治世は僅か四年（一〇六四―六七）で、年号も治平一つにすぎぬ。仁宗は男児に恵まれず、従弟濮王允譲《いとこぼくおういんじょう》の子供である曙を宮中で養育し、散々もめたあげく、治世も末近い嘉祐七年になってやっと皇太子に立てた。神経質で虚弱な英宗は、仁宗皇后の曹氏《そうし》との確執や、濮議《ぼくぎ》などで心労を重ね、満足に政務をとらずに三十六歳で崩御する。英宗時代の最大事件は濮議と呼ばれる論戦だった。要は、英宗の実父濮王允譲をどう公式に呼ぶかという問題にすぎないのだが、ことが「礼制《れいせい》」とかかわり、儒教イデオロギーの基本に触れるため、中央、地方をまきこみ、天下を二分する大論争に発展した。その背後には、対西夏《せいか》戦を引金とする財政の悪化、国内不安の増大から、人々の目をそらせる作為も含まれていた。韓琦《かんき》、欧陽脩《おうようしゅう》らを中心とする宰相派は「皇考《こうこう》」、司馬光、范鎮《はんちん》、呂誨《りょかい》らの台諫派は「皇伯《こうはく》」を主張してゆずらず、半年以上の大さわぎの結果、皇太后の裁定で単に「皇」と呼ぶことに落着いた。しかしこの論争で、韓琦、欧陽脩ら前代からの有力者たちの指導力の低下が明らかとなり、次の王安石登場への道がひらかれるのである。
なお『名臣言行録』はここから後篇にあたる『三朝名臣言行録』とタイトルをかえる。先に「五朝」という以上、英宗時代は当然そちらに含まれるべきだが、実際にはそうならず、「三朝」の方に入れられているわけで、やはり不統一の感はまぬがれぬ。

韓琦《かんき》　丞相・魏《ぎ》国・韓忠献王・琦（一〇〇八―七五）
字は稚圭《ちけい》。相州安陽《そうしゆうあんよう》（河南）の人、天聖五年（一〇二七）の科挙次席。仁宗末の嘉祐三年（一〇五八）宰相位につき、以後十年間、引続いてその地位にあった。英宗の擁立に力を注ぎ、第五代皇帝としての在位四年の間、常にその側《かたわら》にいて絶大な権力を振るう。『名臣言行録』は一巻すべてを彼のために費やし、その記事は一三三条とほかとかけ離れて多い。殷墟《いんきよ》に近い、河南省北端の安陽に居を構え、呂《りよ》氏とともに、宋代新官僚の名家の一つとして、巨大な勢力を内外に扶植《ふしよく》していた。王安石の青苗法《せいびようほう》に対し猛然たる反対運動を展開したのも彼である。

八七　陽の当たらぬ場所でも不平を言わず

韓琦は大蔵省の財庫管理官となった。当時、優秀な成績で科挙に合格した上流の子弟は、すぐに陽の当たる場所に進むのが普通だった。彼はひとりうだつのあがらぬ財庫管理にとどまり、人々の同情をよそに、平然とその職をつとめて卑下せず、職事を露ほどもおろそかにしなかった。宮中から財貨をもとめられる折には、いつも、宦官が皇帝の命令書を財庫に下し、書類捺印などの証拠が残っていない。韓琦は「天禧《てんぎ》年間、そのため伝宣合同《でんせんごうどう》なる部局を設け、不正なきよう厳重にとりしきった。官物は、この部局の認可証がなければ支給されない。その後、良い加減に慣れ、廃止されたままになっている。旧制に戻されるよう」と上奏し、裁可の詔勅を得た。以前には財庫出納を監視する宦官が一人いた。漕運《そううん》の船団が到着すると、監視の宦官がきて、はじめて受納が行われた。宦官はしばしば幾日もやって来ず、その間財貨は廊下などに積みっ放し、遠くから来た運送責任者たちは長逗留に難儀した。彼は上奏してこれをやめさせた。災傷の地方から送納されてくる財貨で、規定通りでない物は、無理にでも交換徴収するのが通例だったが、彼はその削減を請願した。(家伝)

監左蔵庫《かんさぞうこ》たり、時に貴に方《なら》び高科なれば、多く径《ただ》ちに去《ゆ》きて顕職と為る。公、独り筦庫《かんこ》に滞《とど》まる。衆以って宜しきに非ずと為すも、公、之に処《お》りて

監左蔵庫、時方貴高科、多径去為顕職、公独滞於筦庫、衆以為非宜、公処之自若、不以為卑冗、

自若《じじゃく》、以って卑冗《ひじょう》と為さず、職事もまた未《いま》だ嘗つて苟且《こうしょ》せず。禁中、金帛《きんぱく》を須索《しゅさく》するに、皆、内臣直《ただ》ちに聖旨に批して庫に下せば、印記の以って考験すべきなし。公、奏して曰く、「天禧中、嘗つて専ら伝宣合同《でんせんごうどう》の一司を置く。関防甚だ厳なり。官物、合同の憑由《ひょうゆ》を得るに非《あら》ざれば、給すべからず。後、相習いて弊を為し、廃して行われず。旧制に復さんことを願う」と。詔してこれに従う。旧監秤《もとかんしょう》の内臣一員あり。綱運至れば、必ず監秤を俟《ま》ちて始めて受納を得たり。内臣往々、数日至らず。宝貨皆廊廡《ろうぶ》に暴露し、遠方の衙校《がこう》稽留に苦しむ。公奏してこれを罷む。災傷の州郡輸する所の物帛、度の如《ごと》からざる者は例としてなお追剝す。公請うてこれを蠲《けん》ず。

職事亦未嘗苟且、禁中須索金帛、皆内臣直批聖旨、下庫、無印記可以考験、公奏曰、天禧中、嘗専置伝宣合同一司、関防甚厳、官物非得合同憑由、不可給、後相習為弊、廃而不行、願復旧制、詔、従之、旧有監秤内臣一員、綱運至、必俟監秤、始得受納、内臣往往数日不至、宝貨皆暴露廊廡、遠方衙校、苦於稽留、公奏罷之、災傷州郡所輸物帛、不如度者、例猶追剝、公請蠲之。

▼若い時代の実務官僚として腕をふるった、韓琦の姿がスケッチされている。宋代の官員は、州県の知事など直接農民に接する親民官《しんみんかん》と、いわゆる教化に関係が薄く、貨

幣、財務を主に扱う監当官《かんとうかん》に大別される。後者はとかく前者の下風におかれた。ここでいう左蔵庫は、皇帝直属の財庫内蔵庫《ないぞうこ》に対する三司（大蔵省）の財庫。その管理責任者は監当官に入る。また宋代に要所に配置された宦官の動きもこの記事からうかがえる。本文の衙校《がこう》は衙前《がぜん》と軍校の略語で、地方から大運河（汴河《べんが》）などを通って国都開封に船運されてくる税物の管理にあたる。富裕な農民あるいは専門化した旧軍人などからなる。こうした運搬がうまくゆかぬと賠償責任が彼らに課せられ、特に衙前にそれがはげしく、のちの王安石の改革の一つの焦点ともなった。ここでも、宦官のチェックをめぐって都に来て苦労する彼らの姿が垣間《かいま》みられる。

八八　下役《したやく》にまかせずに陣頭指揮

中書《せいふ》では旧来の陋習《ろうしゅう》に慣れ、事あるごとに必ず先例を用いる。五房の胥吏《じむきょくしょり》たちは自在に先例を操り、袖の下に応じて取捨は意のまま。してやろうと思えば根拠なしにでもそれを使い、やりたくなければ先例を秘匿《ひとく》して表に出さぬ。韓琦《かんき》は五房の先例と刑房の断例をとりまとめ、冗漫・誤謬で使うべきでないものを削除し、綱目《こうもく》を作り、分類順序だてた。これを厳封して大切に取扱い、先例を使う時には必ず自分で閲覧した。

これにより、人々は始めて賞罰や事の可否は宰相から出、五房の胥吏が中間で勝手できぬことを知るようになった。また中書の機密重要事項を枢密院と同様に編修した。全国の胥吏の職務を一斉に督察し、中央諸官庁では、不適任者や権力をかさに勝手きままに振舞う者どもをしらべあげ、罪があればゆるさず、たるんだ風紀のこらしめとした。ひそかに宦官《かんがん》の権力を弱め、また皇族の地方官への試験任用や、学校を興して科挙制度を変更、あるいは華北地域の科挙受験者を別に試験するなどの諸策は、この時は実施されなかったが、のちに大部分が彼の言う通りとなった。（行状）

中書旧弊に習い、事ごとに必ず例を用う。五房の吏、例を操ること手に在り、金銭を顧《おも》い、惟《ただ》意の去取する所なり。与えんと欲する所は白挙これを用い、行うを欲せざる所はあるいは例を匿して見《あらわ》さず。公、五房の例および刑房の断例を刪取《さんしゅ》せしめ、その冗謬《じょうびゅう》用うべからざる者を除き、綱目を為《つく》り、これを類次す。封縢《ふうとう》して謹掌し、例を用うるごとに必ずみずから閲す。これより人始めて賞

中書習旧敝、毎事必用例、五房吏操例在手、顧金銭、惟意所去取、所欲与、白挙用之、所不欲行、或匿例不見、公令刪取五房例及刑房断例、除其冗謬不可用者、為綱目、類次之、封縢謹掌、毎用例、必自閲、自是人始知賞罰可否、出宰相、五房吏不得高

罰・可否の宰相より出で、五房の吏その間に高下するを得ざることを知る。また、中書の機要を編ずること枢密院のごとし。挙げて天下の吏職を督し、京百司《けいひゃくし》を厳にして、不職なる者および貴臣の挟持放縦《きょうじほうしょう》を察し、罪あらば貸《ゆる》す所なく、もって廃弛の風を懲《こ》らす。陰かに宦者の権を消し、また宗室を外官に試補し、学校を興し科挙を変え、別に五路の貢士を考せんとす。行われずといえども、その後すこぶるその説のごとし。

下于其間、又編中書機要、如枢密院、挙督天下吏職、厳京百司、察不職者及貴臣挾持放縦、有罪無所貸、以懲廃弛之風、陰消宦者権、又試補宗室外官、興学校、変科挙、別考五路貢士、雖不行、其後頗如其説。

▼科挙出身の文人官僚たちは、行政、司法などの専門知識がない方が普通である。しかし、地方官見習いからはじまり、中央高官に達するまでに、そうした習練ができるはずというたてまえだった。ただ、実際は、ここに見られるように、先例、条制などに詳しい胥吏《しょり》と総称される事務官グループが勝手にことを運ぶのが普通だった。五房は中書五房といって現在でいえば内閣官房にあたり、中書《せいふ》の事務処理のために数多くの胥吏が勤務していた。

八九　人はやめさせにくいもの

韓琦《かんき》は進退に関して、「選択がむずかしい場に立たされた時は、強引にことを進めてあとにしこりを残してはいけない」と語った。彼は新任の副宰相が或る人を任用したのを聞くたびに、「上に引きあげるのはたやすいが、降格させるのはむずかしい」と歎息した。（遺事）

公、進退を論ずるに因りて曰《いわ》く、「去就の難に処《お》る者は猛にして迹《あと》あるべからず」と。公新執政、一人を用うるを聞くごとに、歎じて曰く「放上は易《やさ》しく、放下は難し」と。

公因論進退曰、処去就之難者、不可猛而有迹、公毎聞新執政用一人、歎曰、放上則易、放下則難。

▼新任の副宰相とは王安石を指し、暗にその部下を非難している。

九〇　世の評判はむずかしい

韓琦《かんき》は次のように語った。「仁宗の廟《みたまや》に誰を陪祀《ばいし》するか議論がでると、朝論はすべて王曾《おうそう》にくみし、呂夷簡《りょいかん》を捨てた。誠意《まごころ》が欺くことができぬこと、この通りである」と。またこのようにも言われた。「丁謂《ていい》、寇準《こうじゅん》が朝廷にいた頃、何か善いことがあればそれは必ずしも準から出たものではないのに、すべて寇準のおかげとされた。何か悪いことがあれば、必ずしも丁謂のせいではないのに、すべて彼に罪を帰せられた。天下の善悪が先を争ってこのどちらかへ帰着するようになってしまう。身を修め誠意を涵養《かんよう》しておく心がけは怠ってはならない」。さらに次のような言葉もある。「王曾《おうそう》は宰相として、その仕事についてみれば、とりたてていうものとてないが、その人となりとなると世間では賢明な宰相と信じこまれている」。呂夷簡《りょいかん》は人事については自信があり、誰もが彼の恩義にあずかった。当時の人士は、すべて彼の言いなりになったが、欧陽脩《おうようしゅう》、范仲淹《はんちゅうえん》、尹洙《いんしゅ》だけはとりこんでみてはのがし、結局その言いなりにならなかった」。（遺事）

公嘗つて曰く、「仁廟配饗《はいきょう》を議するに、清議みな　　公嘗言、仁廟議配饗、清議皆与沂公《きこう》に与し、申公《しんこう》に与《くみ》せず。誠意の欺くべからざることかくのごとし」と。また曰く、「頃時《さきごろ》、丁・寇朝に立つ。天下一善事を聞かば、みなこれを萊公《らいこう》に帰す。いまだ必ずしも尽《ことごと》くは萊公に出でざるなり。一不善の事を聞かば、みなこれを晋公《しんこう》に帰す。いまだ必ずしも尽くは晋公に出でざるなり。けだし、天下の善悪、争いてこれに帰す。人の身を修め誠意を養うこと、謹まざるべからず」。また曰く、「沂公相となる。その事を論ずれば数うべき者なきも、その人を論ずれば、天下これを信じ賢宰相と為す」。また曰く、「申公は賢を進むるをもって自任し、恩は己《おのれ》に帰す。時士みなその籠絡《ろうらく》に出《い》づ。ひとり欧・范・尹はしばらく収まりしばらくこれを失い、終にその籠絡を受けず」。

沂公、不与申公、誠意不可欺如此、又曰、頃時、丁寇立朝、天下聞一善、事、皆帰之萊公、未必尽出萊公也、聞一不善事、皆帰之晋公、未必尽出晋公也、蓋天下之善悪、争帰焉、人之修身養誠意、不可不謹、又曰、沂公為相、論其事、則無可数者、論其人、則天下信之、為賢宰相、又曰、申公以進賢自任、恩帰於已、時士皆出其籠絡、独欧范尹、旋収旋失之、終不受其籠絡。

▼その人物の実際の力と世間の評価が喰い違うことはよくみられるところだし、それはそれで理由のないわけではないが、ひとたび輿論《よろん》という形でそれが固まってしまう

と、それが一人歩きして動かしにくいものである。学者などの世界でもマスコミなどでにぎにぎしくもてはやされる人たちが、本当の意味での学究や研究者である例は実は極めて稀なのではなかろうか。配享《はいきょう》とは、各皇帝の廟《みたまや》に、その時代に最も功績のあった臣下を文、武計二、三人を陪祀《あわせまつ》ることで、臣下にとって最大の名誉となる。仁宗の陪祀はここにある議論にもかかわらず文官は王曾と呂夷簡の二人、武官は曹瑋《そうい》だった。

九一　実力者のひとこと

韓公が言われた。「欧陽脩と曾公亮《そうこうりょう》が一緒に政府にいた。欧は本来心がせまく、曾の方はこせこせした人物。議論のたびに声をあららげて相手を攻撃し、収拾がつかなくなる。わたしはいっさい話に入らず、感情がおさまるのをまって、おもむろに一言で裁決を下すと、二人はすべて承伏したものだ」。（遺事）

公言えらく、「欧・曾ともに両府に在り。欧は性もとより編《へん》、曾はすなわち齷齪《あくせく》。事を議するごと

公言、欧曾同在両府、欧性素編、曾則齷齪、毎議事、至厲声相攻、

に声を厲《はげ》まし相い攻め、解くべからざるに至る。公いっさい問わず。その気定まるを俟ちて、徐ろに一言をもってこれを可否す。二公みな伏す」。

不可解、公一切不問、俟其気定、徐以一言、可否之、二公皆伏。

▼当時飛ぶ鳥も落とす勢いの韓琦《かんき》の前では、現在では彼より遥かに有名な文豪欧陽脩もカタなしである。『名臣言行録』のその本人の条では欠点が書かれることは少ないが、他の人のところで時々本音がきかれる。しかしそれも後に編集された普及版では削除される場合が多い。両府は中書と枢密。

九二　若い時は清潔に

韓公が言われた。「学問を始め、自己《じこ》をみがく時は、金玉《きんぎょく》のようにあるべきだ。ホンの少しの汚れをも受けないではじめてよしとする。できあがった段階になると、汚れを受けてもそこなうことがなくなってくる。そうでないと人の器量というものがなくなる」。（遺事）

公言えらく、「学を始め己《おのれ》を行うには、まさに金玉のごとくあるべし。微塵《みじん》の汚れを受けずしてはじめて是《ぜ》なり。その成徳に及びては、受くる所あるもまた害《そこな》わざる所の者あり。しからずんば容なし」。

公言、始学行己、当如金玉、不受微塵之汚、方是、及其成徳、有所受、亦有所不害者、不然、無容矣。

▼とりようによっては色々に解釈できる。「お金は貰う時には汚いものでも、出る時にきれいであればそれでよい」という意味のことをいった日本の政治家がいたが、何となくそれを思い出させる。徳の成った者とは、どこで誰が評価するかが問題なのである。

九三　視野を大きくもて

韓公は平生、今をときめく諸公を論じて、みな天下を治めるには足りぬと評価していた。「才智器量のある者はオールマイティであるべきだ。四面どの方向にも当たれる必要がある。大きい粗いことも、小さい細かいこともできて、はじめて天下の事業

をとりしきれる。いまは一面しか当たることのできぬ才能の者ばかりだ」。（遺事）

公、平日、時望の諸公を論ずるに、みな経綸《けいりん》をもってこれを許さず。謂《い》えらく「才器は須《すべ》からく周《あま》ねかるべし。四面に当たるべし。麁《そ》に入り細に入りてすなわち事業を経綸す。いまはみな一面に当つべきの才なり」。

公平日論時望諸公、皆不以経綸許之、謂、才器須周、可当四面、入麁入細、乃経綸事業、今皆可当一面才也。

▼宋代は宋代なりにやはり管理社会が進行していた。現代の受験システムで育った秀才たちは、目前の実効ある事柄以外、興味と関心を示さぬ場合が多いが、それでは韓琦の言うように、経綸の才とはほど遠かろう。

富弼《ふひつ》　丞相・韓国《かんこく》・富文忠公・弼（一〇〇四―八三）

字は彦国《げんこく》。洛陽の出身。天聖八年（一〇三〇）、制科《せいか》と呼ばれる特別採用試験に合格して官途につく。仁宗後半の至和二年（一〇五五）から五年半、さきの韓琦の同僚として宰相の地位にあった。彼もまた、のちに王安石の新法に反対し、山東省青州の知事として青苗法実施に頑強に反対した。元老として重きをなした人物だが、必ずしも個性が直接表に出るタイプではなく、中国風大人の趣がある。

九四　国士といわれる人物

富弼《ふひつ》が最初科挙の受験勉強をしていた頃、穆脩《ぼくしゅう》（伯長）は彼にいった。「進士などは君の才能を発揮するところではない。制科《せいか》でもって世に名をあげるべきだ」。果たして弼は礼部の試験に落第した。この時、父富言《ふげん》が耀州《ようしゅう》（陝西省）の官員だったので、弼は西を指して帰り、陝州《せんしゅう》で宿をとった。范仲淹《はんちゅうえん》が人をやって弼を追い、「勅旨で制科をもって士を取る由、すみやかに戻られよ」と伝えた。京師《みやこ》に還った弼は仲淹に会い、「制科のための勉強は少しもしていませんので」と辞退した。仲淹は「すでに諸公とともに君を推薦した。とうの昔から君のため一部屋あけ、制科のための書物いっさいを準備してある。そこへいってとまりなさい」と話した。当時、宰相晏殊《あんしゅ》が娘の相手を仲淹に求めていた。「お嬢さんが官員と結婚されるなら私の知ったことではありません。どうしても国中にならびなき人物を御所望なら、富弼に勝る者はございません」と仲淹は答えた。晏殊は富弼を一目みて大いに気にいり、すぐさま婚儀《はなし》をまとめた。弼はそのまま賢良方正科《けんりょうほうせいか》（制科）に合格した。（聞見録）

富韓公初め場屋に遊ぶ。穆脩《ぼくしゅう》（伯長）これに謂いて曰く、「進士はもって子《し》の才を尽すに足らず。まさに大科をもって世に名あるべし」と。公果して礼部の試下《お》つ。時に太師公耀州に官たり。公西帰して陝に次《やど》る。范文正公人をして公を追わしめて曰く、「旨有り、大科をもって士を取ると。すみやかに還るべし」。公また京師に還り、文正に見《まみ》え、辞するにいまだかつてこの学を為《な》さざるをもってす。文正曰く、「すでに諸公とともに君を薦む。久しく君がために一室を闢《ひら》く。みな大科の文字なり。往きて館に就くべし」と。時に晏元献公相となり、婚を文正に求む。文正曰く、「公の女もし官人に嫁せんとすれば、仲淹あえて知らず。必ず国士を求めらるれば、富弼《ふひつ》にしく者なし」。元献公を一見して大いにこれを愛重し、ただちに

富韓公、初遊場屋、穆脩伯長謂之曰、進士不足以尽子之才、当以大科名世、公果礼部試下、時太師公官耀州、公西帰、次陝、范文正公、遣人追公、曰、有旨、以大科取士、可亟還、公復還京師、見文正、辞以未嘗為此学、文正曰、已同諸公、薦君矣、久為君闢一室、皆大科文字、可往就館、時晏元献公為相、求婚於文正、文正曰、公女若嫁官人、仲淹不敢知、必求国士、無如富弼者、元献一見公、大愛重之、即議婚、公遂以賢良方正、登第。

婚を議す。公ついに賢良方正をもって第に登る。

▼制科はある意味では科挙より厳しく、特別試験は皇帝のお声がかり、つまり制旨《せいし》で行われる。その合格者は北宋全部でも数えるほどであった。ただその科目の名称だけは非常に多く、賢良方正とか能直言極諫、あるいは茂《も》才異《さいい》等《とう》科などが良く知られる。富弼は茂才異等科として特に一人だけ採用されている（後に賢良方正科とあるのは正しくない）。穆脩はさきに出た古文運動の旗手。宋代の新士大夫たちは、競って優秀な進士と婚姻関係を結ぼうとした。それにより、唐以前の家柄による結婚の意識にかわり、新しい官僚同士の結びつきができ、また地縁同郷や、科挙の同期の意識が加わって朋党、派閥が生ずる。

九五　沈黙は金《きん》

劉安世《りゅうあんせい》がいった。八十歳の富弼は座所の屏風に次のように書いている。「口を守ること瓶《かめ》のように、意《こころ》を防ぐこと城のように」。（晁氏《ちょうし》客語）

劉器之《きし》云う。富鄭公年八十。座屛に書して云う。「口を守ること瓶の如く、意を防ぐこと城の如し」。　劉器之云、富鄭公年八十、書座屛云、守口如瓶、防意如城。

▼中国の政界はすでに宋代でも「複雑怪奇」だった。口は災いのもと、この国で政治家として成功する秘訣がここに凝集しているともとれる。

欧陽脩《おうようしゅう》　参政・欧陽文忠公・脩（一〇〇七―七二）

字は永叔《えいしゅく》。吉州《きっしゅう》盧陵《ろりょう》（江西省）の人。天聖八年（一〇三〇）の進士。エリートコースを順調に進み、仁宗後半期、八年の長きにわたって翰林学士《かんりんがくし》（詔勅起草官）をつとめる。嘉祐五年（一〇六〇）副宰相となり、韓琦の片腕として仁宗末から英宗一代その任にあった。宋代新興士大夫の代表者であり、文章家、学者、歴史家として、大きな足跡をのこした。最初は王安石を評価したが、のち多くの有力者と同様に反対派にまわる。

九六　文豪のプロフィール

欧陽脩は四歳で父を失った。母は再婚せぬ誓いをたて、みずから彼に読み書きを教えたが、家は貧しく荻《あし》の茎《くき》で地面に字を書かせるほどだった。脩は人にすぐれてのみこみが早く、目を通すとたちまち暗誦できた。成人して進士の合格が期待されるころになると、平生作る文章でさえ、一頭地を抜くようになった。当時漢陽《かんよう》（湖北省）にいた翰林学士（詔勅起草官）の胥偃《しょえん》はこれを見て心中大いに喜び、「君は必ず世に名をあげるであろう」といって、自分の書生に加えた。脩は偃《えん》に従って都にのぼり、国子《こくし》監《かん》で二度、礼部で一度試験を受けたが、いずれも首席だった。そして優秀な成績で進士となり、洛陽の留守推官《りゅうしゅすいかん》に任命された。最初、尹洙《いんしゅ》（師魯《しろ》）と交わりを結んで古文をつくり、時政を論じ、お互いに師であり友である関係をもった。また梅堯臣《ばいぎょうしん》（聖《せい》兪《ゆ》）と交わり、歌詩をつくって唱和し、やがて文章家として天下第一となりひびく。留守《りゅうしゅ》の王曙《おうしょ》は脩の賢明さを認め、中央に帰って彼を推薦した。（蘇黄門撰神道碑）

公生れて四歳にして孤なり。母韓国太夫人、節を守りみずから誓い、親しく公に読書を教う。家貧にして荻《あし》をもって地に書き書を学ぶに至る。公敏悟人に過ぎ、覧るところ輒《ただち》によく誦す。成人してまさに進士に挙げられんとするころおい、一時偶《ぐう》

公生四歳而孤、母韓国太夫人、守節自誓、親教公読書、家貧、至以荻画地学書、公敏悟過人、所覧輒能誦、比成人、将挙進士、為一時偶儷之文、已絶出倫輩、

儷《れい》の文を為《つく》るに、すでに倫輩《りんはい》に絶出す。翰林学士胥公時に漢陽に在り。見てこれを奇として曰く、「子必ず世に名あらん」と。これを門下に館す。公従いて京師に之《ゆ》く、両《ふたた》び国子監に試し、一たび礼部に試す。みな第一人なり。ついに中科に中《あた》り、西京留守推官《せいけいりゆうしゆすいかん》に補せらる。始め尹師魯《いんしろ》に従いて遊び、古文を為《つく》り、当世の事を議論し、迭《たが》いに相師友たり。梅聖兪《ばいせいゆ》と遊び、歌詩を為り相倡和す。ついに文章をもって名、天下に冠たり。留守《りゆうしゆ》王文康公その賢を知り、朝に還りてこれを薦む。

翰林学士胥公時在漢陽、見而奇之、曰、子必有名於世、館之門下、公従之京師、両試国子監、一試礼部、皆第一人、遂中甲科、補西京留守推官、始従尹師魯遊、為古文、議論当世事、迭相師友、与梅聖兪遊、為歌詩、相倡和、遂以文章名冠天下、留守王文康公、知其賢、還朝薦之。

▼穆脩《ぼくしゆう》、尹洙《いんしゆ》ら宋の古文復興運動をうけ、それを発展させた欧陽脩は、『唐宋八家文』の八家の一人でもあり、文豪の名を冠するにふさわしい。また政治家、副宰相だったことも手伝って後世への影響も少なくない。

九七　人は人、己《おのれ》は己

〔嘉祐〕三年、竜図閣学士《りゅうとかくがくし》の肩書を加えられて国都開封府《かいほうふ》の長官に就任した。前任の包拯《ほうじょう》（孝粛公）は厳しく部下を統御し、その名は都中に鳴り響いていた。欧陽脩はことを複雑にせず、ただ理《すじ》に循《したが》い、とかくの名声を求めなかった。包拯の施政をもち出し、脩の尻を叩く者に対し、彼は次のように答えた。「そもそも人の才能や性質はさまざまである。長所を利用すれば物事はやってゆけるものだ。無理に短所を持出すと、まずうまくゆかぬのは必定。わしはやはりわしの長所を使うだけだ」。聞いた者はその言葉に納得した。（神道碑）

三年、竜図閣学士を加えられ権知開封府事たり。代わるところの包孝粛公、威厳をもって下を御し、名、都邑を震わす。公簡易理に循い、赫々《かくかく》の誉を求めず。包公の政をもって公を励ます者あり。公曰く、「およそ人の材性一ならず。その長ずる所を用うれば事挙がらざるなきも、その短ずる所を

三年、加竜図閣学士権知開封府事、所代包孝粛公、以威厳御下、名震都邑、公簡易循理、不求赫赫之誉、有以包公之政、励公者、公曰、凡人材性不一、用其所長、事無不挙、強其所短、勢必不逮、

強《し》うれば、勢い必ず逮《およ》ばざらん。吾もまた吾の長ずる所に任ずるのみ」と。聞く者善《よ》しと称す。　吾亦任吾所長耳、聞者称善。

▼前任者があまり有名だとあとはやりにくい。包拯のことはすでに書いた。人は人、自分は自分と本心から言い切るのもまたむずかしい事である。

九八　民を治める方法

欧陽公がこんな話をされたことがあった。「民を治めるのは病気を治すようなものだ。立派なお医者がおいで下さったとしよう。供揃《ともぞろ》えも美々しく、立居振舞も作法にかなっている。病人の脈をとるにも、専門書を片手に病状を述べたて、立板に水の説明は耳に心地よい。ところが病気の子が薬をのんで、「ちっとも効かない」といえば、貧しい医者とどう違うのか。貧しい医者はくるまもなく、動作はあらけなくぎごちない。脈をとっても十分説明もできぬが、病人が薬をのみ、「もう良くなった」といえば、とりもなおさず良医である。人民を治める場合とて同じこと、事務能力の有無、計画や施行の如何《いかん》を問わず、民がこれはよいといえばそれがつまり良吏である」と。

だから欧陽公は幾つかの州知事となっても、治績を表にあらわしたり、声誉を求めたりせず、大まか、簡便で民をわずらわさぬことを意とされた。このため、公のある所どこでも、民は便益を受け、公がいなくなってはじめて有難さがわかった。揚州、青州、南京《なんけい》（宋州）などはいずれも大州である。公が着任して数日の間に、事務は五、六割かた削減され、一、二カ月たつと役所は僧堂のように静かになる。ある人が「あなたが政務をとられると、大まかで簡単なのに物事がきちんとゆくのは何故でしょう」とたずねた。公は次のように答えた。「勝手することを大まか、手抜きを簡単とするなら、収拾がつかなくなり、民は弊害を被ることになる。わしのいう大まかとは苛酷とか急がせることをしない意味であり、簡単とは繁雑瑣細《ささい》なことを避けるにすぎない」。有識者たちはすじの通った話だと思った。（遺事）

公かつて人に語りて曰く、「民を治むるは病を治するごとし。かの富める医の人の家に至るや、僕馬は鮮明、進退礼あり。人のために脈《みゃく》を診、医書を按じ病証を述べ、口弁傾くがごとし。これを聴くに愛すべし。然れども病児薬を服して云うに

公嘗語人曰、治民如治病、彼富医之至人家也、僕馬鮮明、進退有礼、為人診脈、按医書、述病証、口弁如傾聴之可愛、然病児服薬、云無効、則不如貧医、貧

「効無し」とあれば貧医にしかず。貧医は僕馬なく、挙止は生疎なり。人のために脈を診て応対するあたわざるも、病児薬を服して「疾《やまい》すでに愈《い》ゆ」と云わば、すなわちこれ良医なり。およそ人を治むるに、吏材の能否、設施のいかんを問わず。もし民便と称さばすなわちこれ良吏なり」。ゆえに公数郡たりて治迹を見《あらわ》さず、声誉を求めず、寛簡擾《みだ》さざるをもって意となす。ゆえに至る所、民、便とし、すでに去りて民思う。揚州、青州、南京《なんけい》の如きはみな大郡たり。公至り、三五日の間、事すでに十に五六を減ず。一両月の後、官府の間僧舎のごとし。あるひと問う、「公の政を為し寛簡にして事弛廃せざるは何ぞや」と。曰く、「縦《しょう》をもって寛となし、略をもって簡となさば、すなわち弛廃して民その弊を受くるなり。吾のいわゆる寛とは、苛急をなさざるのみ。いわゆる簡とは、繁砕《はんさい》をなさざるのみ」と。識者もって知言となす。

医無僕馬、挙止生疎、為人診脈、不能応対、病児服薬、云疾已愈矣、則便是良医、凡治人者、不問吏材能否、設施何如、但民称便、即是良吏、故公為数郡、不見治迹、不求声誉、以寛簡不擾為意、故所至民便、既去、民思、如揚州青州南京、皆大郡、公至三五日間、事已十減五六、一両月後、官府間如僧舎、或問公為政寛簡、而事不弛廃者、何也、曰、以縦為寛、以略為簡、則弛廃、而民受其弊也、吾之所謂寛者、不為苛急耳、所謂簡者、不為繁砕耳、識者以為知言。

九九　金石学の祖――六一居士《ろくいちこじ》

欧陽脩はあれこれ興味を抱くことは少なかったが、古い文字、記録類だけは好んで蒐集《しゅうしゅう》した。夏《か》・殷《いん》・周以降の金文《きんぶん》石刻を集めて一千巻の書につくり、歴史書はじめ諸説の誤謬を数多く訂正した。滁州《じょ》にいた時「酔翁《すいおう》」と自称したが、晩年は六一居士とみずから号した。「わしは『集古録《しゅうころく》』一千巻、蔵書一万巻、琴一張と碁盤《ごばん》一局、いつも一壺の酒を用意しておき、わしがその中で老いてゆく。これが六一じゃ」というわけである。（行状）

公平生物において好む所あること少なし。独り古文・図書《ずしょ》を収畜するを好む。三代以来の金石刻を集めて一千巻を為《つく》り、もって史伝・百家訛謬の説を校正すること多きを為《な》す。滁《じょ》に在りし時、みずから酔翁と号し、晩年はみずから六一居士と号す。曰く、「吾れ集古録一千巻、蔵書一万巻、琴一張

公平生、於物少有所好、独好収畜古文図書、集三代以来金石刻、為一千巻、以校正史伝百家訛謬之説、為多、在滁州時、自号酔翁、晩年自号六一居士、曰、吾集古録一千巻、蔵書一万巻、有

あり、棊一局ありて常に酒一壺を置き、吾その間に老ゆ、これ六一たり」と。

琴一張、有棊一局、而常置酒一壺、吾老於其間、是為六一。

▼殷周時代の青銅器に対する関心は宋代に至ってたかまり、同時にそこに刻まれた銘文に学問的興味を抱く人たちがあらわれた。欧陽脩はその始祖にもあたり、墓碑その他石刻とあわせた十巻の『集古録跋尾《しゅうころくばつび》』は現在でもなお研究者の座右に置かれる書物である。

一〇〇　文人《ぶんじん》あい譲らず

欧陽公は『新唐書《しんとうじょ》』の編修に携わったが、最後に編纂局《へんさんきょく》が置かれた時、紀《き》と志《し》の部分だけを作り、列伝《れつでん》は宋祁《そうき》が編修した。朝廷では一つの書物が二人の手になり、体裁が同じでないというので、公に詔《みことのり》して列伝にも目を通し、統一がとれるよう修正させた。公は命令を拝受したものの退出して嘆息した。「宋公は自分の先輩にあたる。かつ人の意見はたいてい同じではない。すべてを自分の意のごとくはできようか」。そこでどこも手直ししなかった。書物が完成して皇帝にたてまつる時、胥吏《しょり》が次のように上申してきた。「これまでの制度では、書物編纂の場合、編纂局の最高官位の者一人の姓名をあげ、「某々等《ら》勅を奉じて撰《せん》す」と申します。公は官位が最高でそれに該当します」と。公は次のように答えた。「宋公は長い時間をかけ、列伝に非常な努力を払われた。その名を出さず、その功績を横取りできぬ」。そこで、紀と志には欧陽脩の姓名を、列伝には宋祁の姓名を書き入れた。これは先例がなく公が始めたものである。これを聞いた宋祁は「昔から、文人はお互いに譲歩せず、とかく相手をおしのけようとするもの。こうしたことはこれまで聞いたことがない」と喜んだ。（遺事）

公、唐書を修するに、最後に局を置き、専ら紀・志を修するのみ。列伝はすなわち宋尚書祁の修なり。朝廷、一書両手より出で、体一なるあたわざるをもって、ついに公に詔して列伝を看詳し、刪《さん》修《しゅう》して一体となさしむ。公命を受くといえども退きて嘆じて曰く「宋公は我より前輩たり、かつ人の見る所多く同じからず。あにことごとく己《おの》が意

公於修唐書、最後置局、専修紀志而已、列伝則宋尚書祁修也、朝廷以一書出於両手、体不能一、遂詔公、看詳列伝、令刪修為一体、公雖受命、退而嘆曰、宋公於我為前輩、且人所見多不同、豈可悉如己意、於是一無所易、

のごとかるべけんや」。ここにおいて一も易《か》うる所なし。書成りて奏御するにおよび、吏の白《もう》すらく、「旧制、修書にはただ書局中の官高き者一人の姓名を列し、某等奉勅撰という。公官高くまさに書すべし」。公曰く、「宋公、列伝において功を用うること深く、日たること久し。あにその名を掩いてその功を奪うべけんや」。ここにおいて紀・志は公の姓名を書し、列伝は宋公の姓名を書す。この例みなさきにいまだあらず、公より始と為《な》るなり。宋公聞きて喜びて曰く、「古えより文人あい譲らずして好んであい凌掩《りょうえん》す。この事、さきにいまだ聞かざる所なり」。

及書成奏御、吏白、旧制修書、只列書局中官高者一人姓名、云某等奉勅撰、而公官高、当書、公曰、宋公於列伝、用功深、而為日久、豈可掩其名、而奪其功乎、於是、紀志書公姓名、列伝書宋姓名、此例皆前未有、自公為始也、宋公聞而喜曰、自古、文人不相譲、而好相凌掩、此事、前所未聞也。

▼前代の宮廷や政府の記録にもとづき、「正史」と呼ばれる紀伝体の公式歴史書を編纂することが、次の王朝の責務と考えられ、宋代では宰相、大臣らが総責任者となって仕事が進められた。唐代の正史はすでに五代に劉昫《りゅうく》の名を冠し、『唐書』ができていたが、新しい宋の視点で書き直すべく仁宗時代『新唐書』が編《あ》まれた。その責任は

本条でみられるように宋祁が「列伝」すなわち個人の伝記、欧陽脩が皇帝の年代順の記録である「本紀」と、礼制、地理、経済などの叙述「志」を受持った。この結果に必ずしも満足しなかった欧陽脩は、のちに薛居正《せつきょせい》の『五代史』にならぶ『五代史記』(『新五代史』)を個人的に作りあげた。従って二十四ある中国の正史の中で、唐書と五代史は新と旧の二種ずつ存在する。またここに見える「文人あいゆずらず」も有名な言葉。とかく近い仲間同士は互いに足をひっぱりあうこと人の常で、教養や文化程度の高低と関係ない。

文彦博《ぶんげんはく》 太師《たいし》・潞国《ろこく》・文忠烈公・彦博(一〇〇六―九七)

字は寛夫《かんふ》。汾州介休《ふんしゅうかいきゅう》(山西省)の出身。天聖五年(一〇二七)の進士。仁宗の慶暦七年(一〇四七)、枢密副使、ついで参知政事となり、翌年、河北の軍卒の反乱を平定した功で宰相に進み、四年間その任にあった。さらに三年をへて至和二年(一〇五五)から三年間、再び宰相をつとめる。その後も宰相待遇の元老として隠然たる力をふるい、王安石新法時代は、司馬光らとともに洛陽で耆英会《きえいかい》を作ってその存在を誇示した。わが国でたとえれば、山県有朋と西園寺公望をあわせたようなイメージの大物。第二次大戦後、〃封建的〃という言葉が濫用されたが、「民は依《よ》らしむべし、知らしむべからず」という立場を皇帝に強調した、封建的保守主義者としてあまり評判は香しくない。

一〇一　旃檀《せんだん》は双葉より香《か》んばし

文彦博《ぶんげんはく》は幼い時、子供仲間と毬《まり》を蹴っていた。毬が礎石《そせき》の穴の中に入りとり出せない。彦博は水を穴にそそぎ浮かし出した。司馬光が腕白どもと遊んでいる折、一人の子が大きな水甕《がめ》の中におちて沈んでしまった。子供たちは驚いて逃げだし救《たす》けられない。光は石を投げて甕をこわし、子供は助かった。心ある者は、二人の頭と心のはたらきが非凡なことをこの時からわかった。（聞見録）

文潞公幼なりし時、群児と撃毬《げききゆう》す、柱穴《ちゆうけつ》中に入りて取るあたわず。公水をもってこれに灌ぐ。毬浮び出《い》づ。司馬温公幼くして群児と戯《たわ》むる。一児大いなる水甕中に堕ち、すでに没す。群児驚き走り救うあたわず。公石を取りてその甕を破り、児出づるを得たり。識者すでに二公の仁智の凡ならざ

文潞公、幼時、与群児撃毬、入柱穴中、不能取、公以水灌之、毬浮出、司馬温公幼、与群児戯、一児堕大水甕中、已没、群児驚走、不能救、公取石、破其甕、児得出、識者已知二公之仁智不

るを知る。

凡矣。

一〇二　わからぬ人間とつき合うには

文彦博《ぶんげんはく》が大名府《だいめい》の知事になった。新任の転運判官汪輔之《てんうんはんがんおうほし》なる人物は気ぜわしい男である。最初文公に挨拶にいった時、公はちょうど執務室にいたが、名刺を見て机の上に置き、黙って私邸に戻り、かなりたってやっと出てきた。我慢できなくなっていた輔之がいざ公に会ってみると、公は挨拶もそこそこに、「家の者が髪を洗っておったので、貴君にあうのを忘れていた。気にしたまうな」という。輔之はおおいに意気をくじかれた。慣例では監司《かんし》着任の三日後に、府知事が宴を催すことになっている。公はわざとそれをやめた。輔之は何時何日に府の倉庫を検査すると通知を送ってきた。副知事が公にとりつぐが、公は無言である。当日、公は身内の宴会を開き、いっさいの取次を許さなかった。府庁の中央に陣どる輔之に対して、胥吏は「文侍中《じちゅう》さまはおうちの集まりで、匙鑰《あいかぎ》をお願いできません」とつたえた。怒った輔之は、書類収納庫の鎖をこわしたが検査はできず、ひそかに文彦博の事務に精をださぬ有様を劾奏《がいそう》した。神宗は彼の上奏に次のような意見をつけて彦博のもとに送った。「大御所たる侍中ゆえ、大名府のおさめを煩わした。こまかなことに心を労せずともよい。かけ出しの輔之のこのような無礼については、追って沙汰をする」と。受取った彦博は何もいわず、ある日監司たちを集めて「老いぼれで何の仕事もせぬが、諸君に大目にみてもらいたい」と話した。監司たちが恐縮したところで、やおら神宗の回答をとりだし輔之にみせた。彼は恐れいって逃げ帰り、区内巡察に名をかりて出ていった。間もなく輔之は罷免された。こうして神宗は大臣《たいしん》を厚く遇し小人《しょうじん》をおさえられた。聖人というべきである。（聞見録）

文潞《ぶんろ》公《こう》北京《ほくけい》に判たり。汪輔之《おうほし》なる者あり、新たに運判に除せられ、人となり卞急《べんきゅう》なり。初めて潞公に謁《えつ》を入るに、まさに庁事に坐し、謁を閲し桉《あん》上《じょう》に置き、問わずして宅に入り、これを久しくしてすなわち出づ。輔之すでに堪えず。すでに見《まみ》ゆるに、公これを礼すること甚だ簡なり。謂いて曰く、「家人すべからく沐髪《もくはつ》せしめんとす。運判に見《まみ》ゆるを忘る。訝《いぶ》かるなかれ」と。輔之沮《そ》するこ

文潞公、判北京、有汪輔之者、新除運判、為人卞急、初入謁潞公、方坐庁事、閲謁、置桉上、不問、入宅、久之乃出、輔之已不堪、既見、公礼之甚簡、謂曰、家人須令沐髪、忘見運判、勿訝、輔之沮甚、旧例、監司至之三日、府必作会、公故罷之、輔之移文、

と甚し。旧例、監司至るの三日、府かならず会を作す。公ことさらにこれを罷む。輔之移文し、日を定めて府庫を検案《けんあん》せんとす。通判次をもって公に白す。公答えず。この日公家宴し、内外の事ならびに通ずるを許さず。輔之都庁に坐す。吏白すらく、「侍中家宴し、匙《し》鑰《やく》請うべからず」と。輔之怒りて架《か》閣庫《かくこ》の鎖を破るもまた検案によしなきなり。密かに潞公の治めざるを劾す。神宗輔之の上奏する所に批し、潞公に付して云うあり。「侍中は旧徳、ゆえに北門を臥護するを煩わす。細務は必ずしも心を労せざれ。輔之は小臣、あえてしかく礼なし。まさに別に処置の語あらん」と。潞公これを得て言わず。一日監司を会して曰く、「老謬《ろうびゆう》治状なし、幸いに諸君これを寛《ゆる》されよ」。監司みな愧謝《かいしや》す。よって御批《ぎよひ》を出し、もって輔之に示す。輔之皇恐《こうきよう》逃帰し、部を按ずるに託してもって出づ。いまだ幾ばくならずして罷む。ああ

定日、検校府庫、通判以次白公、公不答、是日公家宴、内外事並不許通、輔之坐都庁、吏白、侍中家宴、匙鑰不可請、輔之怒、破架閣庫鎖、亦無従検校也、密劾潞公不治、神宗批輔之所上奏、付潞公、有云、侍中旧徳、故煩臥護北門、細務不必労心、輔之小臣、敢爾無礼、将別有処置之語、潞公得之、不言、一日会監司、曰、老謬無治状、幸諸君寛之、監司皆愧謝、因出御批、以示輔之、輔之皇恐、逃帰、託按部以出、未幾、輔之罷、烏乎神宗眷遇大臣、沮抑小人、如此、可謂聖矣。

神宗、大臣を眷遇《けんぐう》し小人を沮抑《そよく》することかくのごとし、聖というべし。

▼役所同士の縄張り争いは今も昔も本質的には似たようなものである。宋代には宰相大臣クラスの大物が辞任すると、ここにみられる大名府（河北省魏州）や江寧（南京《ナンキン》）その他いくつかの大きな府州の知事にされるケースが多い。その場合は知大名府つまり大名府知事と呼ばずに、判大名府と名づけて区別した。監司は、現在の河北省や浙江省の省に相当する大区画の長官グループの総称で、本条の転運判官もその一人である。大名府は河北東路のいわば省都にあたり、本来は監司が知大名府を監督する立場にあるわけだが、このケースは、元総理の田中角栄が新潟の知事となったようなもので、だからこそ微妙な問題がいろいろと起こっている。

趙槩《ちょうがい》　参政・趙康靖《こうせい》公・槩（九九六―一〇八三）

字は叔平《しゅくへい》。応天府虞城《ぐじょう》（河南省）の人。仁宗の天聖五年（一〇二七）の科挙は多くの人材を生んだが、彼は韓琦《かんき》につぐ第三席、中国の言葉でいえば探花《たんか》。仁宗末の嘉祐七年（一〇六二）、枢密副使から参知政事となり、英宗時代四年間その職にあった。

以下にみられるように長者と呼ばれる人徳者。

一〇三　常に悠然《ゆうぜん》として迫《せま》らず

王洙《おうしゅ》（原叔《げんしゅく》）が次のような話をした。「趙槩《ちょうがい》と欧陽脩はともに館閣《アカデミー》にあり、またともに修起居注官だった。重厚で寡黙な槩を脩は心中軽視していた。脩が知制誥《ちせいこう》（詔勅起草官）に任命された時、韓琦と范仲淹が中書《せいふ》にあり、槩《がい》の文辞はよくないとて天章《てんしょう》閣待制《かくたいせい》とした。槩は淡々として意に介せず、韓・范がいなくなると再び知制誥に任命された。たまたま脩の養女が彼の従子《いとこ》の晟《せい》の妻となり、他人と通じてしまった。事件が発覚して脩もかかわり合いとなる。その時彼は竜図閣直学士・河北都転運使だったが、韓・范をにくむ者たちは脩を罪におとしいれんとして、「彼は養女と通じている」といいたてた。仁宗は怒り、追及は厳しく、臣下たちは口をつぐんだ。槩《がい》はそこで上書していった。「欧陽脩は文章学術によって側近となった。閨房《おんな》のごたごたで、軽がるしく名声を傷つけるべきでない。臣は脩と平生疎遠の間柄で、脩も臣をかってくれてはいない。問題なのは朝廷の大綱《たいこう》である」。これが上聞に達すると仁宗は不機嫌で、人々は疑懼《ぎく》したが、彼は相変らずいつも通り悠々としていた。しばらくたって、脩は結局罪をきて知制誥で滁州《じょしゅう》知事となった。副宰相が槩に〔責任をとって〕都から出るべきを内々にさとすと、彼は蘇州知事に出ていった。親の喪《も》に服して官職を去り、それがあけると翰林学士《かんりんがくし》に任ぜられたが、彼は再び「欧陽脩が先輩で、とびこすべきではない」と上奏して譲ろうとした。これは上聞に達しなかったが、当時美談とされた」。(紀聞)

原叔曰く、「趙槩《ちょうがい》と欧陽脩ともに館に在り、またともに起居注を修す。槩は性重厚にして寡言。脩意これを軽んず。脩の知制誥に除せらるるにおよび、この時韓范中書に在り、槩をもって不文となし、すなわち天章閣待制に除す。槩澹《がいたん》としてもって屑意《せつい》せず。韓范出ずるに及びてすなわちまた知制誥に除せらる。たまたま脩の甥、嫁して脩の従子晟《せい》の妻となり、人と淫乱す。事覚《あら》われ語脩に連及す。脩時に竜図閣直学士・河北都転運使たり。韓范を疾《にく》む者みな脩の罪を文致せんとして「甥と乱る」と云う。上怒り獄急なり。群臣あえて言う

原叔曰、趙槩与欧陽脩、同在館、及同修起居注、槩性重厚寡言、脩意軽之、及脩除知制誥、是時、韓范在中書、以槩為不文、乃除天章閣待制、槩澹不以屑意、及韓范出、乃復除知制誥、会脩甥、嫁為脩従子晟妻、与人淫乱、事覚、語連及脩、脩時為竜図閣直学士河北都転運使、疾韓范者、皆欲文致脩罪、云、与甥乱、上怒、獄急、群臣無敢言者、槩乃

者なし。槩すなわち上書して言う、「脩は文学をもって近臣たり。閨房曖昧の事をもって軽がろしく汙《う》衊《べつ》を加うべからず。臣は脩と蹤跡《しょうせき》もとより疎《うと》く、脩の臣を待するもまた薄し。惜しむ所の者は朝廷の大体なるのみ」と。書奏せらる。上悦《よろこ》ばず、人みなこれがために懼る。槩また澹然として平日のごとし。これを久しくして脩ついに降に坐し、知制誥となり滁州に知す。執政私《ひそ》かに槩に暁譬《ぎょうひ》して出づるを求めしむ。すなわち出でて蘇州に知たり。喪に遭い官を去り、服闋《ふくけつ》して翰林学士に除せらる。槩また表して譲るに欧陽脩先進なれば超越すべからざるをもってす。奏、報ぜられずといえども、時論これを美とせり。

上書言、脩以文学為近臣、不可以閨房曖昧之事、軽加汙衊、臣与脩、蹤跡素疎、脩之待臣亦薄、所惜者、朝廷大体耳、書奏、上不悦、人皆為之懼、槩亦澹然、如平日、久之、脩終坐降、為知制誥知滁州、執政私暁譬槩、令求出、迺出知蘇州、遭喪去官、服闋、除翰林学士、槩復表譲、以欧陽脩先進、不可超越、奏雖不報、時論美之。

▼本条には高級官員が帯びる館職と総称される肩書が多く出て来る。最初のともに館に在《あ》りの館は館閣すなわち宮中アカデミーないし国会図書館に相当する。館職はもともとはそこの官名なのだが、やがて多くはエリートのシンボルマークとなる。天章閣

待制、竜図閣直学士など館職の種類は宋代一代で七十～八十に達し、どれを持つかでその人物の位置、将来性などがいちおうわかる仕掛けになっている。また知制誥と翰林学士は両方とも詔勅起草官と訳しているが、翰林学士の方は皇帝から直接与えられた詔勅を起草し、ずっと位が高い。修起居注官は本来は天子の言動（起居）を記録（注）する官だが、宋ではこれもエリートの標識の一つであった。

呉奎《ごけい》　参政・呉文粛公・奎（一〇一〇―六七）

字は長文《ちょうぶん》、濰州《いしゅう》北海県（山東省）の出身。十七歳で五経科といわれる経学専門科に合格、やがて制科の一つ賢良方正科《けんりょうほうせいか》をパス。二十年間、昼は行政、夜は学問に没頭した真面目人間。翰林学士、国都開封の知事を勤めたあと仁宗の嘉祐七年（一〇六二）、副宰相たる参知政事にのぼり、英宗末年まで五年間そのポストにあった。

一〇四　自分より親族を大切に

呉奎《ごけい》は最初同郷の王彭年《おうほうねん》と仲よく、その能力を称揚し、官界で名をあげるだろうといっていた。彭年が京師《みやこ》で客死すると、奎は長男に喪儀をとりしきらせ、その家族の面倒をみて二人の娘を嫁がせた。また他の親戚で生活できないものには、何人かに嫁いり仕度をしてやった。二万貫のお金で郷里の北海に田地を買い、義荘と名づけて貧しい親戚や友人たちにめぐんだ。こうしたことのため彼が死んだ時には家に一文もなく、子供たちの居場所もなかった。義に篤い君子というべきだ。(墓誌)

公はじめ郷人の王彭年《おうほうねん》と善し。その能を称道して名を官に致すとなす。彭年京師に客死す。公長子をして喪事を主《つか》さどらしむ。周ねくその家を恤《じゅつ》し、その二女を嫁す。它《た》の姻族の自存するあたわざる者におよびてはために嫁娶《かしゅ》を畢《お》うることまた数人。銭二千万をもって田を北海に買い、号して義荘といい、もって親戚朋友の貧乏なる者に賙《めぐ》む。終わるの日、家に余財なく、諸子宅のもって居るなし。ああ篤義の君子というべきなり。

公初与郷人王彭年善、称道其能、為致名官、彭年客死于京師、公使長子、主喪事、周恤其家、嫁其二女焉、及它姻族、有不能自存者、為畢嫁娶又数人、以銭二千万、買田北海、号曰義荘、以賙親戚朋友之貧乏者、終之日、家無余財、諸子無宅以居、烏乎、可謂篤義君子矣。

▼現在でも政治家になった人びとの多くは蓄財にいろいろな便宜があろう。宋代以後の中国の士大夫官僚が、何十年もの猛勉強をいとわず科挙にパスしようとするのも、

殖財が最も重要な目的だった。従って呉奎のような例は特筆されるわけだが、しかし、これも自分自身のために使わなかっただけで、ちゃんと二千万銭、すなわち二万貫というお金で抜け目なく一族のために田地を購入している。二万貫といえば、普通の県知事クラスの月給二十貫の千倍にあたり、決して少ない金額とはいえぬ。なお義荘のことはすでに范仲淹のところで触れておいた通りである。

張方平《ちょうほうへい》　参政・張文定公・方平（一〇〇七―九一）

字は安道。応天府（河南商邱）の人。明道二年（一〇三三）、制科の茂材異等科《もさいいとう》に合格。出世コースを歩み、三司使をへて英宗はじめ首席翰林学士、治平四年（一〇六七）の九月、参知政事となるが、一カ月たらずで父の喪にあって辞任。王安石時代には新法に反対し、各地の州知事を転々とした。彼は財務に明るく、統計数字などを豊富にのせた文集が現存している。

一〇五　戦争には弱い宋

契丹《キッタン》へ歳賜《さいし》に与える財宝や衣服・器物は、宰相たちを召して縦覧《じゅうらん》させる慣行であった。熙寧年間、宣徽使《せんきし》だった張方平はお召しにあずかった。人々は皇帝が貢物を贈られるのは恥辱で、陛下の力なら一戦で勝をおさめられましょうといいたてた。方平だけは違った。「陛下は我国と契丹が幾度戦い、その勝負がどのような具合だったと思し召すか」とたずねると、宰相大臣たちはいずれも答えられなかった。神宗が方平にきかれると、公は答えた。「宋と契丹は大小とりまぜ八十一回戦っております。そのうち張斉賢《ちょうせいけん》の太原の戦に一度勝っただけです。陛下、和平と戦争をくらべどちらがよろしいでしょうか」と。おかみは彼の意見をよしとされた。（談叢）

故事、歳ごとに契丹に賜う金繒《きんぞう》服器、二府を召して観せしむ。熙寧中、張文定公宣徽《せんき》使《し》をもって召に与《あず》かる。衆謂《おもえ》らく「天子貢を修めるは辱たり。陛下神武、一戦して勝つべし」と。公独り曰く、「陛下宋と契丹およそ幾たび戦い、勝負幾何《いかが》とおもわるるや」と。両府八公みな知るなきなり。神宗もって公に問う。公曰く、「宋と契丹大小八十一戦す。ただ張斉賢太原の戦、わずかに一勝せしのみ。陛下和と戦を視《くら》べ、いずれを便とされる

故事、歳賜契丹金繒服器、召二府、観焉、熙寧中、張文定公、以宣徽使与召、衆謂、天子修貢為辱、而陛下神武、可一戦勝也、公独曰、陛下謂宋与契丹、凡幾戦、勝負幾何、両府八公、皆莫知也、神宗以問公、公曰、宋与契丹大小八十一戦、惟張斉賢太原之戦、才一勝耳、陛下視和与

や」と。上これを善しとす。

戦、孰便、上善之。

▼一勝八十敗とはおそれいるが、さて全面戦争となると、契丹の方も力に限界があってどうにもならぬ。そこで澶淵《せんえん》の盟《めい》以後、毎年宋から契丹へ贈られる銀と絹による平和が、双方にとって好都合であった。西方タングート族の西夏に対しても似たようなもので、歴代の南北統一国家の中では宋が領域が一番せまいのもやむを得ない。従って外面的には宋は弱小で漢や唐のようなきらびやかな国際色はないが、その中味も同じように薄弱だと錯覚してはならない。

胡宿《こしゅく》　枢密・胡文恭公・宿（九九六―一〇六七）

字は武平。常州晋陵《しんりょう》（江蘇省）の人。天聖二年（一〇二四）の進士。標準的な出世コースをたどって翰林学士《かんりんがくし》となり、仁宗の末、嘉祐六年（一〇六一）に枢密副使（副宰相格）に進んだ。英宗の治平三年（一〇六六）、辞任して杭州知事に外出。以後中央に戻らなかった。

一〇六　原則にもとづいて事を行う

胡宿《こしゅく》は翰林院に十年いて、多くの功績をたてた。心に染まぬことを追随などはせず、そのため意見が用いられるとは限らなかったが、あとになると彼の言った通りになった。仁宗は彼の忠直を見抜かれて、以前から枢要な地位につけようと考えておられた。嘉祐六年八月、諫議大夫で枢密副使（副宰相格）を拝命した公は慎重冷静に大任をこなした。とくに大綱を顧慮し、臣下たちが、目先の利益によって、弊害を除くとてあれこれ改革しようとする場合には、公ひとりがそれを嫌った。「法を変えることは昔から難事である。祖宗の成法を守る努力もせず、ただ思いつきをやっても、治世の利益にはならない」という意見からである。また彼は次のような考えも持っていた。「契丹と中国は六十年以上友好関係にあるが、これは未曾有のことである。夷狄とうまくやるには、日頃から備えを怠らぬことにかかっている。いま国境地帯の防備は弛緩し、軍馬養育は帳面づらだけで、戦場で乗りまわせる馬は百に一、二もいない。また国境にある滄州《そうしゅう》（河北省）は独立の軍管区に分離して、契丹防衛に対処すべきで、これが当今の急務である。国境線での侵犯やこぜりあいなどは、出先機関が解決すること。朝廷は祖宗の盟約を守り、小さな利益で、大きな信義を損うべきではない。辺境の軍人たちには、事をおこして功績とするような振舞なきよう厳重に訓戒されたい」。位にあること六年、公の議論はだいたいすべてがこのようであった。（墓誌）

公翰林に在りて十年、補益する所多し。たいてい苟止《こうし》して妄随をなさず。ゆえにその言あるいは用い、あるいは用いられざるも、のちついにその言のごとし。しかれども天子公の忠を察し、大用を欲せらるるもの久し。嘉祐六年八月、公を諫議大夫・枢密副使に拝す。公すでに慎静にして大任に当たる。もっとも大体を顧惜し、羣臣、利害を建て、多く庶事を更張《こうちょう》してもっと弊を革めんとするにあたりては、公独りこれを厭《いと》う。曰く、「法を変うるは古人の難き所、務めて祖宗の成法を守らず、いたずらに紛々するは、治に益なきなり」と。また以謂《おも》えらく、「契丹と中国、好を通ずること六十余年、古えよりいまだあらざるなり。善し夷

公在翰林十年、多所補益、大抵不為苟止而妄随、故其言或用、或不用、而後卒如其言、然天子察公之忠、欲大用者、久矣、嘉祐六年八月、拝公諫議大夫枢密副使、公既慎静而当大任、尤顧惜大体、而羣臣方建利害、多更張庶事、以革弊、公独猒之、曰、変法古人所難、不務守祖宗成法、而徒紛紛、無益於治也、又以謂、契丹与中国通好六十余年、自古未有也、善待夷狄者、謹為備而已、今三辺武備多弛、牧馬著虚

狄を待する者は謹みて備をなすのみ。いま三辺武備多く弛み、牧馬虚名を籍に著し、乗りて戦うべきもの百に一、二もなし」。またいう、「滄州《そうしゅう》はよろしく分かちて一路となし、もって虜を禦《ふせ》がしめん、これいまの急務なり。その界上の交侵小故のごときはすなわち城寨主吏の職。朝廷よろしく祖宗の約を守るべく、よろしく小利を争いて大信を隳《やぶ》るべからず。深く辺臣の事を生じもって功と為すを戒しむ」。位に在ること六年、その議論おおむねみなかくのごとし。

名於籍、可乗而戦者、百無一二、又謂、滄州宜分為一路、以禦虜、此今急務也、若其界上交侵小故、乃城寨主吏之職、朝廷宜守祖宗之約、不宜争小利、而隳大信、深戒辺臣、生事以為功、在位六年、其議論類皆如此。

▼「祖宗の成法を守る」という大義名分は経験主義的な旧中国の政治家の良く使う言葉で、だからこそ、のちの王安石の「祖宗の法は守らなくてもよい」というスローガンが、余計に強く人々を刺激することになる。

一〇七　富貴貧賤は天命

胡宿は常日ごろ正道を遵《じゅん》守し、出世進退に心をわずらわさなかった。館閣《かんかく》にあること二十年を超え、いつも後輩に次のように話していた。「富貴貧賤はすべて天命である。士人たる者は自分の身を修めて時節をまち、造物者から嗤《わら》われないようにすべきである」と。世に名言ともてはやされた。（澠水燕談《じょうすいえんだん》）

胡文恭公、平生道を守り、進退をもって意となさず。文館に在ること二十余年。つねに後進に語りて曰く、「富貴貧賤は命にあらざるなし。士人はまさに身を修め時を俟《ま》ち、造物者の嗤うところとなるなかるべし」と。世もって名言となす。

胡文恭公、平生守道、不以進退為意、在文館二十余年、毎語後進曰、富貴貧賤、莫不有命、士人当修身俟時、無為造物者所嗤、世以為名言。

▼文館は先にのべた館職についていることだが、ここでは、知制誥《ちせいこう》、翰林学士として詔勅起草の任に当る意味。辞令、詔勅の文章はうまいが、政治家としてはいまひとつというのが裏の意味。

蔡襄《さいじょう》　端明《たんめい》・蔡公・襄（一〇一二―六七）

字は君謨《くんぼ》。興化《こうか》軍仙游《ぐんせんゆう》県《けん》（福建）の出身。天聖八年（一〇三〇）十八歳で進士に合格。故郷福建の地方官として目ざましい働きをし、知開封府、三司使、翰林学士などの要職を歴任。大臣にはなれなかったが、翰林学士をつとめた者に与えられる端明殿学士という館職名をもらったため、蔡端明として知られる。宋代屈指の能筆家であり、また茶や茘枝《れいし》などに関する著書もある趣味人。

一〇八　福建開発の促進者

蔡襄《さいじょう》は見通しのたった施政を行ったが、わけても福建では、その風俗習慣に通じていたので、賢人を礼遇し、学業をすすめ、著しい弊害をとり除いた。以前、福建の士人は学問好きではあったけれども、韻文を中心に科挙を受験していた。蔡公は周希孟《しゅうきもう》先生を見出し、経学《けいがく》を教授させ、常時数百人の学生がいるまでになった。公みずから学び舎《や》にゆき、経書をとって問答し、生徒に範をたれた。隠士の陳烈《ちんれつ》を招じ入れて師の礼をとり、また郷里にあって徳行をうたわれた陳襄と鄭穆《ていぼく》たちに対しては己を棄ててへりくだった。福建では葬儀を重視する風習で、お寺を大切にし、客をよび、ありたけ贅沢するのが孝行と考え、できないものは心から残念がり、郷里の恥ともなった。よろずよからぬ者どもは、これを幸いに、食物や金銭をたかりとり、参会する者きりがなく、しばしば数百数千人ともなる。親が死ぬと、匿《かく》してなき声もたてず、財産を売りはらい、用意が整ってからやっと葬式をあげる始末。金持は、そうした弱味につけこんで土地家屋を買いたたき、貧乏人は証文にせめられ、一生働いても返すことができない。「これより大きな弊害はない」と蔡公はただちに禁令を下された。巫覡《みこ》が病気を治し、毒を入れて人を殺すようなことはすべて厳罰に処して根絶させてから、民間の聡明な者を選んで医薬を教えて病気をなおさせた。指図に従わぬ若者たちに対しては、重要事項を箇条書きにした五戒を作り、教え諭した。時をへて福建の人たちは大なる利益を得た。公が福建から去ると、土地の人たちはつれだって州庁にいたり、公の徳政碑を立てたいと請願した。受付の胥吏《しょり》は、法律で禁じられているからと断り引きとらせたが、公の善政を私的に石に刻みつけ、「わが地の民に公の徳を忘れさせぬ」と記した。（墓誌）

公政を為すこと精明にして、閩《びん》人においてもっともその風俗を知る。至ればすなわち賢を礼し学を

公為政精明、而於閩人、尤知其風俗、至則礼賢勧学、除其甚害、

勧め、その甚しき害を除く。往時、閩士多く学を好み、専ら賦《ふ》をもちいてもって科挙に応ず。公先生周希孟を得、経術をもって伝授せしむ。学ぶ者常に数百人に至る。公ために親しく学舎に至り、経を執り講問し、諸生の率《かしら》となる。処士陳烈を延見し、尊ぶに師の礼をもってし、陳襄と鄭穆《ていぼく》、徳行をもって、郷里に著しく称せられるるにあたりては、節を折りてこれに下《くだ》る。閩《びん》の俗凶事を重んじ、浮図《ふと》を奉じ賓客を会し、尽力豊侈《ほうし》をもって孝となす。しからざれば深くみずから愧恨《きこん》し、郷里のために羞ず。姦民、游手、無頼の子、幸いとして飲食を貪《むさぼ》り、銭財を利す。来る者限極なし、往々数百千人に至る。親亡くなり秘して哭を挙げず、必ず産を破り弁具してのちあえて喪を発する者あるに至る。力ある者その急時に乗じ、その田宅を賤買し、貧しき者は券を立て責を挙げ、終身困《くる》しみて償うあたわず。公曰く、「弊これより大

往時、閩士多好学、而専用賦、以応科挙、公得先生周希孟、以経術伝授、学者常至数百人、公為親至学舎、執経講問、為諸生率、延見処士陳烈、尊以師礼、而陳襄鄭穆、方以徳行、著称郷里、公皆折節下之、閩俗重凶事、而奉浮図、会賓客、以尽力豊侈為孝、否則深自愧恨、為郷里羞、而姦民游手、無頼子、幸而貪飲食利銭財、来者無限極、往往至数百千人、至有親亡、秘不挙哭、必破産弁具、而後敢発喪者、有力者、乗其急時、賤買其田宅、而貧者立券挙責、終身困不能償、公曰、弊有大於此耶、即下令禁止、至於巫覡主病、蠱毒殺人之

なるあらんや」と。ただちに令を下して禁止す。巫覡《ふげき》の病を主り、蠱毒《こどく》人を殺すの類に至りては、みな痛くこれを断絶し、しかるのち民の聡明なる者を択び教うるに医薬をもってし、疾病を治せしむ。その子弟教令に率《したが》わざる者あらば、その事を条して五戒を作り、もってこれに教諭す。これを久しくして閩《びん》の人大いに便とす。公すでに去り、閩の人あい率《ひき》いて州に詣り、公のために徳政碑を立てんことを請う。吏、法の許さざるをもって謝す。すなわち退くも、公の善政をもって私かに石に刻みて曰く、「我が民をして公の徳を忘れざらしむ」と。

類、皆痛断絶之、然後択民之聡明者、教以医薬、使治疾病、其子弟有不率教令者、条其事、作五戒、以教諭之、久之、閩人大便、公既去、閩人相率詣州、請為公立徳政碑、吏以法不許謝、即退、而以公善政、私刻于石、曰、俾我民不忘公之徳。

▼福建の開発は五代の時代、南唐などの手によって少しずつ始まった。北宋時代は、ここに見られるように、まだまだ後進地で、文化程度も低かった。ただ浙江と江西への交通の要地にある建州と、海岸地帯の興化軍や泉州の開発は急速に進み、とくに後者からは年々多くの科挙受験者を生み、やがて南宋に入ると朱子学のメッカとして一

躍高い文化的水準に達するようになる。

王素《おうそ》　尚書・王懿《い》敏《びん》公・素（一〇〇七—七三）

字は仲儀《ちゅうぎ》。真宗時代の名宰相王旦の末子。恩蔭で官員となり特別試験で進士の資格を手にいれる。比較的重要な州の知事を歴任。成都から開封の知事にうつり、晩年は太原の知事で終わった。一時、御史をしていた頃は「独撃鶻《ひとりくまだか》」と綽名《あだな》され、また成都などでは治績もあげたが、本条にみられるようにあまり評判のよい人物ではない。

一〇九　賄賂《わいろ》の好きな名臣

はじめ王素と欧陽脩はたびたび仁宗の前で富弼《ふひつ》をほめそやした。彼を宰相にしたのは素《そ》の力が大きい。弼が宰相になると、開封府の知事だった素は、彼が自分を政府に登用してくれることを期待した。こと志と違うと、弼を攻撃しはじめ、地方官を希望してそのまま定州知事となった。ついで益州から再び開封の知事となったが、心のわだかまりは晴れない。繁雑でしかも劇務に嫌気がさし、仕事は多くうっちゃらかして宴会にばかり出かける。素はもともと派手好みで、二つの州では賄賂をとることで知られたし、信念節操がない人物とて士大夫社会では低くみられていた。開封府には散《さん》従官《じゅうかん》の馬千《ばせん》、馬清《ばせい》という者がいて、無法者を取締り、功労をかさねて下級の武官位を賜り、頼りにされてきた。「この二人は外に出ると威張って手がつけられず、悪いことばかりしている」と、素に告口する者がいた。素は上奏して彼らを遠方に追放した。このため京師《みやこ》では盗賊が横行し、逮捕しようとしてもかなわぬ。御史台官は素の無能をいいたて、彼もまた地方行きを願った。朝廷はそこで彼を罷免した。(紀聞)

初め王素と欧陽脩、しばしば富弼を上の前に誉む。弼入りて相たるは素すこぶる力あり。弼すでに相たりて、素開封府を知し、弼の己を引きて両府に登らんことを冀《ねが》う。すでにして志のごとくからず、よりて弼を詆毀《ていき》す。また外官を求め、ついに出でて定州に知たり。徙《うつ》りて益州を知し、また還りて開封府を知す。いよいよ鬱々として志を得ず。繁劇に厭倦《えんけん》し、府の事は多く莽鹵《もうろ》にして治めず。しばしば游宴に出づ。素は性驕侈《きょうし》、両州に在りてみな賄をもって聞ゆ。人となり志操なく、士大夫多

初王素与欧陽脩、数誉富弼於上前、弼入相、素頗有力、弼既相、素知開封府、冀弼引己、登両府、既不如志、因詆毀弼、又求外官、遂出知定州、徙知益州、復還知開封府、愈鬱鬱不得志、厭倦繁劇、府事多莽鹵不治、数出遊宴、素性驕侈、在両州、皆以賄聞、為人無志操、士大夫多鄙之、開封府、先有散従官馬千馬清、善

くこれを鄙《いや》しむ。開封府さきに散従官の馬千・馬清あり。よく盗賊を督察し、功を累《かさ》ねて班行に至り、府中これに頼る。あるひと素に謂《い》えらく、「二馬は外に在りて威《い》福《ふく》自《じ》恣《し》し、大いに姦利をなす」と。素奏し、ことごとくこれを遠方に逐《お》う。ここにおいて京師盗賊しばしば発し、捕を求むれど獲《え》られず。台官素の不才を言い、またみずからも外補を乞う。朝廷よりてこれを罷む。

督察盗賊、累功、至班行、府中頼之、或謂素、二馬在外、威福自恣、大為姦利、素奏、悉逐之遠方、於是、京師盗賊屢発、求捕不獲、台官言、素不才、亦自乞外補、朝廷因而罷之。

▼こうした人物がどうして「名臣」の仲間入りをするのか、やや理解に苦しむ。父親が名臣でも子供には注意せよという皮肉か、それとも素地はあっても本人の心掛けでどうにでもなるという教訓なのか。後半に出る、散従官は官といっても、官員のおとも、つき人のことで、民間から徴発される場合が多かった。大都市のアウトローの世界の元締めと彼らが関係している点は興味深く、当時の国都の一面をうかがう貴重な史料といえる。

劉敞《りゅうしょう》　集賢学士・劉公・敞（一〇一九―六八）

字は原父《げんぷ》。吉州臨江（江西省）の出身。慶暦六年（一〇四六）の進士。地方官をへて、仁宗末に翰林侍読《じとく》学士に至るが、その後、長安や汝州《じょしゅう》（河南省）の知事に出る。欧陽脩も師事したほどの「春秋学」の大家。弟は司馬光の『資治通鑑《しじつがん》』の漢代の部分を受け持った劉攽《りゅうはん》。

一一〇　敵の鼻をあかす

契丹《キッタン》への使節となった。劉敞は前もってその地形道程を頭にいれていた。遼人が古《こ》北口《ほくこう》から千里あまりも曲りくねって柳河《りゅうが》に行こうとすると、公はたずねた。「松亭《しょうてい》から柳河に向えばまっすぐで近く、数日のうちに中京（臨潢《りんこう》）に到着する。どうしてそっちをゆかずにこちらの道をとるのか」と。遼人はいつもわざとまわり道をして、国土が険しく広いことを使者に誇示しようと考えていた。おまけに地形を知るはずもないとたかをくくっていたものが、公の不意の質問に驚いて顔をみあわせ、恥かしそうに「仰言る通りです」と降参した。当時順州の山の中に馬に似て虎や豹を食べる変わった獣が住んでいた。何物かわからぬ遼人が公にたずねると、「これは駮《はく》といわれるものだ」と答え、その姿かたちや声を説明すると、すべてその通りだった。遼人たち

はますます感服した。（墓誌）

使を契丹に奉ず。公もとより虜の山川道里を知る。虜人道びくに古北口より回曲すること千余里にして柳河に至らんとす。公曰く、「松亭より柳河に趨《おもむ》かば、甚だ直にして近く、数日ならずして中京に至るべし。何ぞ彼に道せずしてこれに道するや」と。けだし虜人常にことさらにその路を迂《ま》げ、国地の険遠をもって使者に誇らんと欲す。かつ謂《おも》えらく「その山川を習うなし」と。はからずして公の問うや、あいともに驚顧し羞媿《しゅうき》して、すなわちその実を吐し、「誠に公の言の如し」と曰えり。時に順州の山中に異獣あり。馬の如くして虎豹を食《く》らう。虜人識《し》らず。もって公に問う。曰く、「これいわゆる駮《はく》なり」。ためにその形状声音を言うに、みなこれなり。虜人ますます歎服す。

奉使契丹、公素知虜山川道里、虜人道自古北口、回曲千余里、至柳河、公問曰、自松亭趨柳河、甚直而近、不数日、可至中京、何不道彼、而道此、蓋虜人常故迂其路、欲以国地険遠、誇使者、且謂、莫習其山川、不虞公之問也、相与驚顧羞媿、即吐其実、曰、誠如公言、時順州山中、有異獣如馬、而食虎豹、虜人不識、以問公、曰、此所謂駮也、為言其形状声音、皆是、虜人益歎服。

▼日本でも、織田信長が、わざと道路を屈曲させて李氏朝鮮の使節を迎えた話がある。契丹《キッタン》すなわち遼は、現在の遼寧省《りようねい》北端、遼河の支流潢水《こうすい》の北にある臨潢府《りんこうふ》を国都（上京のちに中都と呼ぶ）としていた。遼と宋の使節はひんぱんに臨潢と開封の間を往復していたわけである。ここにも記されているように、長城以北の草原地帯の動植物、自然に興味の目を向ける宋人も多く、それらについての記述も少なからず残っている。

一一　大物は網から逃げやすい

劉敞《りゆうしよう》が長安を治めると、豪民猾吏《ごうみんかつり》はなりをひそめ、正直者は仕事に精をだすことができた。億万長者として名を売っていた范偉《はんい》は、武功《ぶこう》県知事だった范祚《はんそ》を祖父にまつりあげ、祚が知事になった時の勅命を手にいれ、五十年間も徭役《ようえき》を免除されてきた。西夏との戦いで徴発が続き、下層の農民たちが疲弊しているのに、偉は涼しい顔をしている。范祚の墓を盗掘して自分の祖母と合葬し、祚の後妻だとの嘘いつわり。民間人の雷簡夫《らいかんふ》が登用され、文辞に巧みだとなると、偉は彼に賄賂を贈り墓碑を作ってもらって本当のようにしてしまった。こうして偉は大臣のもとに出入りし、地方官の裏表をにぎり、たびたび法を犯し徒罪、流罪を科せられても、たやすく金を払ってのがれてしまう。長安の人はみな彼の不法を知っているが、こわがって口に出そうとはしないし、胥吏で賄《まいない》を貰った者はいともたやすくことを隠蔽する。敞《しょう》はある事件で告発して調べあげ、偉を杖罪《じょうざい》に処した。長安中がその公正神明さに拍手を送ったが、たまたま大赦令《しゃれい》が出て、判決の決まらぬまま、敞も長安を去った。偉は謀りごとをめぐらせ、罪状を変更してしまった。この後五回も裁判が行われ、四五百人の証人が喚問されて二年も歳月がたった。朝廷は御史台に委任され、結局変更されはしなかったものの、偉の方も大赦によって杖罪をうけただけで、長安の人たちは恨みの涙をのまされた。（行状）

公長安を治す。豪猾手《ごうかつしゅ》を歛《おさ》め、良民職を得たり。大姓范偉《たいせいはんい》産を積むこと巨万を数う。武功県令范祚《はんそ》を冒して祖となし、祚令《それい》たりし時の黄勅を持し、家徭役《ようえき》せざるもの五十年。西事の調発を更《へ》て下戸困敝するも、偉は自若たり。祚の墓を盗扣《とうこう》して己《おの》が祖母をもってこれと合葬し、謾《いつわ》りて「祚の継室なり」と云う。雷簡夫処士をもって登用され、よ

公治長安、豪猾歛手、良民得職、大姓范偉、積産数巨万、冒武功県令范祚、為其祖、持祚為令時黄勅、家不徭役者、五十年、更西事調発、下戸困敝、而偉自若、盗扣祚墓、以己祖母、合葬之、謾云、祚継室也、雷簡夫以処士

く文詞をつくる。偉、簡夫に賂《はか》りて墓碑をつくらしめ、もってその偽を信《まこと》にす。偉これによりて公卿の間に出入し、府県の短長を持し、しばしば法を犯して徒流に至るも、みだりに贖《しょく》をもって去《に》ぐ。長安の人みな偉の罔冒《もうぼう》を知るも、偉を畏れてあえて言わず。吏の賕《きゅう》を受くる者かろがろしく偉のために蔽匿《へいとく》す。公、事によってこれを発し、偉を窮治して杖罪とす。長安中讙呼して神明を称す。大赦にあいいまだ断ぜずして公雍《よう》を去る。偉謀《い》によって前状を変うるに及ぶ。こののち五獄を連ね、証《しょう》四五百人におよび、展転すること二年。朝廷もって御史に委ね、すなわち変うるをえざるも、偉もまた大赦を更《ふ》るをもって、これを杖するのみ。長安の人これを恨む。

登用、能為文詞、偉賂簡夫、使為墓碑、以信其偽、偉因此、出入公卿間、持府県短長、数犯法、至徒流、輒以贖去、長安人、皆知偉罔冒、畏偉、不敢言、吏受賕者、輒為偉蔽匿、公因事発之、窮治、偉杖罪、長安中、讙呼称神明、会大赦、未断、而公去雍、偉因謀及変前状、是後連五獄、証逮四五百人、展転二年、朝廷以委御史、乃不得変、而偉亦以更大赦、杖之而已、長安人恨之。

▼豪猾《ごうかつ》とか大姓《たいせい》、あるいは宋代独自の用語で「形勢《けいせい》」と呼ばれる人たちが、官と結び徭役免除の特権を手にいれ、一般人民を苦しめる具体的な姿がここに描かれている。

それらが摘発されて司直の手がのびても、裁判が延々と続いている間に結局はうやむやに近くなるところも、どうやら日本の現代で新聞やテレビにあらわれる政治家の疑獄事件と本質的に変わりはないような気がする。

唐介《とうかい》　参政・唐質粛《しつしゅく》公・介（一〇一〇—六九）

字は子方。江陵（湖北省）の人。天聖八年（一〇三〇）の進士。御史台官として腕をふるい、国都、揚州などの地方官をへたのち、三司副使、そして英宗時代に御史中丞、六代皇帝神宗即位とともに参知政事となったが、間もなくなくなった。ここにもみられるように台諫としての発言がもとで広南に流されるなど、直言で名を売った。

一一二　外戚《がいせき》に勝手をさせるな

張堯佐《ちょうぎょうさ》なる男は進士に合格の後、屯田員外郎《とんでんいんがいろう》（正七品）の位階で開州知事まで進んだ。たまたま姪の娘が仁宗の寵を受け脩媛《しゅうえん》の呼称を賜った。堯佐はにわかに昇進し、一日の間に宣徽《せんき》・節度・景霊《けいれい》・群牧《ぐんぼく》の四使を授けられた。御史の唐介は上奏し、唐の楊貴妃の兄楊国忠《ようこくちゅう》をひきあいに出して警告したが黙視された。そこで諫官の包拯《ほうじょう》ら七人と上殿して言上し、また御史中丞に建白して朝見の百官の列の前で論争し、とうとう堯佐の宣徽と景霊宮の両使を奪いとった。介は敢言《かんげん》の功でとくに六品官の衣服を加えられた。いくらもたたぬうちに堯佐は再び宣徽使に任ぜられ、河陽（孟州）知事となった。唐は同僚に、「河陽知事の名を仮りて宣徽使にしようとする企みだ。われわれが黙っていられようか」と語った。同僚が躊躇して消極的なため、唐はひとり反対し頑として譲らぬ。仁宗は「任命の提案は中書《せいふ》から出たものだ」と説得されたが、唐介はしまいには、「宰相文彦博は成都の知事だった時、燈籠錦《とうろうきん》を贈って張貴妃にへつらい、宰相の位をものにした。いままた宣徽使を餌に堯佐と結托しようとしている。彦博《げんはく》を追放し富弼を宰相にすべきだ」とか、「諫官の呉奎《ごけい》は洞《ほら》が峠《とうげ》をきめこみ悪だくみをいだいている」と、歯に衣《きぬ》をきせず極言する始末。怒った仁宗は上奏文を押しのけて目もふれず、彼を降格左遷しようとされた。介はその命令をゆっくり読みおわり、「臣は忠義の心で怒り狂っております。死罪をもいといませぬ」といった。おかみはいそいで大臣たちを召され、上奏を示して、「介がほかのことを言うならよい。彦博が貴妃のせいで副宰相を手にいれたとは何たる言い草か」と言われる。介が彦博に、「貴殿は自《みず》から省みられるべきで、もしそうならお隠しあるな」と面詰《めんきつ》すると、彦博はただ平身低頭するばかりである。枢密副使の梁適《りょうてき》が介を叱りつけて、御殿からおろそうとするが、介はますますいいつのる。烈火のごとく怒った仁宗は大声でわめき、一同どうなることかと固唾《かたず》をのんで見守る。この時修起居注《しゅうききょちゅう》官として御殿の陛《きざはし》に立っていた蔡襄《さいじょう》が進み出て、「介はまことに狂気じみております。しかし諫言を受け容れるのが、人主たるものの美徳なれば、きっと罪を与えられませぬよう」と言上した。そこで詔勅起草の当番にあたっていた中書舎人《ちゅうしょしゃじん》を召されて、その場で辞令をしたためさせ、春州別駕《べつが》（広東省）の官に左遷した。翌日、御史中丞の王挙正《おうきょせい》が弁護に参内し、おかみの方も後悔されて、英州別駕に改め、またその上奏をおさめられた。その翌日、文彦博は罷免され、呉奎もしりぞけられた。宦官をつかわして介を左遷の場所まで送りとどけ、かつ必ず身の安全をはかり、道中殺されるようなことなきよう戒められた。

（名臣伝及碑誌）

張堯佐《ちょうぎょうさ》なる者、進士をもって第《だい》に擢《ぬき》んでられ、官を累《かさ》ねて屯田員外郎に至り開州に知たり。たまたまその姪の女、仁宗に寵ありて脩媛《しゅうえん》たり。堯佐ついに驟《にわか》に遷《うつ》る。一日中に宣徽《せんき》・節度・景霊《けいれい》・群《ぐん》牧《ぼく》の四使に除せらる。御史唐介上疏し、楊国忠を引きて戒となすも報ぜられず。また諫官包拯、呉

張堯佐者、以進士擢第、累官至屯田員外郎、知開州、会其姪女、有寵於仁宗、為脩媛、堯佐遂驟遷、一日中、除宣徽、節度、景霊、群牧四使、御史唐介上疏、引楊国忠為戒、不報、又与諫官

奎ら七人と殿上に論列す。また御史中丞に白《もう》して百官の班を留めてもって庭争せんと欲す。ついに堯佐の宣徽・景霊両使を奪う。特に介に六品の服を加えもって敢言を旌《あらわ》す。いまだ幾ばくならず、堯佐また宣徽使に除せられ河陽に知たり。唐同列に謂いて曰く、「これ宣徽を与えんと欲して河陽を仮りて名となすのみ。われらあに中に已《や》むべけんや」と。同列依違《いい》して前《すす》まず。唐ついに独りこれを争い奪うあたわず。仁宗諭して曰く、「除擬《じょぎ》はじめ中書に出づ」と。介ついに極言す。「宰相文彦博益州に知たるの日、燈籠錦《とうろうきん》をもって貴妃に媚《こ》び、宰相の位に致す。いままた宣徽使をもって堯佐に結ぶ。請うらくは彦博を逐《お》いて富弼を相とされんことを」。また曰く、「諫官呉奎は観望し姦《かん》を挾《はさ》む」と。語甚だ切直なり。仁宗怒り、その奏を却けて視ず。かつまさに貶竄《へんざん》せしめんとすと言う。介おもむろに読み畢《おわ》りて曰く、「臣忠義もて

包拯、呉奎等七人、論列殿上、又白御史中丞、留百官班、欲以庭争、卒奪堯佐、宣徽、景霊両使、特加介六品服、以旌敢言、未幾、堯佐復除宣徽使、知河陽、唐謂同列曰、是欲与宣徽、而仮河陽為名耳、我曹豈可中已耶、同列依違不前、唐遂独争之、不能奪、仁宗諭曰、除擬初出中書、介遂極言、宰相文彦博、知益州日、以燈籠錦、媚貴妃、而致位宰相、今又以宣徽使、結堯佐、請逐彦博、而相富弼、又言、諫官呉奎、観望挾姦、語甚切直、仁宗怒、却其奏、不視、且言、将貶竄、介徐読畢、曰、臣忠義憤激、雖鼎鑊不避也、上急召二

憤激す。鼎鑊《ていかく》といえども避けざるなり」と。上急ぎ二府を召し、疏をもってこれに示して曰く、「介它事を言うはすなわち可なり。彦博貴妃によりて執政を得《う》と謂うに至りては何の言なるや」。介面のあたり彦博に質《ただ》して曰く、「彦博よろしく自省すべし。もしこれあらば隠すべからず」と。彦博拝謝してやまず。枢密副使梁適、介を叱して殿を下らしむ。介諍《あらそ》うこといよいよ切なり。仁宗大いに怒り、玉音甚だ厲《はげ》し。衆、禍の不測に出でんことを恐る。この時蔡襄修起居注たりて殿の陛に立つ。すなわち進みて曰く、「介誠に狂直なり。然《しか》れども諫を納れ言を容るるは人主の美徳なり。かならず全貸《ぜんたい》を望む」と。ついに当制の舎人を召し、殿廬《でんろ》に就きて制を草せしめ、春州別駕に貶《おと》す。翌日《よくじつ》、御史中丞王挙正これを救解す。上もまた中《うち》に悔み、改めて英州別駕となす。またその奏を取りてもって入る。また明日、彦博を罷め、呉奎を

府、以疏示之曰、介言它事乃可、至謂彦博、因貴妃、得執政、何言也、介面質彦博、曰、彦博宜自省、即有之、不可隠、彦博拝謝不已、枢密副使梁適、叱介使下殿、介諍愈切、仁宗大怒、玉音甚厲、衆恐禍出不測、是時蔡襄、修起居注、立殿陛、即進曰、介誠狂直、然納諫容言、人主之美徳、必望全貸、遂召当制舎人、就殿廬、草制、貶春州別駕、翊日、御史中丞王挙正救解之、上亦中悔、改為英州別駕、復取其奏、以入、又明日、罷彦博、黜呉奎、而遣中使、護送介、至貶所、且戒以必全之、無令道死。

黜《ちゅつ》す。中使を遣わし、介を護送して貶所《へんしょ》に至らしめ、かつ戒しむるに必ずこれを全くして道に死せしむるなきをもってす。

▼宋初は外戚、宦官、宗室などができるだけのさばらぬよう種々の制約が加えられていたが、仁宗になってそれが弛《ゆる》みはじめる。四つの使のうち実職は群牧使のみ、宣徽《せんき》使《し》も節度使《せつどし》もこの頃は高い宮中序列と俸給をあらわす名称にすぎぬ。景霊宮使は、皇帝の菩提寺の名目上の長官名、六品の服とは緋色の衣服。必ずしも高位でない御史がこのように迫力ある議論を皇帝の前で展開し、宰相をひきずりおろすところに北宋盛期の政治の特色がうかがえる。

一一三　自分で道をきりひらけ

唐介《とうかい》はある日政府から帰宅して子供たちに話した。「わしも政府につとめている以上、口に戸《と》をたてず意見を述べている。おまえたちのためになるようにはせず、憎まれ邪魔されることばかり矢鱈に多い。だがお前たちが出世するかどうかは天命じゃ。

自分たちで頑張るだけじゃ」。（湘山野録）

唐質粛公《しつしゆくこう》一日政府より帰り、諸子《しよし》に語りて曰く、「吾れ位に政府に備わり、知りて言わざるなし、桃李《とうり》もとよりいまだかつて汝らのために栽培せずして、荊棘《けいきよく》すなわちはなはだ多し。しかれども汝らの窮達は命にあらざることなし。ただ自《みず》から勉むるのみ」と。

唐質粛公、一日、自政府帰、語諸子曰、吾備位政府、知無不言、桃李固未嘗為汝等栽培、而荊棘則甚多矣、然汝等窮達、莫不有命、惟自勉而已。

▼台諫官として、人のいやがることばかり言えば、遺恨のタネをあちこちにばらまくことになる。親をあてにせず、自分のことは自分でやれというのいつの時代にも通じる教え。

一一四　王安石の登場

熙寧年間の初め、富弼《ふひつ》、曾公亮《そうこうりよう》が宰相で、唐介、趙抃《ちようべん》と王安石が副宰相だった。時に王安石がおかみの寵愛をえ、鋭意目新しい政治にとり組んだ。同僚の宰臣たちとは議論がまったく合わず、台諫《だいかん》たちの攻撃の上奏は一日としてやまない。呂誨《りょかい》、范純仁《はんじゅんじん》、銭顗《せんぎ》、程顥《ていこう》らは口をきわめて論難し、全国民がすべて余計なことをはじめると考えた。折りしも弼は足が悪く、公亮は老人ということで身をひき、介はしばしば天子の前で論争したが勝つことができず、間もなく背中に腫瘍ができてなくなった。趙抃《ちょうべん》は力不足で一日中ため息ばかりついている。ある事が改められると何十回も苦しそうに声をあげる。このため当時、「中書《せいふ》には生老病死苦がいる」といわれた。安石が元気で公亮《こうり》が老人、弼《ひつ》は病気、介《かい》は死に、抃《べん》が苦しむという意味である。（東軒筆録）

熙寧初め、富鄭公弼・曾魯公公亮相たり。唐質粛公介・趙少師抃・王荊公安石参知政事たり。この時荊公方《はじ》めて君を得、鋭意新たに天下の政を美しくせんとす。宰執《さいしつ》同列より、一人の議論やや合するなく、台諫章疏《しょうそ》して攻撃する者虚日なし。呂誨・范純仁《はんじゅんじん》・銭顗《せんぎ》・程顥《ていこう》の論もっとも詆訾《ていし》を極め、天下の人みな目して生事となす。この時、鄭公足

熙寧初、富鄭公弼、曾魯公公亮、為相、唐質粛公介、趙少師抃、王荊公安石、為参知政事、是時、荊公方得君、鋭意新美天下之政、自宰執同列、無一人議論稍合、而台諫章疏攻撃者、無虚日、呂誨、范純仁、銭顗、程顥之論、

を病むをもって、魯公年老をもってみな引去す。唐質粛しばしば上の前に争うも勝つあたわず。いまだ幾ばくならずして疽背《そはい》に発して死す。趙少師《ちょうしょうし》力勝たず、ただ終日歎息す。一事の更改に遇わばすなわち声苦すること数十なり。ゆえに当時謂《おも》えらく「中書に生老病死苦あり」と。介甫《かいほ》は生、明《めい》仲《ちゅう》は老、彦国《げんこく》病、子方《しほう》死、悦道《えつどう》は苦なるを言うなり。

尤極詆訾、天下之人、皆目為生事、是時鄭公以病足、魯公以年老、皆引去、唐質粛屢争於上前、不能勝、未幾、疽発于背而死、趙少師力不勝、但終日歎息、遇一事更改、即声苦者数十、故当時、謂中書有生老病死苦、言介甫生、明仲老、彦国病、子方死、悦道苦也。

▼のちに述べるように、青年天子神宗が即位した時、すでに慶暦時代のニュースターだった韓琦、欧陽脩らは年老い、富弼や文彦博も頑固な保守派と変って、仁宗時代までの諸政策のひずみを是正する者がいない。特に財政の危機は深刻で、ここに書かれたような半身不随の成行まかせの政府では、難破寸前に追込まれていた。王安石が抜擢される背景は必ずしも偶然ではなかったのである。

趙抃《ちょうべん》　参政・趙清献公・抃（一〇〇八―八四）

字は閲道。衢州《くしゅう》西安県（浙江省）の出身。景祐元年（一〇三四）の進士。成都などの地方官を歴任したのち、御史台官となり、鉄面御史と硬骨ぶりをうたわれる。英宗の末、治平四年九月副宰相となり、次の神宗のはじめ、王安石と同僚となったが意見があわず、熙寧三年（一〇七〇）辞任、以後杭州や越州などの知事をつとめた。

一一五　政策遂行の裏側

趙抃《ちょうべん》が話してくれた。「王安石は、宦官《かんがん》を通じておかみのお召しや賜り物があると、いつも常に倍する贈り物をした。ひそかに宦官の頭張若水《ちょうじゃくすい》、押班藍元振《おうはんらんげんしん》と結託し、しっかりと皇帝の寵愛を固めた。おかみは宦官二人に首都圏の青苗法をひそかに視察させられたが、いずれも人民は便宜を得、それを喜んでいると報告したため、断固これを行われ、安石を尊崇し疑うことなく彼を重用された」。またこういう話もある。呂公著《りょこうちょ》が御史中丞を罷める日、おかみは副宰相に次のように諭《さと》された。「王韶《おうしょう》は「青苗法は本当はよくない。ただ自分は以前その相談にあずかっており、とやかく言いたくない」と言っている。小人《しょうじん》というものははじめとおわりで言うことが違うから、やめさせるべきだが、王安石は彼だけは自分にそむかなかったから、現在までやめさせ

ないでいる」と。（温公日録）

趙閲道《ちょうえつどう》曰く、「介甫《かいほ》は中使の宣召《せんしょう》および賜予《しよ》あるごとに、贈る所の物常に旧例に倍す。陰《ひそか》に内侍都知《ないじ》張若水《ちょうじゃくすい》、押班藍元振《おうはんらんげんしん》に結び、よりてよく上の寵を固む。上中使二人をして潜《ひそ》かに府界の青苗を察せしめらる。還りてみな民これを便楽すと言う。ゆえに上堅く行い、介甫を盛崇され、これを用いて疑わず」。又曰く、「晦叔《かいしゅく》中丞を罷むるの日、上執政に諭して曰く、「王子韶《しょう》言う、青苗は実に便ならず。ただ臣先にこの議に与《あずか》らば、あえて論列せず」と。小人は首鼠両端《しゅそりょうたん》なればまさに黜《しりぞ》くべし。介甫その独り己《おのれ》に叛かざるを徳とし、今に至るもいまだ黜けず」。

趙悦道曰、介甫毎有中使宣召及賜予、所謂之物、常倍旧例、陰結内侍都知張若水、押班藍元振、因能固上之寵、上使中使二人、潜察府界青苗、還皆言民便楽之、故上堅行、盛崇介甫、用之不疑、又曰、晦叔罷中丞之日、上諭執政曰、王子韶言、青苗実不便、但臣先与此議、不敢論列、小人首鼠両端、当黜之、介甫徳其独不叛己、至今未黜也。

▼改革者として名高い王安石とて中国の政治家。大の虫を生かすためには裏でいろいろな手を使ったであろう。この一文も必ずしも反対派の中傷だけとは思えない。王《おう》

韶《しょう》（字子韶）は王安石の腹心として特に西方異民族征圧に力を尽した。

一一六　飢饉の時の地方官

趙抃《ちょうべん》は熙寧年間、資政殿大学士で越州《えつしゅう》知事となった。江蘇、浙江《せっこう》は旱魃《かんばつ》で蝗《いなご》が発生し、米価は高騰して、五、六割の人が餓死した。各州では目抜通りに米価を高くするなと賞金つきの高札を出したが、抃《べん》だけは、米をもっておれば勝手に高くして売り出せと告示した。諸州の米商人たちは我も我もと越州にあつまり、米価はどんどん下り、民は餓死せずにすんだ。抃の施政はどこでも好評だったが、成都と杭州、越州ではとりわけ名高い。（紀聞）

趙閲道《ちょうえつどう》、熙寧中、大資政《だいしせい》をもって越州を知す。両《りょう》浙旱蝗《せつかんこう》あり米価踊貴《ようき》し、餓死する者十に五六。諸州みな衢路《くろ》に牓《ぼう》し、賞を立て人の米価を増すを禁ず。閲道独り衢路に牓し、米ある者をして任《ほしいまま》に価を増しこれを糶《ちょう》せしむ。ここにおいて諸州の米

趙閲道、熙寧中、以大資政、知越州、両浙旱蝗、米価踊貴、餓死者十五六、諸州皆牓衢路、立賞、禁人増米価、閲道独牓衢路、令有米者、任増価糶之、於是、

商輻湊《ふくそう》して越に詣り、米価更に賤《いや》しく、民餓死する者なし。閲道民を治むるに、至る所声あり。成都杭越に在りてもっとも著る。

諸州米商、輻湊詣越、米価更賤、民無餓死者、閲道治民、所至有声、在成都杭越、尤著。

▼古来、中国の王朝にとって飢饉、災害対策は重要政策の一つだった。とくに十年九旱《かん》、十年間に九回旱魃《かんばつ》に見舞われるという中原地方では、九年の備蓄がないと国でないと考えられる程であった。モンスーン地帯の江南はそれほどではないが、やはり台風や水害が加わり、災害は多く、府州あるいは県単位で救済策に頭をひねる。それを賑恤《しんじゅつ》、賑済《しんさい》などと称し、『救荒活民書《きゅうこうかつみんしょ》』などという手引も作られている。大資政すなわち資政殿大学士は副宰相を退いた者の中から特に与えられる肩書。

呂誨《りょかい》　御史中丞・呂公・誨（一〇一四―七一）

字は献可《けんか》。太宗末の宰相呂端《りょたん》の孫。進士に合格し、地方官をへて御史台官となり、英宗時代は諫官として、濮議において宰相反対派の雄として活躍。またここにひいた話で知られるように、王安石ブームとでもいう雰囲気の中で、上記蘇洵《そじゅん》、范鎮らとともにその将来への警鐘を鳴らし続けた。宋を代表する台諫の一人。

一一七　先見の明ある諫官

熙寧年間王安石が参知政事《ふくさいしょう》を拝命した当初のこと。神宗皇帝は政務に熱心で、ある日などは紫宸殿《ししんでん》で朝早くから謁見を行われ、宰相たちの長い長い奏事が続いた。日が西に傾く頃になって、お目通りを願う官員たちを後殿におき、おかみはお召しかえになって再び出御されて順次名を呼んで引見された。この時、御史中丞だった呂誨《りょかい》は、崇政殿でお目通りを願い、翰林学士だった司馬光は邇英閣《じえいかく》で御進講のため、皇太子御学問所でお召しの命令を待とうと出かけた。路上であった二人はならんで北に向かった。光が「今日のお目通りには何を仰言るのか」とそっと尋ねると、誨は手をあげ、「袖の中は新任参知政事の弾劾文《だんがいぶん》ですよ」と答えた。光が「学問・文章にすぐれ行義ある安石のこと、勅命がくだると誰もがよい人を得たと喜んだのに、どうして弾劾されるのか」と非難すると、誨は顔色を改めていった。「あなたまでがそのように言われるか。王安石は世にもてはやされ、おかみも気にいっておられる。だが、偏見に固執し、世情に通ぜず、すぐ信じこんで改めない。また阿諛《あゆ》追従にのりやすい。彼の言うことはきれいだが、実行となると穴だらけである。もし侍従《じじゅう》あたりならばよろしかろうが、宰相の府に置くとなると、天下はきっとその弊害を被るであろう」と。光はかさねて説得した「あなたとは平素心が通いあった仲だ。何でも思ったことは腹蔵なくしゃべっている。今日の議論は、何も悪い証拠がなく、軽はずみにことを先取りしているようだ。別の上奏があればそちらを先に出し、こっちはひとまずおさめてゆっくり考え直されたらいかがか」。誨はいった、「おかみは即位されたばかりで先は長い。大事に加わる者は二三の大臣だけである。もし人物を間違えば、国事をそこなうことになる。これつまり心腹の病い同然一刻の猶予もできず、ぐずぐずしておられようか」。言いおわらぬうちに、閤門《こうもん》の吏が声をはりあげてうながしたため、そのまま歩き去ってしまった。御進講から退出した司馬光は、翰林学士の部屋に戻って一日中考えこんだが、どうしても納得できない。やがて人々の間で誨の上奏が少しずつ伝えられ、話題になると、それがゆきすぎではないかと取り沙汰された。間もなく中書に三司条例司が設置され、日頃王安石のもとに出入していた出世めあての追従ものたちが悉く推薦されて下僚となり、毎日、条例司に集まって議論を行う。天下をおさめることが自分の任務とて、祖宗の法を変更し、聚斂《しゅうれん》だけにつとめ、条例を作り出しては全国に発布し、『周礼《しゅらい》』を適当に引用して苛斂誅求《かれんちゅうきゅう》の現実を隠蔽しようとする。宰相や大臣たちが異議を申したててもきかず、台諫や従官がどんなに頑張ってもとめられない。地方官や監司たちが少しでも自分の意にさからうと、すぐに左遷される。かくして人民は騒然となり、ようやく、さきに誨と議論した者はとても自分たちの及ぶところではないと感服して不明を恥じた。だが誨はこのために結局鄧州《とうしゅう》の知事に転出させられた。（劉諫議集）

熙寧の間、王介甫初めて参知政事を拝す。神考厲精治を求めらるに方《あた》る。一日紫宸《ししん》早《つと》に朝し、二府事を奏すること頗る久し。日刻すでに晏《あん》たるや、例として登対の官を後殿に隔て、上の衣を更《か》え坐に復せらるるを須《ま》ちて次《じ》をもって賛引す。時に呂献可御史中丞に任ぜられ、まさに崇政に対せんとし、司馬温公翰林学士たりて邇英閣《じえいかく》に侍講し、またまさに資善堂に趨きてもって宣召を俟たんとす。路にあい遇い、並行して北す。温公ひそかに問いて曰く、「今日対を請うは何事を言わんと欲するか」。献可手を挙げて曰く、「袖中の弾文はすなわち新参なり」と。温公憚然《たんぜん》として曰く、「介甫の

熙寧間、王介甫、初拝参知政事、神考方厲精求治、一日、紫宸早朝、二府奏事頗久、日刻既晏、例隔登対官於後殿、須上更衣復坐、以次賛引、時呂献可、任御史中丞、将対於崇政、而司馬温公、為翰林学士、侍講邇英閣、亦将趨資善堂、以俟宣召、相遇於路、並行而北、温公密問曰、今日請対、欲言何事、献可挙手曰、袖中弾文、乃新参也、温公憚然曰、以介甫之文学行義、命

文学行義をもって、命下るの日、衆みな人を得るを喜べり。いかんぞこれを論ぜん」。献可色を正して曰く、「君実《くんじつ》もまたこの言をなすや。王安石時名あり、上の意の向かう所といえども、しかれども好んで偏見を執り、物情に通ぜず。軽信して回《めぐら》せ難く、人の己《おのれ》を佞《ねい》するを喜ぶ。その言を聴かば美しきも、用に施さばすなわち疏なり。もし侍従に在らばなおあるいは容るるべきがごときも、これを宰府に置かば、天下必ずその弊を受けん」。温公またこれに諭して曰く、「公ともとより心交をなす。いやしくも懐《おも》う所あらばあえて尽さずんばあらず。今日の論いまだ不善の迹あるを見ず、はなはだ忽遽《こつきょ》なるに似たり。あるいは別に章疏あらば、願わくば先に進呈され、姑《しば》らくこの事を留めて更に籌慮《ちゅうりょ》を加えらるれば可ならんか」。献可曰く、「上新たに位を嗣がれ春秋に富む。朝夕謀議に与《あず》かる所は二三の執政なるのみ。いやしくも

下之日、衆皆喜於得人、奈何論之、献可正色曰、君実亦為此言耶、王安石雖有時名、上意所向、然好執偏見、不通物情、軽信難回、喜人佞己、聴其言則美、施於用則疏、若在侍従、猶或可容、置諸宰府、則天下必受其弊矣、温公又諭之曰、与公素為心交、苟有所懐、不敢不尽、今日之論、未見有不善之迹、似傷忽遽、或別有章疏、願先進呈、姑留是事、更加籌慮、可乎、献可曰、上新嗣位、富於春秋、朝夕所与謀議者、二三執政而已、苟非其人、将敗国事、此乃心腹之疾、治之惟恐不及、顧可緩邪、語未竟、閤門吏、抗声追班、乃趨而去、

その人にあらざればまさに国事を敗らんとす。これすなわち心腹の疾《しつ》、これを治するにただ及ばざるを恐る。顧みて緩《ゆる》むべけんや」。語いまだ竟《おわ》らず。閤門《こうもん》の吏声を抗《はげま》して班を追《つい》す。すなわち趨《はし》りて去く。温公経筵《けいえん》より退き、玉堂に黙坐して終日これを思う。その説を得ず。すでにして縉紳《しんしん》の間ややその章疏を伝うる者あり。往々偶語窃議《せつぎ》するにその太《はなは》だ過なるを疑う。いまだ幾ばくならず、中書《せいふ》、三司条例を置くを聞く。平日介甫の門、躁進諂諛《とうゆ》の士、悉く辟召《へきしよう》されて僚属となり、日にあいともに局中に講議す。天下を経綸するをもって己《おの》が任となし、始めて祖宗の法を変更す。専ら聚《しゆう》斂《れん》に務め、条目を造出し、四方に頒《わか》ち、妄《みだ》りに周官を引きてその誅剝《ちゆうはく》の実を蔽う。輔弼《ほひつ》大臣、議を異にするも回らすべからず。台諫従官、力争するも奪うあたわず。州県監司奉行ややもその意に忤《もと》らば、譴黜《けんちゆつ》これに随う。ここにおいて百姓《ひやくせい》騒然た

温公退自経筵、黙坐玉堂、終日思之、不得其説、既而縉紳間、寖有伝其章疏者、往往偶誠窃議、疑其太過、未幾、聞中書置三司条例司、平日介甫之門、躁進諂諛之士、悉辟召為僚属、日相与講議於局中、以経綸天下、為己任、始変更祖宗法、専務聚斂、造出条目、頒於四方、妄引周官、蔽其誅剝之実、輔弼大臣、異議不可回、台諫従官、力争不能奪、州県監司、奉行、微忤其意、則譴黜随之、於是、百姓騒然矣、然後前日之議者、始愧仰歎服、以為不可及、而献可終縁茲事、出知鄧州。

りて然るのち、前日の議する者、始めて愧仰《きぎょう》歎服し、もって及ぶべからずとなす。献可ついにこの事によりて出でて鄧州に知たり。

▼司馬光も最初は王安石を高く買っていた。玉堂は翰林学士の執務室。王安石自身をはじめ新法の推進者たちは位階が低く、新進とか小人とか言われる。王安石もまた新法の理論的根拠として経書《けいしょ》の一つである『周礼《しゅらい》』(周官)を利用した。

彭思永《ほうしえい》　御史中丞・彭公・思永(一〇〇〇—七〇)

字は季長《きちょう》。吉州廬陵《ろりょう》(江西省)の人。天聖五年(一〇二七)の進士。県知事から州府の副知事、知事というおさだまりの出世コースを歩む。仁宗時代、侍御史として、皇帝が特別な任命、恩賞を与えすぎると強硬に上奏し名をあげる。英宗時代の濮議《ぼくぎ》にも反宰相派の一人として論陣を張ったが、神宗に入ると地方に出て州知事で生涯をおえた。

一一八　正直と心の大きさ

彭思永《ほうしえい》が心やさしく誠実なことは天性自然の賜だった。八、九歳の頃、岳州《がくしゅう》に赴任する父親についていった。朝早くおきて学校に行こうとして、門の外で金の釵《かんざし》を拾った。誰かさがしに来ないかとじっとそこに坐っていると、一人の胥吏《しょり》がいつまでもうろうろしている。理由をきくと、はたして釵をおとした者だった。彼はその形状をただし、信用できることをたしかめてから出してやった。胥吏が何百銭かの礼金を出すと、思永は笑って受けつけず、「かねが欲しかったら、釵《かんざし》はそれっぽっちの値段ではなかろう」といったので、胥吏は感歎して立去った。科挙受験の折、貧しくて持ちあわせがなく、金の釧《うでわ》数本を持って旅館にとまっていた。同じ受験生がやって来て、大ぜいで釧を出させていじくっていた。ある男がその一つを袖の中にすべりこませたが彼はみてみぬふりをし、他の者は誰も気付かない。〔数が足りぬとて〕みなが驚いて探そうとすると、彼は「いやこれだけだ。なくなってはいない」という。帰り際に釧を袖に入れた者が挨拶のため手を挙げると釧が地面におちた。人々は彼の度量に敬服した。

公の仁厚誠恕、自然より出づ。年八、九歳の時、尚書《しょうしょ》の出でて岳州に官たるに従う。晨《あした》に起きてま

公仁厚誠恕、出於自然、年八九歳時、従尚書出官岳州、晨起、

さに学舎に就かんとするに、門外に金釵《きんさい》を得たり。その処に黙坐しもって訪ぬる者を伺う。一吏あり徘徊これを久しゅうす。故《ゆえ》を問うに果たして釵《かんざし》を墜《おと》す者なり。公その状を詰し、これが信を験してただちに出してこれに付す。吏謝するに数百金をもってす。公笑いて受けず。曰く「我もしこれを欲せば、釵を取ること数百金を過ぎざるや」と。吏嘆駭《たんがい》して去る。始め挙に就く時、貧にして余貲《よし》なし。ただ金釧《きんせん》数隻を持して旅舎に棲《せい》す。同挙せられし者これに過《よぎ》る。衆釧を出して翫となさんことを請う。客その一を袖間に墜す者あり。公これを視て言わず。衆知るなきなり。みな驚きこれを求む。公曰く、「数はこれにとどまるのみ。失あるにあらず」と。将《まさ》に去らんとして釧を袖にせし者、揖《ゆう》して手を挙ぐるに、釧地に墜つ。衆公の量に服す。

将就学舎、得金釵於門外、黙坐其処、以伺訪者、有一吏徘徊久之、問故、果墜釵者也、公詰其状、験之信、即出付之、吏謝以数百金、公笑不受、曰、我若欲之、取釵、不過於数百金耶、吏嘆駭而去、始就挙時、貧無余貲、惟持金釧数隻、棲於旅舎、同挙者過之、衆請出釧為翫、客有墜其一於袖間者、公視之、不言、衆莫知也、皆驚求之、公曰、数止此耳、非有失也、将去、袖釧者、揖而挙手、釧墜於地、衆服公之量。

▼二つの話のうち、後の方は、我が井原西鶴の『日本永代蔵』に出て来る「大晦日はあはぬ算用」という話をどこか想い出させる。こちらは、小判を手にした一人が、仲間の貧しい武士たちを集めて祝いの会をやる。そのうち小判がなくなり、人々が疑心暗鬼になるのを、誰かが小判があったと抛り投げる。ほぼ同時に奥からかみさんが、お重のふたに小判がくっついていたと持ち出し、先の小判を帰り口におき、それとなく持ち帰らせるという筋である。

范鎮《はんちん》　内翰《ないかん》・蜀郡・范忠文公・鎮（一〇〇八―八八）

字は景仁《けいじん》。成都華陽（四川）の人。宝元元年（一〇三八）の進士。皇帝の行う最終試験の前、中央礼部（文部省）での試験では首席だった。諫官として仁宗に皇太子をたてるべき上奏を十九回くりかえし、神経をすりへらして髪は真白になったと言われる。英宗時代濮議で活躍し、さらに翰林学士に進んで王安石の新法に猛然と反対し、やがて官職をしりぞいて隠棲してしまった。神宗の治世が終わり、哲宗になって、反王安石派が政権をにぎっても表にあらわれず、後半生の二十年余りを在野の人としてすごす。司馬光は「わが兄弟」と呼び、ここに引くような伝記を書き残した。宋代の有名な文筆家、政治家の文章は現在その多くを見ることができるが、文集だけで百巻、上奏文その他を加えると膨大になる彼の著作はまとまって残っていない。反王安石の旗頭とみなされ、その文章は、章惇《しょうじゅん》、蔡京《さいけい》らの新法派の手で発禁になり、板木なども焼却された結果であろう。

一一九　真の勇気とは

現代の勇気ある者を私（司馬光）に尋ねた人がいた。私は「范鎮の勇にはだれも敵わぬ」と答えた。客「范鎮は五尺ばかりの小男で、そのままでは着物のたけもあわぬ。どうして勇者たりえよう」。私「何をいっているのか。勇者といえば、目をいからせまなじりを決し、冠がもちあがらんばかり髪をさかだて、九頭の牛を曳く力持で、三軍をおおう豪気の者をいうつもりか。これは匹夫の勇にすぎず、外向きの勇というものである。范鎮などは内面の勇者である。唐の宣宗《せんそう》このかた、皇太子問題を臣下が口にすることを好まれず、万一そうしたことがあれば、すぐに憎まれ、謀反と同じように扱われる。それに鎮ひとりそれを言い、上奏は十数回にとどまらず、自分と一族のことは少しも顧慮しなかった。鎮におとがめがないのをみて、他の人で彼に続く者がでてきたのである。されば鎮は予測のたたぬ危険を冒したわけで、勇なき者にできようか。人情として天子と大臣を畏れぬ者はいない。情愛の最も深きは親子である。大臣が天子の父親を尊崇したいというのに鎮は古えの義《みち》を引用して争う。勇なき者にできようか。俸禄と地位はいずれものどから手が出るほど欲しいものである。年をとり病気になり、前途に希望がなくても、恋々《れんれん》執着して放さぬものだ。まして鎮はすでに高い地位につき、名声もあり、大臣はもうすぐという所で、意見が容れられぬとて、六十三歳でさっさと退官し、死ぬまで再びつとめなかった。勇なき者にできようか。いったい、人は自分のできぬことを他人がやれば、頭を下げざるを得ない。呂誨の先見の明、范鎮の勇気決断はいずれも私の及ばぬところだ。私は衷心から心服し、ために范鎮の伝を作った」。(伝)

客今の勇を迂叟《うそう》に問う者あり。叟曰く「范景仁なる者あり。その勇たる、人これに敵うなし」と。客曰く「景仁長《たけ》僅かに五尺、循々《じゅんじゅん》衣に勝《た》えざるごとし、なんすれぞそれ勇ならん」。叟曰く「何ぞやなんじのいうところの勇なる者。なんじ目を瞋《いか》らせ眥《まなじり》を裂き、髪は上冠を指し、力九牛を曳き、気三軍を陵《しの》ぐ者、勇となすか。これただ匹夫の勇

客有問今世之勇於迂叟者、叟曰、有范景仁者、其為勇、人莫之敵、客曰、景仁長僅五尺、循循如不勝衣、奚其勇、叟曰、何哉、而所謂勇者、而以瞋目裂眥、髪上指冠、力曳九牛、気陵三軍者、為勇乎、是特匹夫之勇耳、勇於

なるのみ。外に勇なる者なり。景仁のごときは内に勇なる者なり。唐の宣宗より以来、人の嗣《し》を立つを言うを聞くこと欲せず。万一これを言う者あらば、輒《ただち》に切歯これを疾み、倍畔と異るなし。しかるに景仁独りこれを唱言し、十余章やまず。身と宗族を視ること鴻毛《こうもう》の如し。後人景仁の恙《つつが》なきを見て継ぎてこれを為す者すなわちこれあり。然らば景仁は不測の淵を冒す。勇なき者これをよくせんか。人の情たれか天子と執政を畏れざらん。親愛の至って隆なる者父子といずれぞや。執政、天子の父を尊ばんと欲して、景仁古義を引きてもってこれを争う。勇なき者これをよくせんか。禄と位はみな人の貪る所。あるいは老かつ病し、前に冀《ねが》うべきなきも、なお恋々捨去するに忍びず。いわんや景仁身はすでに通顕たりて声望あり、公相を視ること跬歩《きほ》の遠きなし。言行われざるをもって、年六十三にしてすなわち衣を払いて帰り、

外者也、若景仁、勇於内者也、自唐宣宗以来、不欲聞人言立嗣、万一有言之者、輙切歯疾之、与倍畔無異、而景仁独唱言之、十余章不已、視身与宗族、如鴻毛、後人見景仁無恙、而継為之者、則有矣、然景仁者冒不測之淵、無勇者能之乎、人之情、孰不畏天子与執政、親愛之至隆者、孰若父子、執政欲尊天子之父、而景仁引古義、以争之、無勇者能之乎、禄与位、皆人所貪、或老且病、前無可冀、猶恋恋不忍捨去、況景仁身已通顕、有声望、視公相、無跬歩之遠、以言不行、年六十三、即払衣帰、終身不復起、無勇者能之乎、凡人有所不

終身また起たず。勇なき者これをよくせんか。およそ人よくせざる所ありて人あるいはこれを能くすれば、服せざるなし。呂献可の先見、范景仁の勇決のごときは、みな余の及ばざる所なり。余が心誠にこれに服す。ゆえに范景仁伝を作る」。

能、而人或能之、無不服焉、如呂献可之先見、范景仁之勇決、皆余所不及也、余心誠服之、故作范景仁伝。

▼迂叟《うそう》というのは、テキパキと事を運べぬ人間を意味するが、のろまにみえて本当は大人物という裏の意味もあり、『孟子』以来、人間の性格をあらわす時にしばしば使われる。司馬光はみずからの号を「迂叟」と名づけた。なお面白いことに反対派の領袖王安石もまた自らを迂闊と称している。本条では、匹夫《ひっぷ》の勇でない本当の勇とはこういうものだと司馬光が論じたてるわけである。

第二章　神宗——強い宋を目指して

英宗をついだ第六代の皇帝が神宗趙頊《しんそうちょうぎょく》（一〇六八—八五在位）で、即位の時ちょうど二十歳。青年客気の彼は契丹、西夏など異民族の圧迫をはねかえし、宋王朝の威を輝かさんと張りきっていた。濮議に疲れ、財政窮乏にも有効な対策を打てなかった既成政治家たちに失望していた神宗は、それまで名声をもちながら中央政界に加わらなかった王安石をまず副宰相に抜擢し、ついで宰相に登用した。熙寧三年（一〇七〇）安石四十九歳の年である。これから熙寧八年に至る間、「君臣水魚《すいぎょ》の交わり」の言葉通り、神宗は終始王安石をバックアップし、それにこたえて王安石は、政治、経済、社会、教育あらゆる分野にわたり、革命的といってもいい数多くの改革を断行した。新法と総称される改革は、単に国家財政の行詰りを表面的に手直しするのではなく、社会の根底から変えようとするもので、このため、官僚、地主など特権階級の利害と正面から衝突し、深刻な政争をひきおこした。多くの反対にもかかわらず、王安石の新法はある程度成功し、財政も好転した。そうなると、皇帝として、宋朝の偉大さを誇示しようという野望を持つ神宗と、それに必ずしも賛成しない王安石のギャップが次第に深まり、安石は下野《げや》する。神宗治世の後半、元豊という年号の八年間は、基本は王安石の新法にのっとりつつ、その理念を棚上げし、神宗は西に南に、異民族に対する失地回復戦を展開し、やがて次の時代のより激しい政争の下地を作っていった。

曾公亮《そうこうりよう》　太傅《たいふ》・魯国《ろこく》・曾宣靖《せんせい》公・公亮（九九九―一〇七八）

字は明仲《めいちゆう》。泉《せん》州晋江《しんこう》（福建）の人、天聖二年（一〇二四）の進士。典型的な能吏である反面、外形は荘重《そうちよう》で沈着な大人物に見え、仁宗も末近い嘉祐六年（一〇六一）宰相となってのち、熙寧三年（一〇七〇）に至るまで、韓琦《かんき》、富弼《ふひつ》、王安石の同僚宰相として八年有余その地位を守りかつそれに執着し続けた。吝嗇《りんしよく》で蓄財巨万とも評される世わたりの天才的人物。ただし後世からみて宋代の歴史にほとんど言うべき足跡は残していない。

一二〇　能吏のかがみ

従来中央諸官庁の長官は、エリートだからということで任命されたり、また交替が激しかったため、仕事に精を出す者が少なかった。胥吏《しょり》はこのため悪事を働くことができる。曾公亮は詔勅条例に全部目を通し、帳簿類をつきあわせ、善悪可否を区別して、良い加減にほっておかなかった。このためどこでも仕事の能率があがり、有能だと名声が高まった。滅多に人を褒めない欧陽脩も、武官の人事院にきて、いつも、「曾公の旧例を変易せぬよう」と言っていた。世間から心服されていることかくばかりである。（行状）

異時《いじ》省寺《しょうじ》を領せし者、多く貴達にして、かつしばしば遷徙《せんし》するをもって、おおむね事を省みず。吏並縁《へいえん》姦を為《な》すを得。公詔条を周覧し、簿書を考校し、是非可否を分別して苟簡《こうかん》を為《な》さず。ゆえに至る所職を挙げ、みな能名あり。欧陽文忠公妄《みだ》りに人を許さず。三班《さんばん》に至り、常にあえて公の旧事を易《か》えざるをもって言となす。その世に服せらることかくのごとし。

異時、領省寺者、多以貴達、且数遷徙、類不省事、吏得並縁為姦、公周覧詔条、考校簿書、分別是非可否、不為苟簡、故所至挙職、皆有能名、欧陽文忠公、不妄許人、至三班、嘗以不敢易公旧事為言、其為世所服、如此。

▼省寺というのは現在でいえば中央の各省と重要官庁のこと。宋代の官員の任期は二〜三年ときまっていたが、こうした中央の主要官庁では半年、数カ月で次々と転任させ、履歴にプラスになるようとりはからわれていた。したがって当然、実務は部下の胥吏《しょり》たちにまかせたままになる。三班は下級武官の人事を扱う三班院のこと。

一二一　老醜をさらすな

曾公亮は仁宗の嘉祐の年に宰相となり、神宗の熙寧に至ってもまだ中書《せいふ》にあった。非常に高齢だったが精神体力ともに衰えず、このため台諫が非難することもなかった。ただ李復圭《りふくけい》だけは、よくないとて、次のような詩を作った。「老いたる鳳《おおとり》が池の辺《ほとり》に蹲《うずくま》り動かない。饑えたる烏《からす》は台《うてな》の上で噤《だま》って声を立てない」。曾公はやはり官職を返して引退した。（東軒筆録）

曾魯公嘉祐に政を秉《と》りてより、熙寧中に至るもなお中書に在り。年はなはだ高しといえども精力衰えず。ゆえに台諫これを非とする者なし。ただ李

曾魯公、自嘉祐秉政、至熙寧中、尚在中書、年雖甚高、而精力不衰、故台諫無非之者、惟李復圭

復圭のみ、もって不可となす。詩を作りて曰く、「老鳳、池辺に蹲りて去らず。饑《き》烏《う》、台上に噤《つぐ》みて声なし」。魯公もまた致仕して去る。

以為不可、作詩曰、老鳳池辺蹲不去、饑烏台上噤無声、魯公亦致仕而去。

▼台諫官までも丸めこんで、長らく政権の座にあった公亮も、引退の時は、若い少し軽薄な李復圭の耶揄《やゆ》によって引導をわたされた。復圭は王安石の腹心の一人だから、あるいは背後で安石の意が働いていたのかもしれぬ。

王安石《おうあんせき》　丞相・荊国・王文公・安石（一〇二一―八六）

字は介甫《かいほ》。号は半山《はんざん》。本籍は撫州臨川《ぶしゅうりんせん》（江西省）だが、実際は江寧（現在の南京《ナンキン》）の人。神宗の熙寧二年、抜擢されて副宰相となり、翌三年末、宰相に昇任。熙寧七年四月まで、三年あまり、新法の推進に生命を賭してたたかう。翌八年二月、再び宰相に返り咲いたが、九年十月辞任し、以後その死まで約十年、江寧の半山に隠棲した。彼の政治改革は、宋代の社会、経済の最も進んだ部分を発展させようとした、極めて近代的ともいえるもので、もし彼の政策が本当に根づくことができれば、その後の中国の歴史は大きく変わっていたと思われる。彼の死後、十九世紀に至るまで、伝統的な旧中国においては王安石は「名教《めいきょう》の罪人《ざいにん》」すなわち極端な異端者と評価され、性格も歪《ゆが》み、北宋が異民族に滅ぼされる原因を作った大罪人といわれた。ただ、その詩と文章の能力が群を抜いているため、辛うじて、蔡京ほか新法の後継者と違った扱いを受けられた。二十世紀に入ってその評価はくつがえり、現在では中国の歴史を代表する人物の一人とされている。

一二二　断るほど人はもてはやす

王安石は進士を受験する時から有名だった。仁宗の慶暦二年（一〇四二）五番の成績で科挙に合格し、最初は揚州《ようしゅう》の判官《ぶちょう》、次に鄞《ぎん》県（浙江省寧波《ニンポー》）の知事に任命された。読書を好み記憶力は抜群で、後輩の持ってきた文章や、科挙の答案などでも、優れたものは一読しただけですぐ暗誦し、一生忘れなかった。文章を作る時は飛ぶように筆を動かせ、まったく心を用いていないようだが、できあがると見る人すべてがその精妙さに感服する。兄弟たちを可愛がり、俸給を家にもって帰ると、数日でたちまち弟達に使いつくされ、台所はしばしば空になったが、少しも意に介さない。その議論は高尚で意表をつき、弁舌と広い学識で自説を補強したから、他人がやりこめることはむずかしかった。下積みの時代は、出世にあくせくしなかった。たとえば、皇祐年間、宰相だった文彦博《ぶんげんはく》は安石と、張環《ちょうかい》、曾公亮《そうこうりょう》、韓維《かんい》の四人は名利に恬淡《てんたん》としているから、順序を度外視して登用し、みずから売りこむ風潮をおしとどめるよう進言した。これについては彼らの名前を記録しておくよう勅旨が出た。至和《しわ》年間に召し出して館職《かんしょく》の試験を受けさせようとされたが、固辞したため群牧《ぐんぼく》判官（馬政長官）を授けられた。これも断ったが、認められずに着任し、辞職を懇請して常州《じょうしゅう》知事（江蘇省）へと外出してしまった。こうしたことで全国に名がひろまり、世の教養人たちは彼と刺《し》を通ぜぬことを心苦しく思った。朝廷ではいつも良い官職を授与しようと思われるが、承知せぬかと気をもまれる。常州から江南西路の提点刑獄《けいむきょくちょう》に徙《うつ》り、嘉祐《かゆう》年間、中央に召して館職を与え、三司《おおくらしょう》の度支《たくし》判官に任命された。彼は固辞したが認められず、間もなく修起居注官を命ぜられた。「館閣の中には先輩が大勢おり、その人たちをとびこして高位につくわけには参りません」と辞退の上奏が十数通もたてまつられた。おかみは特に閤門《こうもん》の胥吏《しょり》に命じ、詔勅をたずさえて三司の役所で任命しようとされた。安石はお受けせず、胥吏の方も渡そうとする。安石が便所に逃げこむと、胥吏は詔勅を机の上に置いて帰ってしまった。安石は下僚に追いかけさせてそれを返す始末。朝廷は結局彼の意をひるがえさせることができぬ。一年あまりして再びさきの命令を出し、辞退の上奏が七八回あってからようやく承知して、知制誥《ちせいこう》（詔勅起草官）に任ぜられ

た。こののちはもう官職を辞退しなかった。(温公瑣語)

王安石進士に挙げられ、時に名あり。慶暦二年第五人にて科に登る。初め揚州判官に署せられ、のち鄞県に知たり。読書を好みよく強記す。後進の投贄および程試といえども、美なる者あらば一たび読過すれば輒《たちま》ち成誦して口に在り、終身忘れず。その文を属《つづ》れば筆を動かすこと飛ぶがごとく、初めより意を措《お》かざるがごときも、文成れば見る者みなその精妙に服す。諸弟を友愛し、俸禄家に入れば、数日にして輒《たちま》ち尽く諸弟に費用せられ、家道しばしば空たるも、一も問わず。議論高奇にしてよく弁博をもってその説を済《な》し、人よく屈せしむるなし。始め小官たりて仕進に急々とせず。皇祐中、文潞公宰相となり、安石及び張瓌、曾公亮、韓維の四人の恬退《てんたい》を薦め、朝廷不次に進用しても

王安石、挙進士、有名於時、慶暦二年、第五人登科、初署揚州判官、後知鄞県、好読書、能強記、雖後進投贄、及程試有美者、一読過、輒成誦在口、終身不忘、其属文、動筆如飛、初若不措意、文成、見者皆服其精妙、友愛諸弟、俸禄入家、数日輒尽為諸弟所費用、家道屢空、一不問、議論高奇、能以弁博済其説、人莫能屈、始為小官、不急於仕進、皇祐中、文潞公為宰相、薦安石、及張瓌、曾公亮、韓維四人、恬退、乞朝廷不次進用、以激僥競

って僥競《ぎょうきょう》の風を激《さえぎ》らんことを乞う。旨ありてみなその名を籍記《せきき》せらる。至和中召して館職《かんしょく》を試せんとするに、固辞して就《つ》かず。すなわち群牧《ぐんぼく》判官に除するにまた辞す。許されずしてすなわち職に就くも、懇《ねんご》ろに外補を求めて常州に知たるを得たり。これにより名天下に重く、士大夫その面を識らざるを恨む。朝廷常に授くるに美官をもってせんと欲すれども、ただその就くを肯《がえん》ぜざるを患《わずら》うなり。常州より徙《うつ》りて江南西路の刑獄を提点す。嘉祐中、召して館職・三司度支判官に除せらるるも固辞す。許されず。いまだ幾ばくならずして修起居注を命ぜらる。辞するに、「新たに館に入る。館中先進はなはだ多し。まさに超越してその右に処《お》るべからず」をもってす。章十余たびたてまつる。旨あり、閤門の吏をして勅を賫《もたら》して三司に就きてこれを授けしむ。安石受けず。吏随《したが》いてこれを拝す。安石これを厠《かわや》に避く。吏勅を案に置きて去る。安

之風、有旨、皆籍記其名、至和中、召試館職、固辞不就、乃除羣牧判官、又辞、不許、乃就職、懇求外補、得知常州、由是、名重天下、士大夫恨不識其面、朝廷常欲授以美官、惟患其不肯就也、自常州、徙提点江南西路刑獄、嘉祐中、召除館職、三司度支判官、固辞、不許、未幾、命修起居注、辞、以新入館、館中先進甚多、不当超越処其右、章十余上　有旨、令閤門吏、賫勅、就三司、授之、安石不受、吏随而拝之、安石避之於厠、吏置勅於案而去、安石使人追、而与之、朝廷卒不能奪、歳余、復申前命、安石辞七八章、乃受除知制誥、

石人をして追いてこれを与う。朝廷ついに奪うあたわず。歳余にしてまた前命を申《かさ》ぬ。安石、辞すること七八章、すなわち受けて知制誥に除せらる。これよりまた官を辞せざるなり。　自此不復辞官矣。

▼政敵司馬光さえもこのように書き綴らずにおけぬほど、安石は稀有《けう》の才能をそなえていた。本当は多くの家族、系累を養うため月給の安い中央の館職《かんしょく》を敬遠したのだが、それがかえって名利に恬淡《てんたん》とした清潔な人物というイメージを人々に植えつけてしまった。

一二三　法規の確立が第一——王安石の新法

副宰相となった王安石に神宗がこういった。「誰もそちを理解できておらぬ。そちは学問があるが世事に疎いと思っておる」。「学問は世事を正す目的のものです。ただ後の世の学説は大部分が聖賢のものでなく、ために世間では学問は世事に役立たぬと思っているにすぎません」と答えた。おかみが「それではそちは何を第一になすのか」とたずねられると「風紀を変え、法度を確立するのが現在の急務です」と述べた。こうして青苗《せいびょう》、市易《しえき》、坊場《ぼうじょう》、保甲《ほこう》、保馬《ほば》、導洛《どうらく》、免役《めんえき》などの政策がつぎつぎうちださ れ、制置三司条例司なる役所が置かれて枢密院長官の陳升之《ちんしょうし》とともにその責にあたった。御史中丞《ぎょしちゅうじょう》の呂誨《りょかい》が十項目にわたって王安石反対の議論を展開すると、安石は辞任すると言いはった。このため神宗は呂誨を追い出した。韓琦《かんき》もまた青苗法について上奏をたてまつり、各路の提挙官《ていきょかん》をやめるよう請願した。上奏がとどくと、安石は病気を口実に閑職を求めた。おかみが認められぬと、お礼言上に参内した安石は次のようにのべたてた。「陛下は先王の正道によって世俗の悪風を変えようとなさっておられます。このため世俗の悪風と軽重を争うことになります。世俗の悪風が強ければ人びとはそちらに赴き、陛下の方が強ければこちらに帰します。天秤《てんびん》の権《はかり》は相手の軽重によって変わるもの、千鈞の重さの物でも分銅のほんの少しの加減だけで動くものです。いまよからぬ者が先王の正道をこぼち、陛下の行動の邪魔だてをしようとしたとしましょう。彼らが、陛下と世俗の悪風という権《はかり》が軽重をくらべているこの機会に、僅かの重さを加えただけで労せずして天下という大きな権は世俗の悪風の方にいってしまうことになるでしょう。これが紛糾の原因に他なりません」と。神宗は納得され、王安石はようやく職務に従った。

荊公すでに参知政事たり。上これに謂いて曰く、「人皆卿を知るあたわず。おもえらく卿はただ経術を知り世務に暁《あき》らかならずと」。公対えて曰く、「経術はまさに世務を経するゆえんなり。ただ後世謂う所の者はたいていみな庸人なり。ゆえに世俗みなおもえらく、経術は世務に施すべからざるのみと」。上問う、「然らば卿の施設する所、何をもって先となすや」と。公曰く、「風俗を変じ、法度を立つるは最も方今の急とする所なり」と。ここにおいて青苗・市易《しえき》・坊場《ぼうじょう》・保甲《ほこう》・保馬《ほば》・導《どう》洛《らく》・免役《めんえき》の政、あい継いで並び興る。制置三司条例司を設け、知枢密院陳升之《ちんしょうし》と同にこれを領す。中丞呂公誨、公の十事を論ず。公力めて位を去るを求む。上ために呂公を出す。韓魏公もまた上疏して青苗法を論じ、諸路の提挙官を罷めんことを

荊公既為参知政事、上謂之曰、人皆不能知卿、以為卿但知経術、不暁世務、公対曰、経術正所以経世務、但後世所謂者、大抵皆庸人、故世俗皆以為、経術不可施於世務耳、上問、然則卿所施設、以何為先、公曰、変風俗、立法度、最方今所急也、於是、青苗・市易・坊場・保甲・保馬・導洛・免役之政、相継並興、設制置三司条例司、与知枢密院陳升之、同領之、中丞呂公誨、論公十事、公力求去位、上為出呂公、而韓魏公亦上疏、論青苗法、乞罷諸路提挙官、奏至、公

乞う。奏至る。公疾と称して分司を求む。上許さず。公入謝し、よりてために上言せり。「陛下先王の正道をもって天下の流俗を変えんと欲せらる。ゆえに天下の流俗とあい軽重をなす。流俗権重ければ天下の人流俗に帰し、陛下権重ければ天下の人陛下に帰す。権は物とあい軽重し、千鈞の物といえども、加損する所は銖両を過ぎずして移《うつ》ろう。いま姦人先王の正道を敗りもって陛下のなす所を沮《はば》まんと欲すれば、これ陛下と流俗の権、たまたま軽重を争うの時、銖両の力を加えればすなわち力を用うること至微にして、天下の権すでに流俗に帰せん。これ紛々たるゆえんなり」と。上もって然りとなし、公すなわち事を視る。

称疾、求分司、上不許、公入謝、因為上言、陛下欲以先王正道、変天下流俗、故与天下流俗、相為軽重、流俗権重、則天下之人帰流俗、陛下権重、則天下之人、帰陛下、権者、与物相為軽重、雖千鈞之物、所加損、不過銖両而移、今姦人欲敗先王之正道、以沮陛下之所為、是於陛下与流俗之権、適争軽重之時、加銖両之力、則用力至微、而天下之権、已帰流俗矣、此所以紛紛也、上以為然、公乃視事。

▼王安石は側室を持たず、名利にこだわらぬ高潔な人物といっても、政治の現場ではキレイ事は通じない。まして紀元前の司馬遷の『史記』や、やや遅れた『三国志』の世界でもすでに人間のあらゆる裏表が書きとどめられている中国のことである。先に

趙抃《ちょうべん》も書いているように、安石とて時により鞭と人参、脅迫と懐柔を使いわけるくらいは朝飯前であろう。ここにあげられている、青苗（農民への低利貸付）、市易（商人への貸付）、坊場（酒造権利金）、保甲（民兵徴発などのための鄰保制）、保馬（鄰保による軍馬飼養）、導洛（汴河の水に洛水をひき入れる）、免役（農民より徴発する各種労役の貨幣納）などは新法の一部であり、それの推進母体が制置三司条例司だった。また提挙官は、現在の省にあたる大区画「路」を単位におかれた提挙常平農田水利等使という長い官名で、全国各地での新法実施の中核にほかならぬ。

一二四　敗軍の将は兵を語らず

王安石は晩年鍾山《しょうざん》の書斎で、「福建子」という三字をたびたび書きつけた。呂恵卿《りょけいけい》に悔恨をのこすとは、彼に陥《おとしい》れられたことを恨み、彼に道を誤らされたことを悔むわけなのである。山を散策するときまって狂人のようにぼんやりと独り言をしゃべる。田昼《でんちゅう》（承君）は次のようにいっていた。「安石はある時甥の王防《おうぼう》に語りかけた。「わしは昔は人との交わりが好きで、つきあいも多かったが、すべて政治のためにうち絶えた。いま閑《しず》かに暮し、また手紙を出して様子を聞きたいものじゃ」。防がいそいそと紙筆を机の上にならべると、安石はいくどか筆をおろそうとしてから、長歎息して、さも心苦しそうにやめてしまった」と。病気になると、弟の王安礼《おうあんれい》が政府の公報を持参して兄を訪れた。たまたまそこには司馬光の宰相就任が報ぜられていた。安石は残念そうに「司馬十二が宰相になったのだなあ」とつぶやいた。公はいわゆる『日録《にちろく》』を防に命じてあずからせ、病気が重くなると、防に焼き捨てさせた。防はほかの書物を代わりに焼き、のちになって蔡卞《さいべん》の要請で朝廷より江寧府の王防の家に命令を下して『日録』を進献させた。卞《べん》は正史を作るに際して、この書物をもとに事実に手加減を加え、姦悪虚偽をかざりたて、元祐時代に作られた『神宗正史』をすっかり改めてしまった。王安石ははじめの宰相の時は、皇帝の師匠をもって自任し、神宗も厚く礼遇された。二度目の宰相の際は神宗は不快に思われることが多く、議論もしばしば一致しなかった。このため後半の日録は哲宗を欺いて秘匿されていた。現在では七十巻余りだけ見ることができるが、陳瓘《ちんかん》の言葉通り、「私の記録を尊んで宗廟《おかみのせんぞ》をないがしろにする」ものである。安石がなくなり、病気休暇の床でそれをきいた司馬光は、呂公著に次のような手紙を認《したた》めた。「安石は他に欠点はないが、ただ意地っぱりなだけだ。あとのとむらいはねんごろにすべきである」と。司馬光の人徳の立派さはかくばかりである。（聞見録）

王荊公、晩年鍾山書院において多く福建子の三字を写す。けだし呂恵卿を悔恨するは、恵卿の陥る所となるを恨み、恵卿の誤る所となるを悔やむなり。山行ごとに多く恍惚として独言し、狂者のごとし。田昼承君いう。荊公かつてその姪防に謂いて曰く、「吾れ昔交游を好み甚だ多し。皆国事をもってあい絶つ。いま閑に居り、また書を作し相問せんと欲す」と。防忻然としてために紙筆を案上に設く。公しばしば筆を下し書を作《な》さんと欲すれど、輒《すなわ》ち長歎して止む。意愧《は》ずる所あるがごときなり。公すでに病む。和甫《わほ》邸吏の状をもって公を視る。たまたま司馬温公相に拝するを報ず。公悵然として曰く、「司馬十二、相となれり」と。公のいわゆる日録なるもの、防に命じてこれを収めしむ。公病はなはだし。防をして焚去《ふんきょ》せしむ。防他書をもってこれに代う。のち朝廷、蔡卞《さいべん》の請

王荊公、晩年、於鍾山書院、多写福建子三字、蓋悔恨於呂恵卿者、恨為恵卿所陥、悔為恵卿所誤也、毎山行、多恍惚独言、若狂者、田昼承君云、荊公嘗謂其姪防曰、吾昔好交游甚多、皆以国事相絶、今居閑、復欲作書相問、防忻然、為設紙筆案上、公屢欲下筆作書、輒長歎而止、意若有所愧也、公既病、和甫以邸吏状、視公、適報司馬温公拝相、公悵然曰、司馬十二作相矣、公所謂日録者、命防収之、公病甚、令防焚去、防以他書代之、後朝廷、用蔡卞請、下江寧府防家、取日録以進、卞方作史、乃仮日

をもって江寧府の王防の家に下し、日録を取りてもって進ましむ。卞《べん》史を作るにあたり、すなわち日録に仮《か》りて事実を減落し、姦偽《かんぎ》を文致し、ことごとく元祐修むる所の神宗正史を改む。けだし荊公初め相たるや師臣をもって自から居り、神宗待遇の礼はなはだ厚し。再び相たるに帝滋《おお》く悦ばず、議論多く異同す。ゆえにのちの日録をもって卞、哲宗を欺きてこれを匿す。いま世に見ゆるもの七十余巻に止まる。陳瑩中《ちんえいちゅう》いわゆる「私史を尊び、もって宗廟を圧《おお》うもの」なり。荊公薨《こう》ずるに至り、温公病告中《びょうこく》にあり。これを聞き、呂申公に簡して曰く、「介甫は他なし。ただ執拗《しつよう》なるのみ。贈《ぞう》邮《じゅつ》の典はよろしく厚かるべし」と。温公の盛徳かくのごとし。

録、減落事実、文致姦偽、尽改元祐所修神宗正史、蓋荊公初相、以師臣自居、神宗待遇之礼甚厚、再相、帝滋不悦、議論多異同、故以後日録、卞欺哲宗匿之、今見於世、止七十余巻、陳瑩中所謂、尊私史、以圧宗廟者也、至荊公薨、温公在病告中、聞之、簡呂申公曰、介甫無他、但執拗耳、贈邮之典、宜厚、温公之盛徳、如此。

▼王安石が辞任しなければならなくなった直接の原因は、片腕とたのんでいた呂恵卿《りよけいけい》に足をひっぱられたからで、従ってこういう話が残ることになる。田昼承君は本名と

字《あざな》が続けて書かれている。北宋後半の人。司馬十二は司馬光のこと、一族のうち、同じ序列（排行《はいこう》）にある者には上から番号をつけてそれを通称とする。司馬光には実の兄弟のほか従兄弟も多くいたからそれらの十二番目の意。『日録』は『王安石日録』と呼ばれる彼の政治日記。普通は一人の皇帝が崩御すると編年体の『実録』が作られ、いくつか『実録』が重なると、紀伝体の『国史』（『正史』）が編纂される。新法派の蔡卞《さいべん》が主編した『神宗正史』は現存せぬが、王安石の日記に依拠していると評判が悪い。最後の執拗の拗はすね者のこと。後世の芝居ですね者宰相王安石といわれるもとになる話。

司馬光《しばこう》　丞相《じょうしょう》・温国《おんこく》・司馬文正公・光（一〇一九―八六）字は君実《くんじつ》。陝州夏県《せんしゅうかけん》（山西西南端）の出身。宝元元年（一〇三八）の進士。華北の地方官をしばらく勤め、すぐ中央に戻り、天子の講官《こうかん》、詔勅起草官となり、仁宗末から英宗時代は台諫として活躍。神宗は彼をも重用しようとしたが、王安石に反対して下野。神宗時代の十数年、洛陽で『資治通鑑《しじつがん》』の著述に没頭する。元祐元年（一〇八六）、哲宗《てっそう》即位とともに、人々の歓呼の嵐の中で宰相に就任。王安石新法をすべてくつがえしたが、その年九月になくなった。

一二五　大成は倦《う》まず弛《たゆ》まず

司馬光は幼い頃、ほかの者より覚えが悪いことを悩んでいた。みなと一緒に勉強していて、兄弟たちは暗誦できて遊びにいってしまっても、ひとりカーテンをおろしてとじこもり、暗誦できるようになってやっとやめた。人一倍努力を重ねたなら効果も長続きがするもの、きちんと覚えると一生忘れぬことになる。光はつねづね、「書物は暗誦しなければならぬ。馬の上にいても、寝つかれぬ夜半も、いつも文章をそらんじ、その意味を考えておれば、得るところが多い」と言っていた。（呂氏家塾記）

司馬温公幼なりし時、記問《きもん》人にしかざるを患《わず》らう。群居講習し、衆兄弟すでに誦を成して游息す。独り帷《とばり》を下し編を絶ち、よく倍諷するに迨《およ》びてすなわち止む。力を用うること多き者は功を収むること遠し。その精誦する所すなわち終身忘れざるなり。温公つねに言う、「書は成誦せざるべからず。あるいは馬上に在り、あるいは中夜寝《いね》ず、時にそ

呂氏家塾記云、司馬温公幼時、患記問不若人、群居講習、衆兄弟既成誦、游息矣、独下帷絶編、迨能倍諷乃止、用力多者収功遠、其所精誦、乃終身不忘也、温公嘗言、書不可不成誦、或在馬上、或中夜不寝、時詠其文、思其義、

の文を詠じ、その義を思わば、得る所多し」。　所得多矣。

▼司馬光は王安石や蘇東坡《とうば》のようにシャープなタイプではなく、「司馬牛《しばぎゅう》」と綽名されるように誠実に黙々と努力する人物であった。山西省の夏県《か》が故郷で、ここにも一族の同年輩の者が集まって勉強するとあるように、その地方の地主階級の出身で、保守派の統領となる要素はその環境もあずかって力あった。

一二六　大賢《たいけん》は大愚《たいぐ》に似たり

神宗《しんそう》が呂公著《りょこうちょ》に、「司馬光はまっ正直な人間だが現実ばなれしているのをどうしたらよかろうか」と尋ねられた。公著は次のようにお答えした。「聖人たる孔子に対しても、弟子の子路《しろ》は迂遠《うえん》だと申しております。賢人の最たる孟子《もうし》を当時の人は、やはり迂遠だと評しています。光がこうした評価を与えられても当然でしょう。だいたい考え深い人間は現実から離れたように見えるものです。陛下もそうした目で彼をごらん下さいますよう」。（日録）

上晦叔《かいしゅく》に謂いて曰く、「司馬光は方直なるも迂闊《うかつ》をいかんせん」。晦叔曰く、「孔子上聖にして子路《しろ》なおこれを迂《う》と謂い、孟軻《もうか》は大賢にして時人また迂闊《うかつ》と謂う。いわんや光あにこの名を免れんや。たいてい事を慮《おもんばか》りて深遠なれば迂に近し。願わくば陛下の更《あらた》めてこれを察せられよ」。

上謂晦叔曰、司馬光方直、其如迂闊何、晦叔曰、孔子上聖、子路猶謂之迂、孟軻大賢、時人亦謂迂闊、況光、豈免此名、大抵慮事深遠、則近於迂矣、願陛下、更察之。

▼司馬光がみずから迂叟《うそう》と名乗ったことは范鎮《はんちん》のところでふれた。迂闊《うかつ》は日本語ではウッカリしていた意味だが、ここではそうではなくて、テキパキせず、何となくジレッタイという感じ。大賢は大愚に似たりの方向で理解しなければならない。目から鼻へ抜ける秀才型の人間は、その瞬間瞬間は光り輝いても、長丁場はもたぬこと古今東西あまり変わらない。司馬光の『資治通鑑《しじつがん》』なども迂闊なればこその産物である。

一二七　仏教ぎらいの真面目人間

司馬光が心を偽わらず、孝心友情に厚く、行い正しく慎み深いのは天性の賜だった。

飢え渇《かつ》えた者が飲食を貪るように学問を好み、名利財貨や派手なことは悪臭のように嫌ったが、それは作りごとでなく心の底から出ていたため、誰もが彼を信頼した。洛陽に隠退し、その地方一帯では人々は彼の人徳に染まり、彼の学問を手本とし、倹約を真似た。悪事を働くと、「司馬公がお見通しだ」といわれるほどである。あらゆる方面に博学で、音楽、暦学、天文、書道、算数などはいずれも一流の域にあった。晩年はとりわけ礼法が好きで、現代に適合するような冠婚喪祭の礼式を作った。仏教と道教が嫌いで「その有難い言葉はわしの本（資治通鑑《しじつがん》）の方がまし、その誕《そらごと》はわしは信じない」といっていた。金儲けは行わず、洛陽に雨露をしのぐ家を買い、三頃《けい》（約一八ヘクタール）の田地を持っただけ。夫人が亡くなるとそれを質に入れて葬った。生涯粗衣粗食で通し、聖明な天子と出あい、進言はききいれられたと信じ、みずから天下のためにつくそうとした。昼夜をわかたずこまごましたことまで自分でやる。ある人が仕事が多く実入りは少ないという諸葛孔明《しょかつこうめい》の言葉を引いて忠告すると、光は「死ぬも生きるも天命だ」とますますそれに励んだ。いまわの際に、夢うつつの中でくり返してつぶやく言葉は、すべて朝廷の重要事である。亡くなったあと、家人が遺言の奏状八通をたてまつったが、いずれも当時の重要問題を自書して論じている。都ではその肖像を画き、版に刷って売り出し、家々で買い求めて食事のたびに拝んだ。

全国各地からも京師までそれを買いにやってきた。この時絵かき、印刷職人で大儲けしたものもあった。（行状）

公の忠信孝友、恭倹正直、天性より出づ。その学を好むこと飢渇の飲食を嗜むがごとく、財利紛華において悪臭を悪《にく》むがごとし。誠心自ら然《しか》く、天下これを信ず。退いて洛に居り、陝洛《せんらく》の間に往来す。みなその徳に化し、その学を師とし、その倹に法《のっと》る。善ならざるあらば、曰く、「君実これを知るなきを得んや」と。博学通ぜざる所なし。音楽、律暦、天文、書、数みなその妙を極む。晩節もっとも礼を好み、冠婚喪祭の法をつくり古今の宜に適う。釈老を喜ばず。曰く、「その微言《びげん》は吾が書を出ずるあたわず。その誕は吾信ぜず」と。生産を事とせず、第を洛中に買い僅かに風雨を庇《おお》う、田三頃《けい》あり。その夫人を喪《うしな》い、田を質《ち》しても

公忠信孝友、恭倹正直、出於天性、其好学、如飢渇之嗜飲食、於財利紛華、如悪悪臭、誠心自然、天下信之、退居於洛、往来陝洛間、皆化其徳、師其学、法其倹、有不善、曰君実得無知之乎、博学無所不通、音楽、律暦、天文、書、数、皆極其妙、晩節、尤好礼、為冠婚喪祭法、適古今之宜、不喜釈老、曰、其微言不能出吾書、其誕吾不信、不事生産、買第洛中、僅庇風雨、有田三頃、喪其夫人、質田以葬、悪

って葬る。悪衣菲食《ひしょく》、もってその身を終わる。みずから聖明に遭遇し、言聴かれ計従わるるをおもい、身をもって天下に徇《となえ》んと欲す。躬《みず》から庶務に親しみ昼夜を舎《おか》ず。賓客のあるいは諸葛孔明《しょかつこうめい》事多く食少なきの語をもってこれを戒む。公曰く、「死生は命なり」と。これをなすことますます力《つと》む。病革《あらた》まり、諄々《じゅんじゅん》としてまた自から覚らず、夢中のごとく語る。しかれどもみな朝廷の大事なり。すでに没し、その家遺奏八紙を得てこれをたてまつる。みな手札《しゅさつ》して当世の要務を論ず。京師の民その像を画きて刻印しこれを鬻《ひさ》ぐ。家ごとに一本を置き飲食に必ず祝す。四方みな人を遣わしてこれを京師に購《あがな》う。時に画工富を致す者あり。

衣菲食、以終其身、自以遭遇聖明、言聴計従、欲以身徇天下、躬親庶務、不舎昼夜、賓客或以諸葛孔明、事多食少之語、戒之、公曰、死生命也、為之益力、病革、諄諄不復自覚、如夢中語、然皆朝廷大事也、既没其家得遺奏八紙、上之、皆手札、論当世要務、京師民、画其像、刻印鬻之、家置一本、飲食必祝焉、四方皆遣人、購之京師、時画工有致富者。

▼司馬光が一人の人間として、几帳面で、自己を律するに厳しく、かつ頑固で誠実だったことはほぼ額面通りに受取ってよい。ここに書かれているほか、いつもメモ帳を用意し、これはと思うことを書きとめ、何十冊もためて読み返したり、本をめくる時

も決して粗末に扱わず、文字も書きなぐるようなことはしなかったと言われる。本文に見える、晩年礼を好み、冠婚喪祭の法を作ったというのは『温公家範《おんこうかはん》』という書物として現存する。宋という大きな時代の変化で、これまでの社会、生活規範《きはん》が変動したため、彼が改めて作った『冠婚喪祭入門』である。

一二八　歴史のかがみ『資治通鑑《しじつがん》』

司馬光は古代からの歴史が繁雑で、学者も綜合的に理解できず、皇帝も同様であることを心苦しく思っていた。そこで戦国時代から秦の二世皇帝までを要約し、『春秋左氏伝《しゅんじゅうさしでん》』のような編年体の『通志《つうし》』八巻を作って献上した。よろこんだ英宗は、光にその中身を講読させたうえ、〔続きを書くために〕編纂所を宮中に設け、光が評価している劉攽《りゅうはん》、劉恕《りゅうじょ》、范祖禹《はんそう》を属僚にしてやった。神宗はよりいっそうその書物を重んじ、荀悦《じゅんえつ》の『漢紀』よりもすぐれていると考え、みずから『資治通鑑《しじつがん》』の名をつけて与えた。〔編纂の過程で〕御学問所でそれを講読させ、皇太子時代の旧蔵書二千四百巻をも下賜された。書物ができあがると、光は資政殿学士《しせいでんがくし》を拝命し、多くの金と絹を頂戴した。（行状）

公はじめ歴代の史の繁重《はんちょう》なるを患らう。学者もよく綜するあたわず、いわんや人主においてをや。ついに戦国より秦二世に至るを約し、左氏の体のごとく通志八巻をつくりてもって進む。英宗これを悦び、公に命じてその書を読ましめ、局を秘閣《ひかく》に置き、そのもとより賢とする所の者、劉攽《りゅうはん》、劉恕《りゅうじょ》、范祖禹《はんそう》をもって属官となさしむ。神宗もっともその書を重んじ、もって荀悦《じゅんえつ》より賢となし、親《みずか》らために叙を製して、名を資治通鑑と賜う。邇英《じえい》に詔してその書を読ましめ、潁邸《えいてい》の旧書二千四百二巻を賜う。書成り、資政殿学士を拝し、金帛を賜ることはなはだ盛んなり。

公初患歴代史繁重、学者不能綜、況於人主、遂約戦国、至秦二世、如左氏体、為通志八巻、以進、英宗悦之、命公、読其書、置局秘閣、以其素所賢者、劉攽、劉恕、范祖禹、為属官、神宗尤重其書、以為賢於荀悦、親為製叙、賜名、資治通鑑、詔邇英、読其書、賜潁邸旧書二千四百二巻、書成、拝資政殿学士、賜金帛甚盛。

▼紀元前二世紀、漢の武帝の時代に著わされた司馬遷《しばせん》の『史記』とならぶ、中国の歴史書の双璧《そうへき》がこの『資治通鑑《しじつがん》』である。彼が「紀伝体」と呼ぶ、どちらかといえば個人個人の伝記をあつめて歴史を記すに対し、こちらは年代記たる「編年体《へんねん》」の書。こ

こにも書かれているように、勅撰《ちょくせん》すなわち皇帝の命令で国費を使って編纂し、従って書名も「治世に資《やく》だつ、鑑《かがみ》としての通史」と天子が読むべきことを意図してつけられた。戦国時代に始まり五代、後周に及ぶ一三六二年の歴史を二九四巻にまとめる。後世、「通鑑」と名のつく多くの追随書を生んだ。『名臣言行録』の著者朱熹《しゅき》にも『資治通鑑綱目』の著作がある。わが国江戸時代には各藩校でよく読まれ、明治に至るまでいくつかの和刻本《わこくぼん》が出版されてきた。なおその書を読ましむの読は続の誤りかもしれぬ。

一二九　小人《しょうじん》は手にいれたものを放さない

司馬光が王安石に「君は新法実施にあたって、下位のやからを引きいれ、重要な高いポストや監司に任命したのはどうしてか」ときいた。「新法が実施された当初は、古くからいた者は積極的になってくれぬ。そのため才能と実行力のある者だけを使い、新法のメドがついたならすぐに追い出し、老成練達の士を登用したい。頭鋭き者が行動し、心すぐれた者が守るということだ」と安石は答えた。司馬光はいいかえした。「君は間違っている。君子は得にくく失いやすい。小人はその反対である。もし小人が地位を手にすれば、手放しなどしない。もし追い出せばきっと仇敵とつけねらい、あとできっと後悔するだろう」と。王安石はおし黙った。後になって果たせるかな安石を売る者があり、後悔先に立たずとなった。（元城先生語録）

老先生かつて金陵に謂いて曰く、「介甫《かいほ》新法を行い、すなわち一副当の小人を引用す。あるいは清要に在り、あるいは監司となす。何ぞや」。介甫曰く、「法行わるるの初めに方《あた》り、旧時の人肯えて前に向わず。よっていっさい才力ある者を用う。法行われすでに成るを候《ま》ち、ただちにこれを逐《お》い、かえって老成なる者を用いてこれを守らんとす。いわゆる智者これを行い、仁者これを守るなり」と。老先生曰く、「介甫誤まれり。君子は進め難く退け易《やす》し。小人これに反す。もし小人路を得ればあに去るべけんや。もし去らしめんと欲すれば必ず讐敵と成《な》り、它《た》日将にこれを悔いん」。介甫

老先生、嘗謂金陵曰、介甫行新法、乃引用一副当小人、或在清要、或為監司、何也、介甫曰、方法行之初、旧時人、不肯向前、因用一切有才力者、候法行已成、即逐之、却用老成者、守之、所謂智者行之、仁者守之、老先生曰、介甫誤矣、君子難進易退、小人反是、若小人得路、豈可去也、若欲去、必成讐敵、它日将悔之、介甫黙然、後果有売金陵者、雖悔之、亦無及也。

黙然たり。のち果たして金陵を売りし者あり。これを悔ゆといえどもまた及ぶなきなり。

▼王安石は新法の実施に当たって、既成の価値観にとらわれず、また慣行を無視した。無視したというより、そうせざるを得なかったのだが、それが人事面で端的にあらわれた。いまでいうと課長クラスで重役になったり、助手や講師が学部長になるようなもので、それが例外でなくなると問題がおこる。王安石の新法の失敗の一因は人を得なかったことにあると言われるが、人を得なかった本当のところは下位からあまりにも急に抜擢し、その人物の実力がそれにともなわなかったからとも言える。この一条では、王安石もそれを承知して、時期がくれば入れかえる気持ちがあったという司馬光の発言をのせる。王安石一派はここに見られるように「小人《しょうじん》」と総称され、安石本人以外は『名臣言行録《りょけいけい》』には登場してこない。王安石を売った者とは「福建子」といわれた呂恵卿を指す。

呂公著《りょこうちょ》　丞相・申国《しんこく》・呂正献公・公著（一〇一八―八九）

字は晦叔。寿州《じゅしゅう》（安徽《あんき》北部）の人。父呂夷簡《りょいかん》の恩蔭。進士の資格を特に与えられ、詔勅起草官、皇帝の教育掛など、陽の当たる場所を歩き、神宗即位とともに翰林学士、開封府知事となる。王安石に反対して下野。神宗親政の元豊年間、翰林学士、枢密院（軍政府）長官に返り咲き、哲宗元祐元年、司馬光とともに輿望《よぼう》をになって宰相に就任。三年余そのポストにいた。識量深敏《しきりょうしんびん》、学問精粋《せいすい》と評される。

一三〇　人を見る目がないと

熙寧四年、呂公著は提挙嵩山崇福宮《ていきょすうざんすうふくきゅう》の名誉職をもらって洛陽に住んだ。屋敷を白師子巷《はくしこう》の元宰相張知白《ちょうちはく》の西隣りに買い、それほど広くはないが地形に応じて建物、庭園を作った。邵雍《しょうよう》、司馬光と公著は時折いったりきたりする。寡黙な公著が邵雍と会うと、きまって打ちとけたまま一日に数語をかわすだけであった。ある日雍に向かい、「人民が苦しんでどうにもならぬ」と長嘆息する。王安石が政にあたり、新法を推進する者は青臭い未熟者ばかりで、天下は騒然たる有様だった。これが公著の嘆きのタネである。雍はいった、「王安石は遠くにいた男だ。あなたと司馬光が推薦してこうなったので、いまさらどうにもならぬ」と。「わたしの罪だ」と立ち上がって公著はつぶやいた。（聞見録）

熙寧四年、中公提挙嵩山崇福宮《ていきょすうざんすうふくきゅう》をもって洛に居る。宅を白師子巷《はくししこう》の張文節相宅の西に買う。高下に随《したが》いて園宅をつくるも甚しくは宏壮ならず。康節、温公、中公、時にあい往来す。中公寡言《かげん》にして、康節に見《まみ》ゆれば必ず従容として終日また数言にすぎざるのみ。一日、康節に対し長歎して曰く、「民命《たみ》に堪えず」と。時に荊《けい》公事を用う。新法を推行する者、みな新進険薄の士にして天下騒然たるは、中公の歎く所なり。康節曰く、「王介甫は遠人なり。公と君実引薦《いんせん》してここに至る。なお何をか言わん」。公作《た》ちて曰く、「公著の罪なり」と。

熙寧四年、中公以提挙嵩山崇福宮、居洛、買宅於白師子巷、張文節相宅西、随高下為園宅、不甚宏壮、康節、温公、中公、時相往来、中公寡言、見康節、必従容、終日亦不過数言而已、一日対康節、長歎曰、民不堪命矣、時荊公用事、推行新法者、皆新進険薄之士、天下騒然、中公所歎也、康節曰、王介甫者遠人、公与君実、引薦至此、尚何言、公作曰、公著之罪也。

▼呂公著は最初王安石を高く評価し、常州知事に赴任する彼に「荘守情密」の四字を書いて与えたほどだった。新法に反対する元老、高級官僚に、王安石は提挙某々宮というように道教のお寺の名目的管理者の肩書と俸給を与え、政府から追い出した。彼

らの多くは洛陽に住み、洛陽は司馬光、呂公著らの大立物を中心に反対派のメッカと化する。

一三一　いつも心身ゆるみなく

呂公著の勉学は心情本性《ほんせい》の修練を根本においていた。欲望を抑え粗食になれ、早口で話したり顔色を変えることなどなく、せかせか歩きや怠惰な様子はまったくしない。冗談や下品な言葉は決して口にせず、浮世の利益や華やかさ、芝居紅燈《こうとう》の遊びから、ばくち、勝負事や趣味百般に至るまで、どれ一つ興味を示さない。それは天性としかいいようがなかろう。晩年は仏書をよく読み、禅の理を究めようとした。司馬光も博学で行い高かったが仏教を嫌った。公著はいつも彼の翻意《ほんい》を促し、「仏学というものは、心や行動が簡潔で要にあたることを貴ぶだけだ。必ずしも多くの事を習得して世捨人になることではない」といっていた。みずからは儒者の服装をし、くつろいででいる時も講学の時も、仏門らしい特殊な用語を使わなかった。ただ釈尊や祖師の重要と思われる言葉はとり出して心に記憶していた。心を正し邪念を払うことを旨とし、病気が重くなって子孫や親族・旧知が続々とつめかけても、自身のことや死後のあれこれについては一言もふれなかった。公を深く気にされていたおかみは、毎日再三にわたって使者をつかわして様子をたずねられ、また大臣に機嫌をうかがわせられたが、公はまったく表情を変えずに彼らと対した。危篤になっても精神は乱れず、手足や声の調子も変わりなく、そのまま大往生した。(家伝)

公少《わかき》より講学するに、すなわち心を治め性を養うをもって本となす。それ嗜欲《しよく》すくなく滋味に薄く、疾言《しつげん》遽色《きよしよく》なく、窘歩《きんぽ》なく、惰容なし。およそ嬉笑俚近《りきん》の語はいまだかつてこれを口に出《いだ》さず。世利紛華《ふんか》、声伎游宴よりもって博奕《はくえき》奇玩《きがん》に至るまで、淡然として好む所なし。けだしこれを天然に得たり、晩に多く釈氏の書を読み、ますます禅理を究む。司馬温公博学にして至行ありて、ひとり仏を喜ばず。公つねにそれに留意を勧む。かつ曰く、「いわゆる仏学なる者はただその心術簡要を貴ぶのみ。必ずしも事々服習して方外の人となるにあ

公自少、講学、即以治心養性為本、其寡嗜欲、薄滋味、無疾言遽色、無窘歩、無惰容、凡嬉笑俚近之語、未嘗出諸口、於世利紛華、声伎遊宴、以至于博奕、奇玩、淡然無所好、蓋得之天然、晩多読釈氏書、益究禅理、司馬温公、博学有至行、而独不喜仏、公毎勧其留意、且曰、所謂仏学者、直貴其心術簡要爾、非必事事服習、為方外人也、自以服儒

らざるなり」と。みずから儒の衣冠を服し、燕居講道にいまだかつて沙門機警の語をなさず。ひとり先仏および祖師の言はその至要を掇してこれを黙識す。おおよそ心を正し念なきをもって宗となす。疾に属してより、子孫前に満ち、親旧遝《あつま》り至るといえども、初めより身世、後事を経理するに談及せず。上公を顧《おも》わるること甚だ厚く、使人問労すること日に再三至る。また輔臣を遣して第に至り意を諭せしめらる。公これに対し一として欣《きん》恋《れん》の色なし。疾甚を加うるに及ぶも精神静定し、手足は安徐、声気は乱れず。もって纊《こう》に属するに至る。

衣冠、燕居講道、未嘗為沙門機警語、独於先仏及祖師之言、掇其至要、而黙識之、大率以正心無念、為宗、自属疾雖子孫満前、親旧遝至、初不談及身世、経理後事、上顧公甚厚、使人問労、日再三至、又遣輔臣、至第諭意、公対之、一無欣恋之色、及疾加甚、精神静定、手足安徐、声気不乱、以至於属纊。

▼呂公著は早くから皇帝の御教育掛として有名で、学者肌のこれまた謹厳な人物だった。乗馬の練習をモーニングでやり、賭事にはいっさい手を出さず、ここにあるように、士大夫中の貴族ともいうべき呂氏の総帥《そうすい》として尊敬に値する威風を具備していた。

一三二　子の心を親は知らず

呂希哲《りょきてつ》は時流に容れられず、父公著も長く地方にいたりして、財務官の冷や飯を十年近くくっていた。邢恕《けいじょ》は宰相蔡確《さいかく》のもとにいながら、新法に変更を加え、次第に昔の人を登用した。希哲を任用しようとしている間に、公著《こうちょ》の方が召し出された。元祐年間、旧法党政治のはじめ、公著は良き人士を登用しようと、どこか長所があればすべて使った。長い紙にその当時のこれと思う人物の姓名を書きつけていたが、それをなくしてしまった。のちになって出て来た紙を見ると、姓名を記した人間はすべて登用されていた。公著はある時希哲に手紙をやり、「いまの優れた人物はすべて登用している。ただお前はわしのせいでそうはいかぬが、これも天命だ」と書いた。賢明といわれた希哲の夫人張氏は、手紙をとりあげて目を通すと、「これまた我が子を御存じない人だわ」と笑った。（家伝）

公すでに時に用いられずして正献公また久しく外に在り。前後庫を筦《かん》する者幾《ほと》んど十年。邢恕《けいじょ》和叔すでに宰相蔡確に従いて事を用い、ほぼ新法を変

公既不用於時、而正献公亦久在外、前後筦庫者、幾十年、邢恕和叔、既従宰相蔡確、用事、略

え、やや旧人を用い、公を進用せんと欲す。公いまだ行くに及ばずして、正献公召さる。元祐初め、正献公広く当世の善士を用う。人の一善あらば用いざるなし。かつて数幅の紙をもって当世の名士の姓名を書す。すでにしてこれを失い、のちまたこの紙を見れば、書く所の人の姓名ことごとくこれを用いたり。正献公かつて親しく書し、公に遺《おく》りて曰く、「当世の善士は用いざる者なし。ひとりなんじ吾が故《ゆえ》をもって用うるを得ざりき。また命なり」と。公の夫人張氏賢行あり、にわかに紙を取りこれを視て笑いて曰く。「これもまたいまだその子を知らず」と。

変新法、稍用旧人、欲進用公、公未及行、而正献公召、元祐初、正献公広用当世善士、入之有一善、無不用也、嘗以数幅紙、書当世名士姓名、既而失之、後復見此紙、則所書入姓名、悉用之矣、正献公嘗親書、遺公曰、当世善士、無不用者、独爾以吾故不得用、亦命也、公夫人張氏、有賢行、遽取紙、視之、笑曰、是亦未知其子矣。

▼呂希哲は呂公著の長子。『名臣言行録』で親に続いて名があげられているのは、司馬光の息司馬康とこの希哲だけである。いささかつけ足しの感がしないでもないが、彼は恩蔭《おんいん》すなわち、父親の威光で官途に入り、やがて進士と同じ資格を賜与された。「進士」という肩書さえあれば、いちおうは出世できる。ただ希哲は二《に》程子《ていし》、すなわ

ち程顥《ていこう》、程頤《ていい》という哲学者の弟子で、学究肌だった。最初の時流とは王安石たちの新法政権を指す。

一三三　自分を責めて人を責めるな

またいつも「自分が悪いのだと責めて、人が悪いと責めるな」といっていた。「自分自身が悪いと始終いいきかせ、かつホンの少しの見落しもないよう反省していると、心は満ちたりてくるもの。わざわざ苦労して他人のことを気にするひまがあろうか」。（雑誌）

又つねに説く。その悪を攻め人の悪を攻むることなかれ。けだしみずからその悪を攻むること日夜、かつみずから点検して糸毫《しごう》も尽さざれば、すなわち心に慊《あきたら》ざることあらず．あに工夫して他人を点検することあらんや。

又嘗説、攻其悪、無攻人之悪、蓋自攻其悪日夜、且自点検、糸毫不尽、即不慊於心矣、豈有工夫点検他人耶。

▼あまり親が偉いと子供は何かと苦労することが多い。呂希哲はのち徽宗時代に至って、世間の尊敬を集めるようになるが、それまではこうした言葉でいわば自分自身にいいきかせていたと考えられなくもない。

曾鞏《そうきょう》　中書舎人・曾公・鞏（一〇一九―八三）
字は子固《しこ》。建昌軍南豊県《なんぽう》（江西省）の出身。嘉祐二年（一〇五七）の進士。王安石の遠い親類で、新法時代は歴史編纂官のあと州知事をつとめ、元豊五年（一〇八二）、中書舎人《ちゅうしょしゃじん》となるが間もなくなくなる。王豊の官制改革まで、詔勅起草官は下級が知《ち》制誥《せいこう》、上級が翰林学士と呼ばれたが、前者だけ中書舎人と改称される。文章家として有名で、『唐宋八家文』の一人に入っている。

一三四　辞令書きの達人

曾鞏《そうきょう》の賢明さを洞察された神宗は、彼を任用しようとして、ある日中書《せいふ》に、「曾鞏は歴史学者として士大夫の間で鳴りひびいている。五人の先代天子たちの歴史を編纂させるべきである」という手ずからの詔勅を下された。そこで修撰《へんしゅうかん》となった。近ごろは国の正史編纂に際し、必ず文章学術に通達した人物を何人か選び出し、大臣がその長となる。五つの朝代《ちょうだい》の正史を一人にまかす、公のような例はこれまでなかった。公は日夜議論をくり返し、まだ原稿を書くに至らなかった。たまたま官制が改革されると勅命起草の中書舎人に抜擢され、お礼言上の暇もなく仕事につけられた。この時最高首脳から各部局に至るまで、新しい職名による任命が行われ、毎日数十人の辞令が出された。鞏はその人ごとに職務の内容にふれた簡潔にして含蓄に富む辞令を書き、人々からは古きよき時代そのままと評価され、おかみもまたしばしばその典雅さをほめられた。(行述)

天子公の賢を察し、公を用いんと欲せらる。一日、手ずから中書門下に詔して曰く、「曾鞏は史学をもって士類に称せらる。よろしく五朝の史事を典ぜしむべし」と。ついにもって修撰となす。近世国史を修むるに、かならず文学の士を衆選し大臣をもって監総せしむ。いまだ五朝の大典をもって独り一人に付すこと公のごとき者あらず。公夙夜《しゅくや》討論し、いまだ稿を属《つづ》るに及ばず。たまたま官名

天子察公賢、欲用公、一日手詔中書門下、曰、曾鞏以史学、見称士類、宜典五朝史事、遂以為脩撰、近世脩国史、必衆選文学之士、以大臣監総、未有以五朝大典、独付一人、如公者、公夙夜討論、未及属藁、会正官名、擢中書舎人、不俟入謝、諭使就

を正し、中書舎人に擢《ぬきん》でらる。入謝を俟《ま》たずして諭して職に就かしむ。時に三省より百執事に至るまで、選授一新し、吏を除すること日に数十人に至る。人ごとにその職事を挙げて戒め、辞約にして義は尽く。論者三代の風ありと謂い、上もまたしばしばその典雅を称せり。

職、時自三省至百執事、選授一新、除吏日至数十人、人挙其職事、以戒辞約義尽、論者謂、有三代之風、上亦数称其典雅。

▼欧陽脩のところでも述べたように、天子の年代記『実録』がいくつかたまると『正史』（『国史』）が編纂される。神宗の元豊四年（一〇八一）すでにできあがっていた太祖、太宗、真宗の『三朝国史』と、新しく作った仁宗、英宗の『両朝国史』をあわせ、『五朝国史』を仕立てようと企てられた。その総責任者が曾鞏というわけである。また、神宗の元豊三年（一〇八〇）から数年かけて、宋の官制に大改革が加えられる。この時をさかいに、多くの官職名に変更が加えられ、唐中期からこの時まで約三百年の混乱に一応の終止符が打たれた。そうした新しい官職、位階の発令に際し一つ一つ立派な辞令（告勅）を書かねばならぬ。彼がそれを引受けたのだが、その文章『元豊類稿』には数多くの文例が現存している。

一三五　出世のためにはなりふりかまわず

楊絵《ようかい》がこういう話をしてくれた。「曾鞏が紹興府《しょうこう》山陰県《さんいん》（浙江省）の知事だった時、数十頃《けい》の田地を安く手に入れ、訴訟事件となった。折しも紹興府《しょうこうふ》の下級官だった父の曾易占《そうえきせん》が、知事たちに説得した。「曾鞏は優秀な成績で科挙を通っており、将来きっと偉くなります。こんな事件でキズがつくのは惜しいこと。わたしの親父の会はもう老いぼれで、明州《めいしゅう》知事をしていますから、うまくはからって孫の代わりに罪をひきうけさせましょう」と。知事たちはその言に従い、このため曾会は贓罪《とりこみ》で免職とされた。曾鞏も私ごとの罪過ということで下級財務官に降官されたが、易占に深い恩義を感じた。のち信州知事となった易占も贓罪で英州に編管《ついほう》されたが、曾鞏の別荘にかくまわれ、恩赦にあって姿をあらわした。彼は曾鞏の手で無実だと訴えさせたが、再び弾劾を受け、またも英州に追放されてそこで死んだ。鞏は葬儀に列席せず、故郷の人たちの顰蹙《ひんしゅく》をかった。王安石はこのため曾子の弁護論を作ってやった。鞏が科挙に合格した時、故郷の人たちは皇帝の恩を感謝する道場《あつまり》を開き、害悪の去ったことをよろこんだ。鞏は転運使《てんうんし》の権力によりかかって州をないがしろにし、州の力で県をこまらせ、

県の力で人民を苦しめた」。(温公日録)

元素《げんそ》曰く。「曾公山陰を知し、賤《やす》く民の田数十頃《けい》を市《か》い、人の訟《あらそ》う所となる。曾易占時に越の幕に在り、守倅《しゆさい》に説きて曰く、「曾宰は高科にして、它日将《まさ》に貴顕たらんとす。この事をもってこれを敗るは惜むべし。父の会、明守たりて衰老す。よろしく謀に与《あずか》り、その子に代わりて咎《とが》に任ぜしめん」。守倅《しゆさい》これに従う。会これにより贓《ぞう》に坐し追停せらる。曾公なお私をもって監当に坐すも、深く易占を徳とす。のち易占信州の県宰をもって贓《ぞう》に坐し、英州編管《へんかん》たり。曾公の別墅《べつしよ》に亡匿し、赦に会いてみずから出づ。子固《しこ》をして寃《えん》を訴えしむるも、再び劾されて、また英州に往き、よって死す。子固時に喪に奔《はし》らず、郷議の貶《けな》す所となる。介甫《かいほ》ために「弁曾子」を作りもってこれを解く。

元素曰、曾公知山陰、賤市民田、数十頃、為人所訟、曾易占時在越幕、説守倅曰、曾宰高科、它日将貴顕、用茲事敗之、可惜、父会為明守、衰老、宜与謀俾代其子、任咎、守倅従之、会由是坐贓、追停、曾公猶以私、坐監当、深徳易占、後易占以信州県宰、坐贓、英州編管、亡匿於曾公別墅、会赦、自出、俾子固説寃、再劾復往英州、因死焉、子固時不奔喪、為郷議所貶、介甫為作弁曾子、以解之、子固及第、郷人作感皇恩道場、以為去害也、

子固及第するや、郷人皇恩に感ずる道場を作り、もって害を去るとなすなり。子固好んで漕勢《そうせい》に依り、もって州を陵《しの》ぎ、州に依りて県を陵ぎ、県に依りて民を陵す」。

子固好依漕勢、以陵州、依州陵県、依県陵民。

▼「名臣」と呼ばれる人たちの裏側にはこうした話が決して少なくない。政敵たちが好んで誇大宣伝する場合もあるが、火のないところに煙はたたぬ。こうした私生活、ウラの側面をうまくまとめて表に出さぬことがこれまた名臣の条件といえるかも知れぬ。

曾肇《そうちょう》　翰林学士・曾文昭公・肇（一〇四七―一一〇七）

字は子開。鞏の弟。治平四年（一〇六七）の進士。神宗時代は歴史編纂などをやり、やがて詔勅起草官として活躍。哲宗から次の徽《き》宗時代にかけて、政争の波にもまれて浮沈が激しく、実に十一の府州の知事を転々とした。彼も文才の高いことで有名。

一三六　天子の読むべき書物

曾肇《そうちょう》は次のような上奏をたてまつった。「近世の帝王でよく世を治めた者は唐の太宗にとどめを指します。また治世の方法を述べた者は唐の陸贄《りくし》の右に出る者はおりません。太宗の貞観《じょうがん》の治は周の成王や康王の治世にも匹敵し、歴史編纂官はその大要をあつめて『貞観政要《じょうがんせいよう》』と呼ぶ書物を作りました。陸贄《りくし》は唐の徳宗《とくそう》につかえ、気のついた点はすべて発言し、あますところございません。それは窮極のところ帝王の道が根本になっており、かならず聖人の書き残したところを考察しております。この二つの書物は唐代という一の時代の文章ではありますが、百代の鑑《かがみ》となるものでございます。陛下が政務の余暇、経書《けいしょ》史書をひもとかれるあい間に、この二書を座右に置かれ、心をとどめて御覧あそばし、発言や行動もこれを拠り所とされれば、御聖徳にさらに輝きを添えることもあろうかと存じます」と。（行述）

公かつて奏言すらく。「近世の帝王の善く治をなす者は唐の太宗にしくなし。善く治を言う者は唐の陸贄《りくし》にしくなし。太宗正観の治、論者成康にちかしと謂い、史官その大なる者を掇《てつ》して別に一書となし、これを正観政要と謂う。陸贄唐の徳宗に

公嘗奏言、近世帝王、善為治者、莫如唐太宗、善言治者、莫如唐陸贄、太宗正観之治、論者謂、庶幾成康、史官掇其大者、別為一書、謂之正観政要、陸贄事唐

事《つか》え、知りて言わざるなく、言いて尽さざるなし。その帰を要するに必ず帝王の道に本づき、かならず六芸の文に稽《かんが》う。この二書は一代の文章といえども、実に百王の亀鑑たり。伏して願わくは、陛下退朝の暇、経史を紬繹《ちゅうえき》さるるの余、この二書を取り、これを坐右に置き、神を留めて省覧され、言を発し事を行うに、これをもって準とさるれば、盛徳に万に一を補すことあるにちかからん」と。

徳宗、知無不言、言無不尽、要其帰必本於帝王之道、必稽於六芸之文、此二書、雖一代之文章、実百王之亀鑑、伏願、陛下退朝之暇、紬繹経史之余、取此二書、置之坐右、留神省覧、発言行事、以此為準、庶於盛徳、有補万一。

▼長い中国の歴史の中で、屈指の名君といわれる人は唐の太宗李世民である。彼と臣下たちの政論集が全十巻の『貞観政要』で、江戸幕府の政治にも少なからぬ影響を与えた書物だった。本文で「正観」と貞が正に代わっているのは、宋の仁宗の本名禎と貞の音が同じため、遠慮して同じ意味の正に改めたもの。唐の徳宗時代の宰相陸贄の上奏集も『陸宣公奏議《りくせんこうそうぎ》』としてわが国でもひろく読まれた。

蘇軾《そしょく》　内翰・蘇文忠公・軾（一〇三六―一一〇一）

字は子瞻《しせん》。号は東坡《とうば》。蘇洵《そじゅん》の子。嘉祐二年（一〇五七）の進士だが、六年には優秀な成績で制科もパスしている。単に宋代のみでなく、中国歴代を代表する詩人、文人。書、画にも巧みで、極めて才能の豊かな犀利な人物。王安石時代は不遇だったが、哲宗元祐年間には翰林学士に進む。その才気ゆえにしばしば政治的な筆禍事件にまきこまれ、哲宗後半は遠く広東に流されていた。

一三七　壁に耳あり——王安石と蘇東坡

王安石と蘇軾《そしょく》とは決して悪い仲ではなかった。呂恵卿《りょけいけい》が軾の才気を嫌い、何かとあればば二人仲をさいたのだ。御史《ぎょし》中丞《ちゅうじょう》の李定《りてい》も王安石の子分だが、母親の喪《も》に服さなかったため、軾は不孝をあらわす詩を作って非難した。それを恨んだ李定は、「蘇軾は詩を作り、おかみの悪口を言っている」と弾劾《だんがい》し、とうとう御史台《ぎょしだい》で裁判に付され、黄州（湖北省）に蟄居《ちっきょ》させられた。その後汝州（河南省）に移る際、金陵を通り、王安石と会ってたいへん愉快な時をすごした。軾《しょく》が「あなたに申し上げたいことがある」ときりだすと、安石は前の事件のことかとサッと緊張した。「私が申したいことは天下国家のことです」といったので、安石はホッとして「まあお話し下さい」とすすめた。〔そこで以下のようなやりとりが行われた〕。軾《しょく》「大きな戦争や疑獄は、漢でも唐でも滅亡の前兆です。わが宋の先帝たちは、厚い仁心《みこころ》で天下を治め、こうしたことを改革しようとされた。いま西方では何年も続けて兵隊が動員され、江南ではしばしば大きな疑獄が起こっております。あなたは何も言わずに放っておかれるのか」。安石は手をあげ指を二本出して言った。「この二つはいずれも呂恵卿がはじめたこと。外にいるわしに何が言えようか」。軾「仰言《おっしゃ》る通りだ。しかし朝廷におれば言い、外ではしゃべらぬのは、君主につかえる臣下の通例にすぎない。おかみがあなたに期待されたところは尋常のことではなかったのだから、あなたもそんなきまり文句をいっていてよいものか」。安石は声をあらげて、「それでは話してやろう。さあわしの口から出たことが、子瞻《しせん》きみの耳に入ったのだ」と言った。安石は呂恵卿によって、「おかみに知らせてはならぬ」との一句が暴露されたため、私信さえも彼の目をこわがり、軾が言ったことを洩らさぬかと恐れていたのである。

王介甫《おうかいほ》と蘇子瞻《そしせん》はじめより隙なし。呂恵卿子瞻の才高きを忌み、輒《みだりに》これを間す。中丞李定もまた介甫の客なり。母の喪に服さず。子瞻もって不孝となし、詩を作りてこれを誚《そし》る。定もって恨となし、

王介甫与蘇子瞻、初無隙、呂恵卿忌子瞻才高、輒間之、中丞李定、亦介甫客也、不服母喪、子瞻以為不孝、作詩誚之、定以為

子瞻《しせん》詩を作りて謗訕すと劾す。遂に御史の獄に下され、黄州に謫居《たくきょ》せらる。のち汝州に移るに、金陵を過《よぎ》り、介甫に見《まみ》えて甚だ款たり。子瞻曰く、「軾公に言あらんと欲す」。介甫色動く。子瞻前日の事を弁ぜんとすと意《おも》うなり。子瞻曰く、「軾の言う所は天下の事なり」と。介甫色定まりて曰く、「しばらくこれを言え」と。子瞻曰く、「大兵大獄は漢唐滅亡の兆なり。祖宗仁厚をもって天下を治むるは、まさにこれを革めんと欲せらるればなり。いま西方兵を用いて連年解けず、東南しばしば大獄を起こす。公ひとり一言してもってこれを救うなきか」。介甫手を挙げ、両指もて子瞻に示して曰く、「二事みな恵卿これを啓《ひら》く。安石外に在り、いずくんぞあえて言わんや」と。子瞻曰く、「もとよりなり。しかれども朝に在れば言い、外に在れば言わざるは君に事《つか》うる常礼なるのみ。上の公に待つ所以《ゆえん》の者は常礼にあらず。公の上に事うる

恨、劾子瞻作詩、謗訕、遂下御史獄、謫居黄州、後移汝州、過金陵、見介甫、甚款、子瞻曰、軾欲有言於公、介甫色動、意子瞻弁前日事也、子瞻曰、軾所言者、天下事也、介甫色定、曰、姑言之、子瞻曰、大兵大獄、漢唐滅亡之兆、祖宗以仁厚、治天下、正欲革此、今西方用兵、連年不解、東南数起大獄、公独無一言以救之乎、介甫挙手、両指示子瞻、曰、二事皆恵卿啓之、安石在外、安敢言、子瞻曰、固也、然在朝則言、在外則不言、事君之常礼耳、上所以待公者、非常礼、公所以事上者、豈可以常礼乎、介甫厲声曰、安石須説、

又曰、出在安石口、入在子瞻耳、蓋介甫嘗為恵卿、発其無使上知、私書尚畏恵卿、恐子瞻泄其言也。

所以の者あに常礼をもってすべけんや」。介甫声を厲《はげ》まして曰く、「安石須らく説くべし」。また曰く、「出でて安石の口に在り、入りて子瞻の耳に在り」と。けだし介甫かつて恵卿のために「それ上をして知らしむるなかれ」を発せられ、私書すらなお恵卿を畏る。子瞻その言を泄《も》らすを恐るなり。

▼蘇軾《そしょく》も政治的には反王安石の立場をとっていたが、司馬光や呂公著とはかなり違って、部分的には共感を持っていた。もし王安石がいなかったら、蘇軾が似たようなことをしたかも知れぬといわれるくらいである。彼は赤壁《せきへき》に近い湖北の黄州から河南の汝州に異動させられたが、それに辞退願いを出し、江蘇省の常州居住を認められた。従って揚子江をくだる道すがら王安石の住む江寧府（南京《ナンキン》）に立寄った。神宗も末、元豊七年（一〇八四）のことである。

一三八　西湖の景勝蘇公堤

海にま近い杭州では水ににが味があった。唐代の長官李泌《りひつ》は西湖の水を引いて六つの井戸を創設し、人々は水の苦労を免れた。白居易《はくきょい》（楽天）になって、再び西湖の淀みを浚泄《しゅんせつ》し、その水を運河に入れ、さらに田地に流して千頃《けい》をも灌漑した。しかし西湖には葑《まこも》が多く、長く放ってあった間に延二十五万丈もの長さに達し、水がほとんどなくなる状況だった。そうなると運河の水も湖水を利用できず、海の水を取入れた。この潮水はすぐ沈澱し、市中を流れる運河は三年に一度浚泄《しゅんせつ》したが、町中の災難となり、六つの井戸もまた枯れたも同然であった。蘇軾が着任すると二本の運河を浚《さら》え、茅山《ぼうざん》運河の方は海水を流し、塩橋《えんきょう》運河に湖の水を流した。また堰閘《えんこう》を設置して西湖の水の出入を調節し、海水が市中に入らぬようになった。さらに余った力で六つの井戸を修復し、葑《まこも》の根の土をあつめ、湖の中に積みあげて南北をつなぐ長い堤を作り、また湖中で菱《ひし》を栽培させてその利益を湖の補修費に充てた。杭州の人たちはこの堤を蘇公堤と名づけた。（墓誌）

杭はもと江海の地にして水泉鹹苦《かんく》たり。唐の刺史《しし》　杭本江海之地、水泉鹹苦、唐刺李泌《りひつ》、始めて西湖《せいこ》の水を引きて六井《せい》を作り、民水に足る。白居易《はくきょい》に及びまた西湖の淤《お》水《すい》を浚《さら》えて運河に入れ、河より田に入れ漑する所千頃《けい》に至る。然れども湖水は葑《まこも》多く、久しく開治《かいち》を廃す。ここに至りて積むこと二十五万余丈にして水ほとんどなし。運河湖水の利を失い、江潮より取給す。潮濁《にごり》多く淤《お》し、河圜闠《えんかい》中を行き、三年に一たび淘《さら》うも市井の大患となる。六井もまたほとんど廃せんとす。公始めて至るや、二河を浚《さら》え、茅山《ぼうざん》一河をもって江潮を受け、塩橋一河をもって湖水を受けしむ。また堰閘《えんこう》を造り、もって湖水畜洩《ちくせつ》の限をなし、しかるのち潮は市に入らず。かつ余力をもってまた六井を完にし、また葑田を取りて湖中に積みて長堤となし、もって南北を通ず。人を募り菱を湖中に種《う》えしめ、その利を収めてもって湖を修するに備う。杭の人その堤に名づけて蘇公堤《そこうてい》と云う。

史李泌、始引西湖水、作六井、民足於水、及白居易、復浚西湖淤水、入運河、自河入田、所漑至千頃、然湖水多葑、久廃開治、至是積二十五万余丈、而水無幾矣、運河失湖水之利、取給於江潮、潮濁、多淤、河行圜闠中、三年一淘、為市井大患、而六井亦幾廃、公始至、浚二河、以茅山一河、受江潮、以塩橋一河、受湖水、復造堰閘、以為湖水畜洩之限、然後潮不入市、且以余力、復完六井、又取葑田、積湖中、為長堤、以通南北、募人種菱湖中、而収其利、以備修湖、杭人名其堤、曰蘇公堤云。

▼蘇東坡は、神宗のはじめ副知事として杭州に赴任し、それから二十年近くたって、中央から追われた元祐四年（一〇八九）、知事として再びその土を踏んだ。現在、世界でも有数の観光地とされる西湖《せいこ》には、湖の北に唐の白楽天《はくらくてん》（居易《きょい》）の作った白堤《はくてい》と、西側に南北二・八キロの蘇堤が錦上花を添えている。杭州は銭塘江に近いが、水が悪く、西湖の水の利用が古くから重要な問題であった。

一三九　文化果つる所の文豪

蘇軾《そしょく》は恵州《けいしゅう》（広東省）に流された。末子の蘇過《そか》を供とし、マラリアなどの悪病になやまされ、土着人から冷たい目で見られながら、淡々としてまったく意に介しない。賢愚を問わず誰に対しても打ちとけてつき合い、病いに苦しむ者には薬を与え、亡くなった者は葬ってやった。また人々の音頭をとって天橋《てんきょう》を作り、渡渉《としょう》に難儀していた者をすくった。恵州の人たちに敬慕されたが、三年をへて時の大臣〔章惇《しょうじゅん》〕の、流し者の罪はもっと重くせよという方針から、紹聖《しょうせい》四年（一〇九七）瓊州別駕《けいしゅうべつが》の職名で昌化軍《しょうかぐん》（海南島）に移された。ここは人間の住む場所ではなく、食物も不足がちでまともな薬品などはない。借りた官舎は風雨をしのぐだけだが、それでも役所がうるさいので、土地を求めて家を作った。この地方の少しものわかる人たちが土や瓦を運んで手伝い、三間の建物ができた。誰でもこんな所で暮らしてゆけぬのに、軾は芋を食べ水を飲み、本を書いて満足し、まま土地の有力者たちと交遊しそれなりにいそがしかった。（墓誌）

公恵州《けいしゅう》に謫《たく》され、ひとり少子過《しょうしか》をもって自随す。瘴癘《しょうれい》の侵す所、蛮蜒《ばんたん》の侮る所も、胸中泊然《はくぜん》として芥蔕《かいたい》する所なし。人賢愚となく、みなその驩心《かんしん》を得、疾苦なる者これに薬を畀《あた》え、殞斃《いんぺい》する者これを竁《つかあな》に納む。また衆を率《ひき》いて天橋をつくり、もって渉《しょう》に病《くるし》む者を済《たす》く。恵人《けいひと》これを愛敬す。のち三年、大臣流竄《るざん》せし者をもっていまだ足らずとなす。四年、また瓊州別駕《けいしゅうべつが》をもって昌化《しょうか》に安置す。昌化は人の居る所にあらず。食飲具《そな》わらず薬石有るなし。僦《か》る所の官屋はもって風雨を庇うのみなるに、

公謫恵州、独以少子過自随、瘴癘所侵、蛮蜒所侮、胸中泊然、無所芥蔕、人無賢愚、皆得其驩心、疾苦者、畀之薬、殞斃者、納之竁、又率衆、為天橋、以済病渉者、恵人愛敬之、后三年、大臣以流竄者、為未足也、四年、復以瓊州別駕、安置昌化、昌化非人所居、食飲不具、薬石無有、所僦官屋、以庇風雨、有司猶謂

有司なお不可と謂わば、地を買い室を築く。昌化の士人、土を畚《はこ》び甓《かわら》を運びもってこれを助く。屋たる三間、人その憂に堪えず。公芋を食し水を飲み、書を著してもって楽しむ。時にその父老に従いて遊び、また間なきなり。

不可、則買地築室、昌化士人、畚土運甓、以助之、為屋三間、人不堪其憂、公食芋飲水、著書、以為楽、時従其父老遊、亦無間也。

▼唐代には嶺南《れいなん》すなわち広東地方といえば島流しの場所で、宋になると少しは変わったもののやはり文化果つる所だった。政争が激化すると多くの高級官員がそこに流し者同然に左遷され、朱崖《しゅがい》と呼ばれる海南島まで流謫地に加わる。七代皇帝哲宗の親政する紹聖《しょうせい》元年（一〇九四）、五十八歳の東坡は恵州行きとなり、さらに四年夏から三年間を海南島ですごした。

蘇轍《そてつ》　門下侍郎・蘇公・轍（一〇三九―一一一二）

字は子由《しゆう》。軾の弟。嘉祐二年（一〇五七）の進士。彼もまた制科に合格。一旦は王安石派に加えられたが、すぐに青苗法に反対、新法時代は地方で冷飯を食う。哲宗元祐六年（一〇九一）副宰相に進むが、紹聖の新法党時代に入って失脚。これまた広東の西雷州《らいしゅう》に流される。徽宗時代になって赦され、河南省許州で余生を送り、潁浜遺老《えいひんいろう》と号した。やはり唐宋八大家の一人に数えられる文章家。

一四〇　何でも反対はいけないこと

司馬光は清廉な人格と、日頃からの徳望によって朝廷の政治に登用され、雇役法《こえき》の弊害をみて差役法を復活しようとした。本当のところは雇役と差役は利害相半ばしているのを十分検討せずに、一挙に差役に戻した。復活と聞いて喜んだ人民も、やがて首をかしげはじめたが、彼はそれを信じようとしなかった。また王安石は自己の学説で『詩経』や『書経』に新解釈を施し、それを科挙の試験に使ったから、勉強する方は迷惑した。司馬光はこれも新しい制度に改めようとしたが、成り行き上難しく、議論は決着がつかなかった。これらに関する蘇轍《そてつ》の見解は次のようであった。「差役法を廃止してから現在まで僅か二十年で、事に携わる胥吏や人民はまだ習熟しておりませぬ。まして役法というものは、多くのこととかかわり、複雑に錯綜しておりますから、緩《おもむ》ろに事を運んでようやくゆきとどくようになるでしょう。もし前後経緯を深く考えず、良い加減にいそいで実施すれば、やってしまってから別にさまざまな弊害が生じる恐れがあります。現在各州県には何年分かの役銭《えきせん》の予備費が積立てられており、これで数年は食いつなげましょう。暫定的にこれまで通り雇役を行い、今年末までに関係各庁が差役について審議するよう命令します。もし今年の冬法令ができあがり、来年農村の民を役使し、ただ実施の後に苦情が出ないようにすれば、それですべてよしとなります。また、来年秋の進士の試験についていえば、月日が迫っており、すぐに決めかねます。噂を伝え聞く受験者たちは不安な気持を抑えられぬでしょう。詩賦は小技《こわざ》にすぎぬといっても、韻律《いんりつ》のならべ方にそれなりの勉強が必要ですし、一方経書の勉強は、読む方も理解する方も、ともに簡単にはゆきません。要するに来年は現状維持ということになります。とりあえず「来年の科挙では、すべてこれまで通りとする。ただ経義の問題は注疏と諸学者の見解を参用し、あるいは自分の意見をだし、王安石の学説だけとはしない。なお法律の意味を問う科目を罷める」という命令を発布し、全国の受験者に定見を示し、勉学に専心させます。そして科挙が終了してから、おもむろに元祐五年より以後の科挙の細目を論議しても、決しておそくはありません」。(遺老伝)

司馬君実すでに清徳雅望をもって専ら朝政に任ず。司馬君実、既以清徳雅望、専任雇役の害を知りまた差役を行わんと欲するも、朝政、知雇役之害、欲復行差役、差・雇の弊その実あい半ばするを知らず。これを講ずることいまだ詳《つまびら》かならずして、一旦にこれを復さんと欲す。民始め聞きて喜ぶも徐ろに疑懼す。君実信ぜざるなり。王介甫、その私説をもって詩書の新義をつくり、もって天下の士を考試す。学ぶ者これに病む。君実改めて新格をつくるも勢としてまた行い難し。議いまだ定まらざるにあたり、輒《てつ》言えらく、「差役を罷めしより今に至る僅かに二十年。吏民みないまだ習慣せず。いわんや役法は衆事に関渉し、根芽《こんが》盤錯《ばんさく》、これを行うこと徐緩にしてすなわち審詳なるを得ん。もし首尾を窮究せず、忽遽《そうきょ》便行《べんこう》すれば、既に行うの後、別に諸弊を生ぜんことを恐る。いま州県の役銭《えきせん》、例として積年の寛剰《かんじょう》あり。大約数年を支うに足る。もししばらく旧に依り雇役し、今年を尽して止め、有司《ゆうし》に催督して差役を審議せしめ、今冬に趁《およ》びて法を成し、来年郷戸《きょうこ》を役使し、ただ既に行うの後、ま

不知差雇之弊、其実相半、講之未詳、而欲一旦復之、民始聞而喜、徐而疑懼、君実不信也、王介甫以其私説、為詩書新義、以考試天下士、学者病之、君実改為新格、而勢亦難行、方議未定、輒言、自罷差役、至今僅二十年、吏民皆未習慣、況役法、関渉衆事、根芽盤錯、行之徐緩、乃得審詳、若不窮究首尾、忽遽便行、恐既行之後、別生諸弊、今州県役銭、例有積年寛剰、大約足支数年、若且依旧、雇役、尽今年而止、催督有司、審議差役、趁今冬成法、来年役使郷戸、但使既行之後、無復人言、則進退皆便、又言、進士、来年秋賦、日

た人言なからしむれば、進退みな便ならん」。また言えらく、進士、来年の秋賦は日月幾ばくもなくして、議時に決せず。四方に伝聞し惶惑《こうわく》を免れず。詩賦は小技と号すといえども、声律を比次し、功を用うること浅からず。治経に至りては誦読講解することもっとも軽易《けいい》たるべからず。これを要するに、来年みないまだ施行すべからず。欲し乞うらくは先に指揮を降し、「来年の科場はいっさい旧の如く、ただ経義は注疏および諸家の論議を兼取し、あるいは己《おの》が見を出し、専らには王氏の学を用いず。なお律義を罷む」と。天下挙人をして定論あるを知り、意を一にして学をなし、もって選試を待たしむ。しかる後、徐《おもむ》ろに元祐五年以後の科挙の格式を議するも、いまだ晩しとなさざるなり。

月無幾、而議不時決、伝聞四方、不免惶惑、詩賦雖号小技、而比次声律、用功不浅、至於治経、誦読講解、尤不可軽易、要之、来年皆未可施行、欲乞先降指揮、来年科場、一切如旧、惟経義兼取注疏、及諸家論議、或出己見、不専用王氏学、仍罷律義、令天下挙人、知有定論、一意為学、以待選試、然後徐議元祐五年以後科挙格式、末為晩也。

▼王安石の新法の中で議論が沸騰したのは、青苗法と免役法（雇役とも募役ともいう）

だった。税金（絹、米穀、現金など）の徴収や輸送をはじめ、役所の下働き、警察業務、要するに銭形平次からその下っ引八五郎に至るまで、多くの地方政治の末端業務が、農民がその財産高によって輪番に充当されてきていた。これが差役である。王安石はこれを貨幣納に改め、その金で人を雇うことにした。またこれまで徭役を免除されていた特権階級にも納入を命じた。そこで猛反対がおこる。司馬光が免役法を再び差役法に戻した時、南京にいた王安石は、「この法だけは変更してはならなかった」と嘆いたが、差役の貨幣納は時代の要請でもあり、それは反王安石派の蘇轍《そてつ》もこのように認めている。政治の場ではいつも相手のやることは何でも悪いといい、立前上すべてをひっくり返したくなるものらしいが、それで成功することは少ない。後半の科挙制度の改革も、根本のパターンは現今の大学入学試験の朝令暮改ともいうべき改革案と称する制度いじりと変わらない。最も必要なことは、迂遠ではあるが、長い見通しをもった変わらぬ理念を確立することであろう。

韓絳《かんこう》　丞相・康国・韓献粛公・絳（一〇一二—八八）

字は子華《しか》。開封の人。仁宗時代の副宰相韓億《かんおく》の子。恩蔭で官位をもらったが、慶暦二年（一〇四二）進士に合格。御史中丞、翰林学士等をへて、煕寧三年末（一〇七〇）から数カ月、王安石とならんで宰相。同七年安石が一旦下野したあとも宰相になる。韓維《かんい》、韓綜《かんそう》ら兄弟で高級官僚の列にならび、世の称誉を受けたが、伝法沙門《でんぽうしゃもん》（お師匠様そのまま）と綽名される王安石の追随者で、政治家としては見るべき功労は少ない。

一四一　御落胤《ごらくいん》は真赤な偽者

韓絳《かんこう》が国都開封府《かいほうふ》の推官《すいかん》だった時、冷清《れいせい》という男が、「宮中で懐胎《かいたい》した母が宿さがりして自分を生んだのだ」といい出し、皇太子と自称した。都の人たちは彼を見て、どうもマユツバくさいと思い、胥吏《しょり》がつかまえて調べてみたがやはり追及しきれない。開封府の官員には態度を一変させて丁重に扱う者まで出てきた。結局本当だという証拠がないまま、近くの州にとめおかれた。絳は上奏して、成人すれば大事をなしとげるかも知れぬと口を極めて論じ立て、清はとうとう死罪となった。（劉貢父撰行状）

公開封府推官たり。男子冷清みずから謂う、「母宮中に娠《みごも》り民間に生む」と。ここにおいてみずから皇太子と称す。都人聚観し、すこぶるもって疑

公為開封府推官、男子冷清、自謂母娠宮中、生民間、於是、自称皇太子、都人聚観頗以為疑、

となす。吏収捕験問せしも、またあえて迫らず。府官容を改めこれを礼する者あり。すでにして果たして実なきも、なお止めて近郡に羈置《きち》す。公上疏し、成ればまさに事を遂ぐを引き、論奏することはなはだ切なり。清ついに誅《ちゅう》に伏す。

吏収捕験問、亦不敢迫、府官至有改容、礼之者、既而果無実、猶止羈置近郡、公上疏、引成方遂事、論奏甚切、清遂伏誅。

▼江戸時代にもお馴染みの天一坊、御落胤の一件。皇太子時代から側室に囲まれる環境では、名乗り出た男を真赤な偽物と断定しきれないケースも多かろう。そこで一か八か決断する人間がほめそやされる。

韓維《かんい》　門下侍郎《もんかじろう》・韓公・維（一〇一七―九八）

字は持国《じこく》。開封《かいほう》の人。韓絳《かんこう》の弟。父の恩蔭で官途に入り、やがて皇太子時代の神宗とその兄弟たちの家庭教師になる。王安石の才能を神宗にふきこむのに力あった。神宗時代、翰林《かんりん》学士として活躍。哲宗の元祐元年（一〇八六）から一年間、門下侍郎《もんかじろう》（宰相）をつとめる。最初は王安石の支持者だったが次第に変化し、紹聖《しょうせい》の新法党時代には追放されている。

一四二　元老の呼吸

最初は韓維《かんい》と王安石はお互いに仲睦《むつま》じい間柄だった。安石が枢要な地位につき、維が国政に関する疑議を述べだしてから齟齬《そご》が生じた。この時になって、王安石の『三《さん》経新義《けいしんぎ》』を抹消しようと提議するものがあらわれた。維は、「安石の経書《けいしょ》の解釈は唐代までの学説と一緒に通用させるべきで、廃棄してはならぬ」と考えた。また司馬光《しばこう》とは日頃交友関係をもっていた。二人とも元老ということで登用されたが、事ある時には決して打合わせなどせずにいて、大体の線を一致させるようつとめた。人々はその己を棄てた公平さに敬服した。（行状）

初め公と王安石もとより相厚善たり。安石政を執り、公国事を議して始めて異同多し。ここに至りて議者三経義《さんけいぎ》を廃さんと欲す。公おもえらく、「安石の経義はよろしく先儒の説と並《なら》び行い、まさに廃すべからず」と。司馬公光、公と平生交わ

初公与王安石、雅相厚善、安石執政、公議国事、始多異同、至是、議者欲廃三経義、公以為、安石経義、宜与先儒之説、並行、不当廃、司馬公光、与公平生交、

る。ともに耆旧《ききゅう》をもって進用せらる。事に臨むに至り、いまだかつて一語も附合せずして、務めて苟同《こうどう》をなす。人その平に服す。

倶以耆旧進用、至臨事、未嘗一語附合、務為苟同、人服其平。

▼王安石は新法実施に当たり、その裏付けとして儒教《じゅきょう》イデオロギーの根本になる書物から詩経《しきょう》、書経《しょきょう》そして周礼《しゅらい》の三つを選び、それに新法に都合のよいように新解釈を施した。これが『三経新義』にほかならぬ。中国のような広いそして歴史の長い複雑な国では、政治を円滑に行うためそうした超時代的な権威がどうしても欠かせない。現在マルクス・レーニン主義といっても、中国のそれが、およそ西欧や旧ソ連と違ったところがあるのは、この王安石の『三経新義』という先例によっても、決して目新しいものでないことがわかる。

一四三　四朝の名臣

韓維《かんい》は嘉祐《かゆう》年間以来の名臣とされていた。神宗はとりわけ彼の人物をよく知り、ふたたび宰相にしようかと考えられた。折しも王安石が政権をとり、これまでの政策を変更し、維と意見を異にした。元祐《げんゆう》年間のはじめ門下侍郎《さいしろう》として再起し、宣仁太后《せんにんたいこう》、哲宗《てつそう》ともに特別の礼遇を彼に与えられた。維は仁・英・神・哲宗四代の旧臣ゆえに、自分こそ宰相としてその知識経験を実際に役立てるべきだと考えたが、在位一年に満たず罷任した。人々はこれを残念がった。（行状）

公嘉祐《かゆう》より以来の名臣たり。神宗これを知ること尤《もっと》も深く、しばしば大用《たいよう》せんと欲す。たまたま王安石事を用い、旧法を変更し、公の言多く異なる。元祐《げんゆう》初に及び、起ちて門下侍郎となる。宣仁、哲宗眷礼《けんれい》優異たり。公みずから四朝の旧臣なるをもって、身天下の重に任じ、その知る所を行わんとねがうも、位に在ること年を踰《こ》えずして遂に去る。天下これを惜む。

公自嘉祐以来、為名臣、神宗知之尤深、屢欲大用、会王安石用事、変更旧法、公言多異、及元祐初、起為門下侍郎、宣仁哲宗、眷礼優異、公自以四朝旧臣、身任天下之重、庶幾行其所知、而在位不踰年、遂去、天下惜之。

▼名臣というのは何か決められている枠があって、そこへピタリとはまればそれで十分という感じがしないではない。韓維は前代の副宰相韓億《かんおく》の子で、兄弟一族立派に高

級官僚コースを歩み、自分は皇太子の先生とくれば、これはおしもおされもせぬ名臣という次第である。

傅堯兪《ふぎょうゆ》　中書侍郎《ちゅうしょじろう》・傅献簡公《けんかん》・堯兪（一〇二四―九一）

字は欽之《きんし》。本籍は山東の鄆州《うんしゅう》。十歳で人前に出せる文章を書き、二十歳にならぬ先に進士に合格。英宗時代は台諫官として活躍したが、王安石時代は冷飯《ひやめし》をくわされて地方をまわる。哲宗元祐になって返り咲き、四年から六年までは吏部尚書《りぶしょうしょ》、中書侍郎という副宰相の役をつとめた。清らかで耀《ひか》りすぎず、直情で激《げき》せず、勇断で温かいといわれた人格者。

一四四　本当の情報を手に入れるには

宮廷秘密警察の一人が、ある金持が人を殺したと密告した。係の役所で訊問したが状況が明らかでない。密告者から情報の出所を追及しようとしたところ、長官の宦官《かんがん》がおさえて渡さない。傅堯兪《ふぎょうゆ》は次のように論じたてた。「陛下は何もその人物を惜しまれるわけでなく、外の世界のことがもう耳にとどかなくなることを心配されているのでありましょう。私が考えますに、陛下が担当の役所に白黒をつけさせて、賞罰を与えられれば、上聞に達することはすべて真実となるでしょう。これとりもなおさず外の世界の事を耳に入れることにほかなりません。勝手なことをしゃべらせておいて、その虚実を問わなければ、賄賂が横行し、是非善悪の区別がつかなくなります。秘密の通報が御前《ごぜん》に山とつまれても、何の役にもたちません」。（墓誌）

皇城司《こうじようし》の卒、密かに「富人かつて人を殺せり」と奏言す。有司《ゆうし》鞠問《きくもん》すれど状なし。卒を得て従《よ》る所を詰せんと願うに、内侍《ないじ》の主者留めて遣《や》らず。公言えらく、「臣料《はか》るに、陛下必ずこの人を惜まず。意恐るらくはまさにまた外事を聞くあらざらんとするのみ。臣おもえらく、陛下有司に付してその是非を弁じ、これを賞罰さるれば、事の上聞する者みな実なり。すなわち外事を聞くゆえんなり。今これを縦《はな》ちて言わしめ、虚実を問わざれば、貨《か》賄《わい》行われて是非乱れん。刺《し》告《こく》前に盈《み》つといえどもまた何の益ぞや」と。

皇城司卒、密奏言、富人嘗殺人、有司鞠問、無状、願得卒、詰所従、而内侍主者、留不遣、公言、臣料、陛下必不惜此人意、恐将不復聞外事耳、臣以謂、陛下付有司、弁其是非、而賞罰之、則事上聞者、皆実、乃所以聞外事也、今縦之使言、不問虚実、則貨賄行、而是非乱矣、雖刺告盈前、亦何益哉。

▼皇城司《こうじようし》は、宋代になって新しくできた皇帝直属の秘密警察で、主に国都の官民の動静をさぐる。地方とくに軍隊や軍事行動のＣＩＡとしては走馬承受《そうましようじゆ》と呼ばれる別系統の秘密警察があり、両方で皇帝の手足となっていた。

一四五　時と立場を考えよ

傅《ふ》堯兪《ぎようゆ》は天子の前では激烈な口調で論じたてたが、事がすむと二度とそれを口にしなかった。和州《わしゆう》知事（安徽省）に出た時、何かの折に副知事の楊洙《ようしゆ》がたずねた。「あなたは直言のため左遷されなさった。いったいどうして御史《ぎよし》の時の事柄に触れようとされぬのか」。公は答えた。「以前は政治の闕失《けつしつ》をいうのが職務で、黙ってはおられなかった。いまは知事で、朝廷の美意《みこころ》を宣布するべきで、くどくどと昔の政治の欠点を言いたてるのは、朝政を誹謗《ひぼう》するのと変わりがない」。（行状）

公上前に在り吐論《とろん》激切なるも事已《や》むればついにまた言わず。出でて和州たるや、通判楊洙間《つうはんようしゆかん》に乗じ問いて曰く、「公は直言をもって此《ここ》に斥居《せききよ》せらる。

公在上前、吐論激切、事已則終不復言、出為和州也、通判楊洙、乗間、問曰、公以直言斥居此、

何ぞ言をなし、いまだかつて御史の時の事に及ばざるや」と。公曰く、「前日言うは職なり、豈《あに》やむを得んや。今日《こんにち》郡守となり、まさに朝廷の美意を宣《の》ぶべきに、反《かえ》りて呫々《ちょうちょう》として前日の闕政《けっせい》を追言するは、誹謗と何ぞ異ならんや」。

何為言、未嘗及御史時事、公曰、前日言職也、豈得已哉、今日為郡守、当宣朝廷美意、而反呫呫追言前日之闕政、与誹謗何異。

▼傅堯兪《ふぎょうゆ》は御史《ぎょし》、諫官《かんかん》として重きをなし、四年間で百六十に及ぶ上奏をたてまつったといわれる。台諫の時は歯に衣《きぬ》をきせずに直言するのがつとめ、それが府州の知事になれば、制度の中できめられた仕事をやり、大臣や上役の悪口を言ったりしない。その使いわけが大切だ。

彭汝礪《ほうじょれい》 尚書《しょうしょ》・彭公・汝礪（一〇四一―一〇九四）
字は器資《きし》。饒州《じょうしゅう》鄱陽《はよう》（江西）の人。治平二年（一〇六五）の科挙首席。地方官が長く、王安石時代はパッとしなかった。哲宗の旧法党時代も各省次官クラスどまりだったが、紹聖の新法党になって副宰相待遇の吏部尚書（人事院総裁）についた。

一四六　天子に直言して退かず

彭汝礪《ほうじょれい》は台諫の職にある時、必ず経書《けいしょ》の古聖王のことを基《もと》に議論を行った。最初のお目通りでは、次の十項目にわたる上奏文をたてまつった。一、根本を確立する、二、人材の任用、三、地方官の問題、四、財政運用、五、人民の愛育、六、救済政策、七、振興事業、八、新法を変えよ、九、青苗法《せいびょうほう》、免疫法、十、塩の専売法。そこで指摘された利害得失は、普通では発言をさしひかえるものが多かった。また、市易司《しえきし》の総帥《そうすい》呂嘉問《りょかもん》は法の真意と違って徴収額増加に血眼になっているから罷免すべきだとか、兪《ゆ》充《じゅう》は宦官《かんがん》の王中正にへつらい、妻君に挨拶させる始末だから、検正《けんせい》中書五房公事《こうじ》の官に任用すべきでないなどを言上した。このため神宗は兪充の任命をとりやめ究明の措置をとられた。彼の発言はこのように認められ、彼もおかみの英明さを誇示する事柄となると黙ってはいなかった。皇族たちは金銭ずくで婚姻を結ぶことが以前から行われ、娼家《しょうか》の娘を嫁にする者までいた。彭汝礪《ほうじょれい》は次のように上奏してこれをやめさせた。「血縁が薄いといっても皇族はすべて御先祖につながっている。しかしものやからが金銭でその地位を手に入れられるものではない。あらためて明確な婚姻法を作られたい」と。王中正と李憲《りけん》が陝西《せんせい》で軍事行動をおこした。汝礪《じょれい》は宦官《かんがん》に軍隊をあずけるべきでないと述べ、漢と唐の禍乱に言及した。神宗は最初不機嫌で、汝礪をなじるように話されていたが、彼は腕を前に組んだまま直立し、折をみはからって前言をくりかえした。おかみはとうとう顔色を柔らげられた。この日、御殿の内外で成り行きをみつめていた者たちは、公の身にまずいことがおこらぬかと懸念《けねん》していたが、やがて全員が感服した。（墓誌）

公言職《げんしょく》に在り、唐虞《とうぐ》三代にあらずんば論せず。初めて対するに十事を上《たてま》つる。一は本を正す、二は人を任ず、三は守令、四は財を理《おさ》む、五は民を養う、六は賑救《しんきゅう》、七は事を興《おこ》す、八は法を変ず、九は青苗と免役、十は塩事なり。得失利病《りへい》を指陳し、人の言い難き者多し。また言う、「呂嘉問《りょかもん》市易司《しえきし》を領し、専ら聚斂《しゅうれん》を事とするは法意にあらず。まさに罷黜《ひちゅつ》すべし。兪充《ゆじゅう》は中人《ちゅうじん》王中世に諂事《とうじ》し、妻をして出でてこれを拝せしむるに至る。まさに検正中書五房公事に除すべからず」と。神宗ために

公在言職、非唐虞三代、不論、初対上十事、一正本、二任人、三守令、四理財、五養民、六賑救、七興事、八変法、九青苗、免役、十塩事、指陳得失利病、多人難言者、又言、呂嘉問領市易司、専事聚斂、非法意、当罷黜、兪充諂事中人王中正、至使妻出拝之、不当除検正中書五房公事、神宗為寝充命、而究語、

充の命を寝《や》め、究語〔或は詰か〕せしむ。公の言に従得せらるる所かくのごとし。聡明を広むるゆえにあらざれば肯えて詔を奉ぜず。宗室婚を売り、娼家の子を女《めと》るに至る。行うこと日あり。公奏してこれを罷む。よりて曰く、「皇族、服属すでに疎といえども、然れどもみな宗廟の子孫なり。閭《りょ》閻《えん》の下賤をして貨をもって取るを得しむるべからず。願わくはために更《あらた》めて婚姻の法に著せられんことを」と。王中正、李憲兵を陝西に用う。公まさに兵をもって中人に付すべからざるを言い、よりて漢唐禍乱の事に及ぶ。神宗初め懌《よろこ》ばざるがごとく、語を出して公を詰す。公拱立《きょうりつ》して動かず。間《かん》を伺いてまた言う。帝ついにこれがために容を改む。この日殿廷、観る者はじめみな公のために懼《おそ》る。すでにしてみな歎服す。

所従得公言、如此、非所以広聡明、不肯奉詔、宗室売婚、至女娼家子、行有日矣、公奏罷之、因言、皇族雖服属已疎、然皆宗廟子孫、不可使閭閻下賤、得以貨取、願為更著婚姻法、王中正、李憲、用兵陝西、公言不当以兵、付中人、因及漢唐禍乱之事、神宗初若不懌、出語詰公、公拱立不動、伺間復言、帝卒為之改容、是日、殿廷観者、始皆為公懼、已而皆歎服。

▼『言行録』にひかれている彼の事蹟は、曾肇《そうちょう》の書いた墓誌銘《ぼしめい》を適当にぬき書きした

ものであり、従ってここに見られるように内容も多岐にわたる。科挙首席にもかかわらず、彼は宰相クラスになれなかった。市易司《しえきし》は王安石新法の一つ、中小商人を対象とした、低利融資の市易法を扱う役所。検正中書五房公事とは、現在の内閣官房に似ており、中書《せいふ》で決定した事柄の事務処理を行うが、それが五部局に分かれているため五房という。この長い官職名はそこの長官。また皇族はこの時代必ずしも富裕ではなく、市井の金持と婚姻を結びたがった。王中正、李憲とともに神宗と哲宗時代に活躍した宦官《かんがん》。とくに後者は戦争が好きで、甘粛省《かんしゆく》方面の異民族との戦いを陣頭指揮した宦官。

第三章　哲宗と宣仁太后——熾烈《しれつ》な党派争い

北宋第七代皇帝は趙煦《ちょうく》、哲宗《てっそう》と呼ばれる（一〇八六—一一〇〇在位）。父神宗が亡くなった時は僅か十歳だった。治世の前半、元祐という年号の八年間は、英宗皇后だった祖母の宣仁太后《せんにんたいこう》高氏《こうし》が摂政として実権をにぎり、司馬光、呂公著を登用、王安石の一派とその後継者を新法党と称して追放し、多くの政策を英宗以前に戻してしまった。太后が亡くなり、紹聖と年号を改めた親政時代に入ると、こんどは章惇《じゅん》を宰相に起用、新法党が返り咲き、元祐の政治家たちは旧法党として大弾圧をこうむった。広南に流されたり、パージを受けたりした人たちは蘇軾《そしょく》をはじめ少なくない。王安石は確固たる信念と理想を持っていたが、元祐後半以後の政治家たちは、新法、旧法両方ともそうした人物は少なく、単なる権力闘争のくり返しで、次第に争いは泥沼に入っていった。哲宗の次は弟の徽宗《きそう》がたち、三朝は本当は彼も数えるが、日本でいえば元禄にも相当する退廃した文化爛熟《らんじゅく》の時代とて、名臣は影をひそめる。

范純仁《はんじゅんじん》 丞相・范忠宣公《ちゅうせん》・純仁（一〇二七―一一〇一）

字は堯夫《ぎょうふ》。蘇州（江蘇）が本籍、范仲淹《はんちゅうえん》の次子。恩蔭で官位をもらったが、皇祐元年（一〇四九）進士。英宗時代は御史として濮議《ぼくぎ》で争い、王安石に反対して神宗時代は地方をまわる。毛並みのよさも手伝い、元祐の旧法党の雄として重用され、枢密院《すうみついん》の副長官、ついで宰相（尚書右僕射《しょうしょうぼくや》）となるが、紹聖に入って失脚し、ながく湖南永《えい》州《しゅう》に蟄居《ちっきょ》させられた。

一四七　変死の時は気をつけよ

州の総務部長宋儋年《そうせんねん》が毒にあたって急死した。范純仁《はんじゅんじん》は真犯人を見つけて法律通り処分できた。客をあつめた宴会が終わった夜、宋の家の者が突然病気だといってきた。純仁は自分の家族たちをやって、葬儀をそれとなく見張らせた。小殮《かりもがり》の時、口や鼻から血が流れ、顔を覆《おお》う絹などをひどく汚した。純仁は普通の死に方でないと疑いを持ったが、果たせるかな宋の愛妾と胥吏《しょり》が通じあっての結果であった。関係の役所でとり調べさせると、宴会の時、鼈《すっぽん》の炙《にく》の中に毒を入れたと白状した。「その肉は何番目の料理だったのか、毒にあたって宴会の最後までおられたのか」と疑念をいだいた純仁は再訊問を命じた。宋儋年は案《あん》の定《じょう》鼈を食べず、客人たちがたいらげてしまった。

客たちが帰り、宋が酔って自宅に戻ってから、毒を盃の中にいれて殺した。犯人はあとでさきの自白を変え、死罪を逃れようとねらったものである。人々は范純仁が悪だくみを明察によって見破ったことに感心し、彼がいなければ、宋君のあの世での恨みははらされなかっただろうと思った。(言行録)

録事参軍宋儋年《ろくじさんぐんそうせんねん》、毒にあたり暴卒す。公、罪人を得て法に置く。初め宋君客を会して罷むるによりて、この夜、門下の人にわかに疾をもって告ぐ。公、家人、子弟を遣わしてその喪事を視《うかがわ》しむ。宋君小殮するに口鼻血出で、幎帛《めいばく》を漫汙《まんう》す。公その死、理をもってせざるを疑う。果たして寵妾《ちようしよう》と小吏《しようり》姦をなす。有司に付して按治せしむるに具伏すらく、「客を会するによって毒を置きて鼈炙《べつ》中に在り」と。公曰く、「炙は第幾巡に在らん。あに毒に中りてよく席を終わることあらんや」。命じて再びこれを劾《しらべ》しむ。宋君果たして鼈炙を嗜《たしな》ま

録事参軍宋儋年、中毒、暴卒、公得罪人、置於法、初宋君、因会客罷、是夜、門下人遽以疾告、公遣家人子弟、視其喪事、宋君小殮、口鼻血出、漫汙幎帛、公疑其死不以理、果為寵妾与小吏為姦、付有司、按治、具伏、因会客、置毒在鼈炙中、公曰、炙在第幾巡、豈有中毒、而能終席耶、命再劾之、宋君果不嗜鼈炙、為坐客所弁、乃客散酔帰、置毒

ず。坐客の弁す所となる。すなわち客散じ、酔いて帰る。毒を酒盃の中に置きてこれを殺す。罪人、他日の獄変を覘《うかが》いて死を逃るるの計をなすなり。罪人もって公姦伏を発摘すること神明のごとしとなす。もし公に遇うにあらずんば、宋君の寃《えん》もって地下に申《の》ぶることなからん。

酒盃中、而殺之、罪人覘他日獄変、為逃死之計也、人以為、公発摘姦伏、如神明、若非遇公、則宋君之寃、無以申於地下矣。

▼進士合格者が県や州の知事になると、こうした遠山の金さん的な習練もしなければならぬ。「官箴《かんしん》」と名付けられる地方官心得が売り出され、その中には、検屍の時の最低限の必要事項なども書きつらねられている。

一四八　党派で人を罰するな

前宰相の蔡確《さいかく》は詩の中で宣仁太后をそしったかどで罪におとされた。台諫たちはかわるがわる上奏をたてまつり、どうしても極刑にすべきだと騒ぎ、宰相はじめ高官たちにも異議はなかった。范純仁だけはそれはいけないと、天子の前で自分の意見をのべたてた。その要旨は、「いま、おかみは寛容につとめられるべきで、ああ言いこう書いたという必ずしも明確でない罪過によって、大臣を亡きものにしてはなりません。今日の行動は、将来の法式となるべきで、こうした問題に断じて先例を作るべきではありません」というものだった。宰相たちは、「蔡確の党派は勢力があり、うやむやにすませるべきではない」と反対した。純仁は、「誰がどの党派かは明白にしにくい。良い人間を逆に悪い党派の人と間違うこともある。この問題は詳細に審議し、簡単にすませてはならぬ」と、天子にじきじきに申し上げたあと、以下のような上奏文をたてまつった。「党派争い（朋党）の原因は、ゆく道の違いによるものです。自分と同じ者は正人といい、異なる者は邪党扱いにします。ある人が自分と異なり憎いとなると、耳に痛い忠告はもうとどかなくなり、自分と同じで好ましいとなると、お互いに欠点にはふれません。かくして真偽はわからず、賢愚がさかさまになり、そこから国の災いがもたらされるでしょう。王安石などは、同を喜び、異を憎んだために、とうとう黒と白の区別がつかなくなり、現在に至るまで、手を拱《こまね》いて眺めていることが有能とされる始末です。これはこの後、権力の座にある者が永く手本とすべきでしょう。近頃の蔡確の事件では、同じ党派の人間を追及し、ことを枝葉に及ぼす必要はありません。孔子は「まっすぐなものをとって枉《ま》がったところに錯《お》く」といわれました。枉《ま》がったものをまっすぐにさせるには、まっすぐで正しい者を任用すれば、まがった邪《よこしま》な者は感化されて善人となり、人でなしは姿を消すでしょう。わざわざ同党異党を区分することもなく、またそんなことをすればおかみの御仁愛を傷つけることにもなりましょう」。范純仁は、最初、蔡確にどういう勅命を出すか、お偉方と論議し、左丞相の王存だけが純仁に同調した。この日、おかみの前で自説を陳述する際、人々はいずれも原案に賛成と書き、純仁には見向きもせず先に退出していった。彼一人とどまり、さらに王存を加えておかみの前で強硬に論じたてた。怒った宣仁太后は結局蔡確を新州に左遷した。范純仁は蔡確の朋党《なかま》だと攻撃する上章が次々とたてまつられたため、彼は病気を理由に外任を願い出た。その日に純仁は潁昌府《えいしょうふ》（河南省）、王存は蔡《さい》州のそれぞれ知事に任命された。（言行録）

前宰相蔡確《さいかく》、詩語もて簾中《れんちゅう》を譏訕《きせん》するに坐す。台諫章疏こもごも上《たてまつ》られ、必ず朝廷誅殛《ちゅうきょく》せられんことを欲す。宰執侍従みな当然となす。公ひとりもって不可となし、遂に簾前に開陳す。「方今、聖朝よろしく寛厚に務めるべく、語言文字の間、

前宰相蔡確、坐詩語譏訕簾中、台諫章疏交上、必欲朝廷誅殛、宰執侍従、皆為当然、公独以為不可、遂於簾前、開陳、方今聖朝、宜務寛厚、不可以語言文字

曖昧不明の過をもって、大臣を誅竄《ちゅうざん》すべからず。今日の挙動はよろしく将来に与えて法式となすべし。この事はなはだ端を開くべからざるなり」。宰臣奏すらく、「蔡確の党人は甚だ盛んなれば、含胡《がんこ》問わざるべからず」と。公面奏しておもえらく、「朋党は弁じ難し、かえって悞《あやま》りて善人に及ぶを恐る。この事まさによろしく詳審すべく、容易なるべからず」と。ついで奏を入れて曰く、「ひそかにおもうに、朋党の起こるはけだし趣向の異同による。我に同じければこれを正人と謂い、我に異なれば疑いて邪党となす。すでにその我に異なるを悪まば、逆耳の言至り難く、すでにその我に同じきを喜ばば、迎合の佞《ねい》日に親し。もって真偽知るなく、賢愚倒置するに至る。国家の患、何ぞ斯《こ》れに由《よ》ることなからん。王安石の如きに至りては、ただ同を喜び異を悪むによりて、遂に黒白分かたれざるに至る。今に至るまで風俗なお観

之間、曖昧不明之過、誅竄大臣、今日挙動、宜与将来為法式、此事甚不可開端也、宰臣奏、蔡確党人甚盛、不可含胡不問、公面奏、以為、朋党難弁、却恐悞及善人、此事正宜詳審、不可容易、継入奏曰、切以朋党之起、蓋因趣向異同、同我者、謂之正人、異我者、疑為邪党、既悪其異我、則逆耳之言、難至、既喜其同我、則迎合之佞、日親、以至真偽莫知、賢愚倒置、国家之患、何莫由斯、至如王安石、止因喜同悪異、遂至黒白不分、至今、風俗猶以観望為能、後来柄臣、固合永為商監、今来蔡確、不必推治党人、旁及枝葉、臣聞、孔子曰、

望をもって能となす。後来柄臣《へいしん》もとよりまさに永く商監《しょうかん》となすべし。今来蔡確、必ずしも党人を推治して枝葉に旁及《ぼうきゅう》せざれ。臣聞く、孔子曰く、「直を挙げてこれを枉《おう》に錯《お》く」と。よく枉なる者をして直ならしめんとすれば、これ正直を挙用すれば可なり。枉邪《おうじゃ》を化して善人となさば、不仁なる者おのずからまさに屏迹すべし。なんぞ党人を分弁するを煩らわさん。あるいは仁化を傷つくることあるを恐る。公初め諸公と蔡確の命を議す。ただ左丞王存のみ公とあい協う。この日、上前に開陳論列の際に方《あた》り、諸公可と画し、みな公を顧みずして先退す。公ひとり留身し、よりて王存を上前に揖《しゅう》してこれを論ずることますます堅し。宣仁怒り、ついに確を新州に貶《へん》す。言者こもごも章して公確に党すと撃つ。公ついに疾をもって外を請う。即日公をもって知潁昌府《ちえいしょうふ》、王存は知蔡州とす。

挙直錯諸枉、能使枉者直、則是挙用正直、而可化枉邪、為善人不仁者、自当屏迹矣、何煩分弁党人、或恐有傷仁化、公初与諸公議蔡確之命、唯左丞王存、与公相協、是日、上前方開陳論列之際、諸公画可、皆不顧公而先退、公独留身、因揖王存上前、論之益堅、宣仁怒、卒貶確新州、言者交章、撃公党確、公遂以疾、請外、即日、以公知潁昌府、王存知蔡州。

▼蔡確は神宗親政時代の宰相。旧法党から仇敵と恨まれ、現在みられる宋代の公式の歴史書『宋史』では「姦臣」つまり人民の敵とされている。彼は湖北省の地方官だった時、唐の高宗が則天武后《そくてんぶこう》に位をゆずることを諫めた臣下の話をとりいれた「車蓋亭《しゃがいてい》の詩」を作った。これが元祐旧法党の時代になってとりあげられ、宣仁太后の摂政を暗に非難した内容だというかどで大事件に発展し、結局広南へ流された。文化大革命の時にみられた弾劾の方法もまた、中国においてはとりたてて目新しい形式では決してないのである。

一四九　学歴を表に出すなかれ

科挙ではなかなか人材が得られない。時に得られることがあっても、それはきまって本来優れた人物が科挙によって出てきたにすぎない。また恩蔭で官を手に入れることと、進士で官を手に入れる優劣をくらべて、進士がまさり、恩蔭がいまひとつとするのは後世の俗流の議論である。父祖の恩沢を享受《きょうじゅ》することを恥じ、こころをくだいて無益の学習に甘んじ、貧しく地位なき者どもと試験場で勝負を争い、幸運に恵まれて合格すれば栄誉扱いするようなことは、いったいどういう了見なのか。科挙の受験というものは、扶持《ふち》なき下の者がやむなくこれによって身を立てようとするにすぎない。何とかなるなら試験など受けなくてよかろう。范純仁は最も見識のあった一人だが、彼にして恩蔭と進士の優劣を分け、進士資格の有無によって位階の上に左右の字をつけるよう提言するとは、すべてにわたって賢明だったとはいいきれない。高官たちの子弟に書物を読まそうとしたという意図はたいへん良い。ただ、科挙を受けて官を手に入れた人は、本を読んだ御褒美だとなれば、書物を読むということが、科挙で任官するだけのことに終わってしまい、本当に道を学ぶ人がなくなるだろう。韓維《かんい》などは本来国を動かす人材で、宰相に登用して結構である。彼が進士科の出身でないからとて、ただちにその宰相の才能を廃棄すべきでない。「純仁が区別しようとしたのはまさかこういった種類の人ではなかったのではないか」と、尋ねる者がいたが、宰相は突然任命されるべきでなく、下級官から順番にあがってゆくものだ。あとの話だが呉坦求《ごたんきゅう》（師仁《しじん》）は紹聖年間、進士出身でないという理由で博士任命を反対された。彼は一介の民間人から、学問行いすぐれるということで、朝廷がとくに官爵を与えた人物である。博士とすべき時になって進士でないとてそれを剝奪するとはどういう論理なのか。恩蔭と進士どちらにも人物がいる。その人物だけを登用すればよい。右の

一字を加えるのは人の善への道をはばむものだ。（亀山語録）

科挙人を取りて得ず。まま得る者あらば、おのずから是れ豪傑の士、科挙によりてもって進みしのみ。かつ資蔭《しいん》もて官を得ると、進士もて官を得ると、いずれが優劣なるや。進士をもって勝となし、資蔭をもって慊《はばか》りとなすは、これおのずから後世流俗の論なり。人をしてその父祖の沢を受くるを恥じて、心工無益の習に甘んじ、もって孤寒の士と勝を場屋に角《きそ》い、僥倖一第《ぎょうこういちだい》すればもって栄と為さしむるに至りては、これ何の見識ぞ。それ挙に応ずるもまた寒士無禄により、やむを得ずこれに藉《か》りて身を進むるのみ。もしやむを得れば、何ぞ挙に応ずるを用いん。范堯夫《はんぎょうふ》最も見識あり。然れどもまた資蔭と進士をもって優劣を分かち、有無《うむ》出身人の銜位《かんい》の上に、左右の字を帯するを建言せしは、蔽う所無しと謂《い》うべからず。その言に、

科挙取人不得、間有得者、自是豪傑之士、因科挙以進耳、且資蔭得官、与進士得官、孰為優劣、以進士為勝、以資蔭為慊者、此自後世流俗之論、至使人恥受其父祖之沢、而甘心工無益之習、以与孤寒之士、角勝於場屋、僥倖一第、以為栄、是何見識、夫応挙、亦自寒士無禄、不得已、藉此進身耳、如得已、何用応挙、范堯夫最有見識、然亦以資蔭与進士、分優劣、建言、於有無出身人、銜位上、帯左右字、不可謂無所蔽也、其言曰、欲使公卿家子弟読書耳、此意甚善、但以

「公卿《こうけい》の家の子弟をして書を読ましむるを欲するのみ」という。この意はなはだ善し。ただ挙に応じ官を得る者をもって、書を読みて奨勧を加えらるとなせば、かの書を読む者、挙に応じ官を得るにとどまる。あに真に道を学ぶの人あらんや。韓《かん》持国《じこく》の如きに至りては、おのずからこれ経国《けいこく》の才なれば、用いて執政となすもまた了得《りょうとく》せん。その無出身をもって、すなわちその執政の才を廃すべからず。曰く、「堯夫別異する所の者はこれらの人にあらざることなきや否や」。曰く、「執政はこれ合下《ごうか》に便做《べんさ》せず。また小官より次《じ》をもってこれを遷す。後来呉坦求らのごときは、紹聖中に在りて、博士を駁《ばく》せらる。無出身《むしゅっしん》をもってのゆえなり。かれ布衣《ほい》の中より、朝廷その学行をもってこれに爵命を賜う。そのよろしく博士となすべきに至り、すなわちまたもって無出身となしてこれを奪う。これなんの理なるや。資蔭と進士中ともに人あり。

応挙得官者、為読書、而加奨勧焉、則彼読書者、応挙得官而止耳、豈真学道之人、至如韓持国、自是経国之才、用為執政、亦了得、不可以其無出身、便廃其執政之才、曰堯夫所別異者、莫非此等人否、曰、執政不是合下便做、亦自小官、以次遷之、如後来呉坦求等、在紹聖中、被駁了博士、以無出身故也、彼自布衣中、朝廷以其学行、賜之爵命、至其宜為博士、乃復以為無出身、奪之、此何理也、資蔭進士中、倶有人、惟其人用之、加一右字、亦自沮人為善。

ただその人これを用うのみ。一右の字を加うるはまたおのずから人の善を沮《はば》まん。

▼現在でいえば一流大学など出ていなくてもよいという議論だが、必ずしも当時の現実に則した話ではない。やはり、科挙、それも進士科に合格していなければ、政治の中枢、社会の頂点には行けなくなっていた。韓維とて親のおかげ恩蔭で官途につきはしたが、結局は「進士出身」の肩書を特別に入手しなければエリートに肩をならべられなかった。元豊の官制改革以前には、誰が進士出身で誰がそうでないかは、その人の位階名をみてゆけば、わかる人には容易に判断できる仕組みだった。たとえば、従七品という位階は、太常博士《たいじょうはくし》、国子《こくし》博士《はくし》という名称であらわされるが、後者は非進士にのみ与えられた。ただそれは位階のルールを知っているものしかわからない。ところが、元豊以後は、それが左《さ》承議郎《しょうぎろう》、右《う》承議郎《しょうぎろう》と変更される。これなら左のある方が偉いと誰にもわかり、逆に問題がおこる。日本やヨーロッパのように誰にでも明確にわかることは、中国では却って好ましくない場合が少なくないのである。

王存《おうぞん》　尚書左丞・王公・存（一〇二三—一一〇一）

字は正仲。潤州丹陽《じゅんしゅうたんよう》（江蘇鎮江）の人。慶暦六年（一〇四六）の進士。欧陽脩《おうようしゅう》や呂《りょ》公著《こうちょ》に目をつけられ、王安石ともうまくいき、神宗元豊《げんぽう》時代には、開封府知事から兵部尚書にのぼる。旧法党政権の元祐三年（一〇八八）から一年余り、尚書左丞（宰相）をつとめたが、紹聖の新法党にうとまれ、杭州知事に外出して退官。

一五〇　大勢に迎合せず

王存はゆったりとした性格の、立派な容貌《ようぼう》を持つ偉丈夫だった。日頃は物静かでバランスを失するような行動はしないが、これと思ったことは、断固として譲らない。その議論は公平でよく人の心をくみ、あちらについたりこちらについたりすることはなかった。司馬光が、「一万頭の馬が一斉に駈《か》けている時に、途中で足をとどめることができるのは王存だけだろう」と言ったことがあった。それゆえに、若くして官途《かんと》についてから七十をこす老齢に至るまで、同じ心をもって五代の皇帝に仕え、たびたびの政変にも一つの道を守り通せた。人との交際は年月を経るほどますます親密になり、身寄りなき幼児、落魄《らくはく》した者たちには特に心をかけてやった。少年時代潁川《えいせん》の陳《ちん》浚《しゅん》を師と仰いだ。浚が死んで後継がなかったため、出世した王存は、その弟の子を探し出して官位につけ、終生浚《しゅん》の家族の面倒をみてやった。また自分自身に対してはつつましかったが、客人を厚くもてなすことは好んだ。揚州と存の故郷鎮江《ちんこう》は揚子江をはさむだけの距離にある。存は揚州知事になると、もと宰相の特例によって、折ふし故郷の屋敷をたずね、祖先の墓に詣《もう》でることができた。そこで郷里に五十万銭の寄附をするとともに、有力者たち数百人を集めて盛大な宴を張り、親しく盃のやりとりをした。人々は大いに喜び、かつ酔い、その地方の語り草となった。いつも、「近頃の士大夫は、大臣に栄達しても、その祖先のまつりは庶人と同じことをやっている」と心をいためていたが、退官して私宅を造作すると、まず昔の制度通りに家廟を作った。王存にはたった一人の兄があったけれども早く死んだ。彼は嫂によく仕え、その子を我が子のようにいつくしみ、また兄の二人の孫に官位をもらってやった。引退して丹陽に住んで十年、ホンの少しも周囲に迷惑をかけず、亡くなったあと故郷の人たちすべてから哀惜され、全国の心ある人々は朝廷のためにその死を惜しんだ。(墓誌)

公性寛厚にして儀状偉然《いぜん》たり。平居恂々《じゅんじゅん》として詭激《きげき》の行をなさざるも、守る所あるに至りては確として奪うべからず。議論平恕にして向背をなさず。司馬温公かつて曰く、「万馬を並馳《へいち》し、中に

公性寛厚、儀状偉然、平居恂恂、不為詭激之行、至有所守、確不可奪、議論平恕、無所向背、司馬温公嘗曰、並馳万馬、中能駐

よく足を駐《とど》めしむる者はそれ王存なるか」と。ゆえに束髪《そくはつ》して起家してより、もって大耋《だいてつ》に至るまで、五世に歴事し、持する所は一心、しばしば変故を更てその守は一道なり。人と交わり久しくしてますます親しく、孤藐《こぼう》、流落なる者を視て、恩意もっとも篤し。少時潁川《しょうじえいせん》の陳浚《ちんしゅん》に師事す。浚死して子なし。公貴にいて求めてその弟の子を得てこれを官にし、かつその家を卹《じゅつ》すること終身なり。その自ら奉ずるにははなはだ約にして賓客に厚くするを喜ぶ。揚潤は相去ること一水。公揚に守たる時、故相の例を援《ひ》き、歳時家を過《よぎ》り、冢《ちょう》に上るを得たり。すなわち出して銭五十万を賜い、閭里《りょり》に賙給《しゅうきゅう》す。また牛酒を具《そろ》えて父老数百人を会し、親しく酬酢《しゅうさく》を与《ゆる》す。みな歓酔《かんすい》して去り、郷党もって美談となす。つねに近世の学士、貴くして公卿となりその先を祭祀《さいし》するにただ庶人の制に循《したが》うことを悼《いた》む。帰老し居を築くに及び、首《はじ》めに家廟を

足者、其王存乎、故自束髪起家、以至大耋、歴事五世、而所持一心、屢更変故、而其守一道、与人交、久而益親、視孤藐流落者、恩意尤篤、少時、師事潁川陳浚、浚死無子、公貴、求得其弟之子、官之、且卹其家終身、其自奉甚約、而喜厚賓客、揚潤相去一水、公守揚時、援故相例、得歳時過家、上冢、乃出賜銭五十万、賙給閭里、又具牛酒、会父老数百人、親与酬酢、皆歓酔而去、郷党以為美談、嘗悼近世学士、貴為公卿、而祭祀其先、但循庶人之制、及帰老、築居、首営家廟、如古瀍、公唯一兄蚤世、事寡嫂、甚謹、拊其子、如己出、又官其

営むこと古法のごとし。公はただ一兄にして蚤世《そうせい》す。寡嫂《かそう》に事《つか》えてはなはだ謹、その子を拊《ふ》すること己《おのれ》に出ずるがごとし。またその二孫を官とす。退きて丹陽に居り、まさに十年ならんとし、一毫《ごう》をもって人を擾《みだ》さず。すでに歿す。郷人これに哭し、みな哀し、四方有識の士また朝廷のために惜しむなり。

二孫、退居丹陽、且十年、不以一毫擾人、既歿、郷人哭之、皆哀、而四方有識之士、又為朝廷惜也。

▼激しい権力争いの渦に常に入っていても、それにまきこまれず、自分を全うできる人間がいるものである。そのコツが知りたいところだが、この文章や言行録の他の部分からもそれを十分に汲みとりにくい。ただ、彼がやはり故郷に祖先の墓を置き、五百貫という大臣クラスの二カ月分の給料を寄附し、土地の有力者に大盤振舞いをしていたことは、士大夫官僚と在地の結びつきが必ずしも浅くない思いをいだかせる。

蘇頌《そしょう》　丞相・蘇公・頌（一〇二〇—一一〇一）

字は子容《しよう》。泉《せん》州（福建）が本籍だが潤《じゅん》州（江蘇）で育つ。慶暦《けいれき》二年（一〇四二）の進士。館職を長くつとめ、神宗の元豊時代には開封知事などの要職につく。首席翰林学士（詔勅起草官）をへて、元祐七年（一〇九二）、尚書左丞、そして右僕射《うぼくや》、中書侍郎（いずれも宰相の官名）となり、十カ月その任にあった。

一五一　記憶力抜群のコツは

王珪《おうけい》や元絳《げんこう》らのお歴々が祖父の蘇頌《そしょう》に向かって、「貴公の記憶力のよさときたら、我が宋代の故実に至るまで、事柄の一部始終、月日すべて遺漏差誤がないのは、何か特別の方法でもおありなのか」とたずねた。祖父はこう答えた。「やはり一つのやり方がある。わたしはある年次の重要な事件を目印にきめ、それのあった年の他の事柄を記憶してゆけば、忘れることはない。年号が改められた年にある事が起こり、おかみが即位された年にある事が起こり、皇后か皇太子がたてられたり、誰かが宰相になった年にどういう事柄があったかというようにするのも記憶術の一法である。司馬遷の『史記』を読んでみると、この年孔子が生まれた、この年孔子が亡くなった、この年斉《せい》の桓公《かんこう》が葵丘《ききゅう》で会盟した、この年晋の文公がはじめて覇者《はしゃ》となった、などとあるのは多分こうした意図によるものであろう」。元絳は納得せず、「経書《けいしょ》と史書を暗記し、詩賦を暗誦し、士大夫の家々の系譜、姓名姻戚関係などまで残らず覚えるにはどんな方法を使うのか。つまるところはまことの良い記憶力ということだろう」と語った。

（談訓）

王禹玉《おううぎょく》、元厚之《げんこうし》諸公、かつて祖父に問いて曰く、「公の記の博きこと、もって国朝の典故に至るまで、本末遺《のこ》すなく、日月差《たが》わず。何の術を用うるや」と。祖父曰く、「また一説あり。某《それがし》つねに一歳中の大事をもって目となし、当年の事を記さんと欲すれば忘れず。某《ぼう》年改元、その年に某事あり。某年上位に即き、その年に某事あり。某年后もしくは太子を立て、その年に某事あり。某年相を命じ、その年に某事ありとするが如きは事を記するの一法なり。のち太史公書《たいしこうしょ》を観るに、この歳孔子生る、この歳孔子卒す、この歳斉《せい》の桓公葵丘に会す、この歳晋の文公始めて覇たりの類は、おそらくまたこの意ならん」。元曰く、「しからず。経史

王禹玉、元厚之諸公、嘗問祖父曰、公記之博、以至国朝典故、本末無遺、日月不差、用何術也、祖父曰、亦有一説、某毎以一歳中、大事為目、欲記当年事、則不忘矣、如某年改元、其年有某事、某年上即位、其年有某事、某年立后若太子、其年有某事、某年命相、其年有某事、則記事之一法也、後観太史公書、是歳孔子生、是歳孔子卒、是歳斉桓公会于葵丘、是歳晋文公始覇之類、恐亦此意也、元曰、不然、

を暗記し、詩什《しじゅう》を哩詠《りえい》し、もって士大夫の家世伐《ばつ》閲《えつ》、名諱《めいき》婚姻に至るまで、遺忘なきに至るは、また何の法をもってするや。すなわち真に強記なるのみ」。

至於暗記経史、哩詠詩什、以至士大夫家世伐閲、名諱婚姻、無遺忘者、又以何法、乃真強記爾。

一五二　すべては沈思熟考から

祖父蘇頌《そしょう》がこういう話をしてくれたことがあった。「自分が江寧《こうねい》にいた時、諫議大《かんぎたい》夫《ふ》楊告《ようこく》が次のようにわたしにいった。自分は常日ごろ、『韓非子《かんぴし》』に載っている、土や木の人形は耳と鼻は大きく、目と口が小さいことが望ましいという言葉が好きです。この言葉には含蓄《がんちく》があります。人形の鼻が小さく目が大きければ、具合が悪いからといって直すことができません。大きな鼻なら小さく、小さな目なら大きくできます。世の物事はすべてそうで、わたしは何度も考え、熟慮することを面倒がりはしません。すべての人は韓非子を酷薄《こくはく》だといいますが、厚いまごころから出た言葉かもしれないのです」。（談訓）

祖父またかつて言う。「江寧に在りし日、楊告諫議吾に謂いて曰く、つねに韓非の一言を愛す。おもえらく、土木偶人《どぼくぐうじん》は耳鼻大ならんと欲し、口目小ならんと欲すと。この言をもって大を諭《さと》すべし。それ土木偶人にして鼻先に小、目先に大、人あるいはこれを非とすれば、もってなすなきなり。鼻大なれば小とすべく、目小なれば大とすべし。およそ事みな然り。三思して熟慮するに厭わざるなり。人みな非をもって刻薄となすも、これあに忠厚の言にあらざらんや」。

祖父又嘗言、在江寧日、楊告諫議、謂吾曰、嘗愛韓非一言、以謂、土木偶人者、耳鼻欲大、口目欲小、此言可以諭大夫、土木偶人而鼻先小、目先大、人或非之、則無以為也、鼻大則可小、目小則可大、凡事皆然、不厭於三思而熟慮也、人皆以非、為刻薄、此豈非忠厚之言哉。

一五三　流れる水は腐らない

祖父蘇頌はいつもいっていた。人間は生きていくことには勤勉でなければいけない。勤勉なら欠乏や行き詰まるということはない。開き戸の枢《くるる》を虫は喰わず、流れている水は腐らないのと同じ理屈である。（談訓）

祖父つねに云う、「人生まれて勤むるにあり。勤めば匱《つき》ず。戸枢《こすう》は蠹《と》せず、流水は腐らず。これぞの理なり」。

祖父嘗云、人生在勤、勤則不匱、戸枢不蠹、流水不腐、此其理也。

▼「人生勤にあり」とは『春秋左氏伝《しゅんじゅうさしでん》』の言葉。蘇頌の三つの話はいずれも孫の蘇《そ》承先《しょうせん》の作った『談訓《だんくん》』にのせられているもの。

劉摯《りゅうし》　丞相・劉忠粛公・摯（一〇三〇―九七）

字は莘老《しんろう》。東光《とうこう》（河北省）の人。仁宗嘉祐年間の進士。王安石も彼を買い、部下に加えようとしたがなびかず、神宗親政時代になって中央の要職を歴任。哲宗元祐の旧法党時代に入ると、政界の中枢にいて活躍。四年（一〇八九）副宰相、六年には宰相に進むが、十カ月で辞任。紹聖の新法党時代になると、湖北から広南の新州に流され、そこで亡くなった。

一五四　人材の区別法

劉摯は同僚とともに御前で議論をし、そこで人材についてあらましの意見を述べた。彼の上奏の内容は次のようなものだった。「人材は得にくいものでございます。私の長い経験からしても、士大夫の良否はさまざまです。本性が忠実で才能と知識があるのが第一、才能がさほどでなくとも、忠実で信念を持てば第二でしょう。才能はあっても安定性がなく、何とか仕事に役立つのが三番目、邪念をいだき情勢を観望し、時に応じて態度を変える者はつまり小人で、まず使ってはなりません」。哲宗と宣仁《せんにん》太后からは、「これはまことに良い上奏である。そちたちが常にこの通りなれば、我らの憂慮することはない」とのお言葉を賜った。（行実）

公、同列と事を奏す。よりて人材の大槩《たいがい》を論ず。公の奏に曰く、「人材は得難し。臣つねに士大夫の間を歴観するに、能否一ならず。性忠実にして才識あるもの上なり。才高からずといえども忠実守あるもの次なり。才ありて保し難く、借りても

公与同列奏事、因論人才大槩、公奏曰、人才難得、臣嘗歴観、士大夫間、能否不一、性忠実而有才識、上也、才雖不高、而忠実有守、次也、有才而難保、可

って事を集むべきはまたその次なり。邪を懐《おも》い観望し、勢に随《したが》い改変するはこれ小人《しょうじん》なり。ついに用うべからず」。二聖諭《さと》して曰く、「この言極めて是《ぜ》なり。卿らつねによくかくのごとくんば、太后と官家、何の憂う所あらん」。

借以集事、又其次也、懐邪観望、随勢改変、此小人、終不可用、二聖諭曰、此言極是、卿等常能如此、太后官家、何所憂也。

▼官家とは会話の時によく使われる皇帝の自称。

一五五　皇后の選び方

皇后の選定が決まらない。宣仁太后が御下問になった。「百人以上も候補者を挙げたがすべて陰陽家《うらないし》が首をたてにふらぬ。ただ一人だけよいのだが、これにも二つ問題がある。一つはこの娘が妾腹《しょうふく》ということ、一つは正妻が嫉妬《しっと》心が強く、この娘が三つの時に彼女の実母をおい出し、その結果伯父の家で育てられたということである。さて、生んでくれた二人を父母とするのか、養育した二人を父母とするのか」と。「女性が後継ぎになる理法はございません。従って実際に生んでくれた父母が正位にあることは疑問の余地がないと思われます。また妾腹の問題は、我が宋でも太宗の明徳皇《めいとく》后の先例がございます」と、ある人がお答えした。劉摯は進み出て言上した、「『春秋伝』によりますると、正妻の子、妾腹の子いずれも嫁にめとることができるとなっておりまするが、『礼』の観点から申すと、嫁は必ず外祖《ははかた》の官氏を名乗るとあれば、嫡《せい》妻《さい》の娘をもらうべきことは明白でございます。まして明徳皇后は、太宗が皇太子であられた時に妃となされたお方、天子の皇后としての前例とはなりませぬ」と。多くの人たちは摯の言い分に加勢し、おかみも深くうなずかれた。(行実)

后を選ぶもいまだ決せず。簾中《れんちゆう》諭して曰く、「選ぶ所百余家。みな陰陽家に合わず。ひとり一家用うべきも、また二事ありていまだやすんぜず。一事は女これ庶出なり。二事は嫡母悍妬《かんと》にして、女生れて三歳、その生む所の母を逐う。ついに伯氏に鞠《きく》せらる。いま生むところをもって父母となすや、養う所を父母となすや」。あるひと対えて曰く、「女、出継の理なし。まさにその本生の父母

選后未決、簾中諭曰、所選百余家矣、皆於陰陽家不合、独一家可用、復有二事未安、一事、女是庶出、二事、嫡母悍妬、女生三歳、而逐其所生母、遂鞠於伯氏、今以所生為父母耶、所養為父母耶、或対曰、女無出継之理、当正其本生父母、似無足疑、若

を正さば、もって疑うに足るなし。庶出のごときは、国朝すでに明徳皇后の故事あり」と。公進みて曰く、「春秋の伝をもってこれを言わば、夫婦の子、妾婦の子、みなまさに采択《さいたく》の数に備うべきも、礼をもってこれを言わば、かならず外祖の官氏を著《あら》わせば、まさに嫡を用うべきこと明らけし。いわんや明徳皇后はすなわち太宗藩邸《はんてい》に在《いま》せし時、取りてもって妃となさる。天子納后の故事にあらず」と。衆みな公の語を助く。上深くこれを然りとす。

庶出、則国朝已有明徳皇后故事、公進曰、以春秋伝、言之、夫婦之子、妾婦之子、皆合備采択之数、以礼言之、則必著外祖官氏者、明当用嫡也、況明徳皇后、乃太宗在藩邸時、取以為妃、非天子納后故事、衆皆助公語、上深然之。

▼宋の王朝は皇后の選定と宦官の権限縮小にいろいろと神経を使った。皇后の親類すなわち外戚が政治に容喙《ようかい》しないよう、なるべく有力官僚の娘を宮中にいれず、事実、手工業者や庶民の家に生まれて玉の輿に乗った女性も一人や二人ではない。少なくとも北宋時代はこうした面でも健康だった。

王巌叟《おうがんそう》　枢密《すうみつ》・王公・巌叟（一〇四三―九三）

字は彦霖《げんりん》。大名府《だいめいふ》清平《せいへい》（河北）の人。科挙では経学《けいがく》専門の明経《めいけい》科の出身。韓琦《かんき》にみこまれ、その門人となる。哲宗時代に入ってまず御史台官として大活躍。とくに宰相蔡確に対する弾劾で名をあげる。開封の知事から枢密院（軍政府）の長官までつとめ、比較的早く亡くなったため、同僚たちのように流罪の憂き目をみずにすんだ。

一五六　盗賊退治の名知事

国都で盗人たちが聚まる場所を大房《だいぼう》と呼んでいた。多くは離れたところにあり、一カ所に数十人、数百人が入れるが、それがどこにあるのかなかなかつきとめられない。王巌叟《おうがんそう》は隠密裡《おんみつり》に一斉逮捕を行って、そうした場所を撤去破壊し、罪状によって処罰した。そこで盗人は居所を失い、人々は鍵をかけずに寝られるようになった。供備庫《きょうびこ》使《し》の曹読《そうどく》は所有物を一万緡《びん》で取引した。仲買人は約束を守らず、半年たっても半分しか支払ってくれぬ。曹読がいくら一生懸命になっても埒があかない。ある日表の戸があき銅銭の音がし、約束通りの金額がもどされていた。訝《いぶ》かった読がわけをたずねると、「王公が今日府知事になられた」ということだった。巌叟は開封の統治に対し、平穏無事な小さな州と同じように、精神や智力を使わなかったけれども、老獪《ろうかい》な胥吏《しょり》たちも自然に震えあがり、だまそうとはしなかった。

およそ京城の偸者《とうしや》聚まる所これを大房《だいぼう》と謂う。多く僻遠《へきえん》に在り、毎区数十百人を容る。嚢橐淵藪《のうたくえんそう》、究むるに勝《た》えざる者あり。公密かに掩捕《えんほ》毀《き》徹《てつ》せしめ、情に随《したが》いて処決す。ついに盗、居なきをもって、民、戸を開きて寝《い》ぬ。供備庫《きょうびこ》使《し》曹読《そうどく》その物産をもって万緡《びん》に貿易す。市《し》儈稽違《かいけいい》すること逾年《ゆねん》、ただその半ばを輸し、読力を尽すも頼るべからず。一日戸を開け、外に銭声あり、償数みな足る。読これを怪念し、その由を詗《と》う。すなわち曰く、「王公、今日知府たり」と。公開封を治むるに精神、智力をなさざること、無事きの小郡に在るが如きも、老姦の吏、自然畏栗《いりつ》しあえて欺かざるに至る。

凡京城偸者所聚、謂之大房、多在僻遠、毎区容数十百人、嚢橐淵藪、有不勝究者、公密令掩捕毀徹、随情処決、遂以無盗居、民開戸而寝、供備庫使曹読、以其物産、貿易万緡、市儈稽違、逾年、止輸其半、読尽力、無可頼、一日開戸外有銭声、償数皆足、読怪念之、詗其由、乃曰、王公今日知府矣、公治開封、不為精神智力、如在無事小郡者、而老姦吏、自然畏栗、至不敢欺。

▼百万の人口を抱える国都開封は、唐の長安とはうって変わった巨大な消費都市で、

昼夜を問わずにぎわい、活動的だった。従ってその暗黒面もまた近代的な大都市と似たりよったり。ここに出てくる「大房」もそのひとつ、アウトローたちないしマフィアの特別区というところである。開封の知事の椅子は、大臣、宰相への一ステップだが、包拯にせよ王巌叟にせよ、いかに彼らのボスと手を組み、あるいは畏敬させるかが成功への道につながる。なお供備庫使とは中級武官の単なる位階名。開戸の開は聞の字の誤りかもしれぬ。

一五七　天子への学問のすすめ

王巌叟は御前講義に陪席《ばいせき》して質問した。「陛下は公務のあと、何をなさっておすごしでしょうか」。「書物を読んでいる」とのお答えに、次のように申し上げた。「陛下は読書がお好きとは何より結構に存じます。およそ聖賢の学問というものは、わずかの間にできあがるものでなく、つみかさねが必要です。つみかさねとは要するに専念と勤勉にほかなりません。ほかのことを絶ちしりぞけて専念といえ、長い間倦《う》まずたゆまずしてはじめて勤勉と申せます。この四つの字は学問を積み重ねる精髄《せいずい》であります。陛下が特にみこころにおとどめになるよう願いあげます」。わかったということ

で退出された。（繫年録）

講筵《こうえん》に侍《じ》するによりて奏して曰く、「陛下退朝事なくんば、何をもって日を消さるるやを知らず」と。応えて曰く、「文字を看る」と。対えて曰く。「陛下読書をもって楽となさるるは天下幸甚なり。たいてい聖賢の学は造次《ぞうじ》に成るべきにあらず。すべからく積累《せきるい》に在るべし。積累の要は専と勤に在り。它好《たこう》を屛絶《へいぜつ》し、始めてこれを専というべし。久しくして倦まず。始めてこれを勤というべし。四字はこれ学を積むの要なり。願わくは陛下特に聖意に留められよ」。応じて退かる。

因侍講筵、奏曰、陛下退朝無事、不知何以消日、応曰、看文字、対曰、陛下以読書為楽、天下幸甚、大抵聖賢之学、非造次可成、須在積累、積累之要、在専与勤、屛絶它好、始可謂之専、久而不倦、始可謂之勤、四字是積学之要、願陛下、特留聖意、応而退。

▼当時の皇帝は講筵と称して、毎日一定時間、講読官つまり先生とともに書物を読み、講話を聴かねばならなかった。勉強は三月から六月、九月から十一月の間ときめられ、テキストは、書経《しょきょう》、詩経《しきょう》などのいわゆる五経《ごきょう》や論語《ろんご》などである。本当に毎日勉強して、

その中で最高権力者としての心がまえ、方法を学んでいった。

劉安世《りゅうあんせい》　諫議《かんぎ》・劉公・安世（一〇四八―一一二五）

字は器之《きし》。大名《だいめい》（河北省）の人。熙寧《きねい》六年（一〇七三）の進士。哲宗の元祐年間、中央のエリートポストである諫官や詔勅起草官を歴任。司馬光や宰相劉摯《りゅうし》らと深くかかわって重きをなしたが、紹聖の新法時代に入ると、その反動で広南地方に流され、遠悪州軍《えんあくしゅうぐん》といわれた流謫地《るたくち》で七年間もすごさねばならなかった。元城先生《げんじょう》とも呼ばれ、学者としても一流に列せられる。

一五八　生涯の指針は「誠」

劉安世の父劉航《りゅうこう》と司馬光は進士の同期生だった。そこで安世は光について勉学した。熙寧《きねい》六年（一〇七三）、進士合格にもかかわらず、任用名簿に名を連ねることをやめ、洛陽に帰ってしまった。「なぜ出仕せぬのか」と司馬光がたずねると、やはり勤めをよしとしなかった孔子の弟子漆雕開《しっちょうかい》の「まだ修業が足りないからです」という言葉を答えとしたので光は気にいった。光の下で学ぶことさらに数年、ある日改まって、生涯にわたって行うべき、心をつくし自己を全うする要訣《ようけつ》をたずねた。「それは誠《まこと》だろうな。わしはいつも一生懸命それにはげみ、寸時もそれから離れようとしていない。だから公私の行動ですべてに恥じることがないのじゃ」と光は答えた。では何からそれを始めたらよいか聞くと、光は「いらぬことを言わぬところから始めなさい」と話した。これより、絶えずこの言葉を服膺《ふくよう》し、終身それを実行した。洺州《めいしゅう》の司法参軍《しほうさんぐん》（州の属官）になった時、河北転運使《てんうんし》だった呉守礼《ごしゅれい》は法令至上主義で、官も吏も彼を畏懼《いく》した。ある日、「司戸参軍《しこさんぐん》の汚職を密告する者があるがどうか」と、問いあわせがあった。安世が知らないと答えると、呉は不満で、翌日倉庫の検査にやって来て、司戸を呼び出し、「お前の汚職が訴えられている。本来ならお前を取調べるのだが、劉司法がお前にその事実なしと言っているから、とりあえず見逃してやる」と告げた。そこで人々ははじめて安世が人物であることを知った。しかし、安世は、「司戸が本当は贓賄《ぞうわい》の罪を犯しているのに自分は誠《しんじつ》を報告しなかった。これは司馬光の教えにたがうものでないか」と心中ずっとわだかまりを持ち続けた。のち、漢の揚雄《ようゆう》の、「君子は礙《さまたげ》をとり除き、理を通させる」という文章を読んで、心がはじめて晴れ、「全部を信じこんでしまってそれでよいというものでもない」と語った。（言行録）

開府公と司馬温公同年の契《ちぎり》をなす。よりてついに　開府公与司馬温公、為同年契、学に温公に従う。熙寧六年進士に挙げらるるも選に就かず。径《ただ》ちに洛に帰る。温公曰く、「なんすれぞ仕えざる」。公、漆雕開の「これいまだよくこれを信ぜず」の語をもって対う。温公説《よろこ》ぶ。また学に従うこと数年。一日、席を避け心を尽し己を行うの要の、終身をもってこれを行うべき者を問う。温公曰く、「それ誠なるか。吾平生これを力行し、いまだかつて須臾《しゅゆ》も離れざるなり。ゆえに朝に立ち己を行うに俯仰《ふぎょう》愧《は》ずるなきのみ。公問う。「これを行うに何を先にせん」と。温公曰く、「妄語せざるより始めよ。これより拳々して失わず、終身これを行う。洛州司法参軍に調せらる。時に呉守礼河北転運使たり。厳明法を守り、官吏これを畏る。呉一日問う、「人あり、司戸の贓汚を告す。いかんぞ」と。公知らずと対う。呉悦ばず。明日倉庫を閲視し、司戸なる者を召し、謂いて曰く、「人なんじの贓あるを訴う。もとより来

因遂従学于温公、熙寧六年、挙進士、不就選、径帰洛、温公曰、何為不仕、公以漆雕開、斯未能信之語、以対、温公説、復従学者、数年、一日、避席、問尽心行己之要、可以終身行之者、温公曰、其誠乎、吾平生力行之、未嘗須臾離也、故立朝行己、俯仰無愧爾、公問、行之何先、温公曰、自不妄語始、自是拳拳弗失、終身行之、調洺州司法参軍、時呉守礼、為河北転運使、厳明守法、官吏畏之、呉一日問、有人、告司戸贓汚、如何、公対不知、呉不悦、明日、閲視倉庫、召司戸者、謂曰、人訴爾有贓、本来按爾、今劉司法、言爾無之、

ってなんじを按ぜんとす。いま劉司法なんじこれなきを言う。しばらくゆるす」と。ここにおいて衆はじめて公の長者なるを知れり。しかれども公の心つねに自から快とせず。曰く、「司戸実に贓ありて、われ誠をもって告げず。吾れそれ温公の教に違いしか」と。のち揚子雲の、「君子は礙《さまたげ》を避けこれを理に通ず」を読むによりてのち、意はじめて釈然たり。曰、必ずしもこれを信じてのち可なるにあらず。

姑去、於是衆方知公長者、然公心常不自快、曰、司戸実有贓、而我不以誠告、吾其違温公教乎、後因読揚子雲、君子避礙、通諸理、而後、意方釈然、言不必信此而後可。

一五九　天変はおそるるに足らず

「王安石は三つ「必要なし」と言ったが知っているかね」と劉安世《りゅうあんせい》先生がたずねられた。私が知らないと答えると、次のような話をして下さった。「王安石が新法をはじめると、朝廷にいた同僚たちは、一斉に彼を攻撃しはじめた。安石はそれらをしりぞけておかみに進言した。それが「天変は懼《おそ》れる必要はない。祖宗《ごせんぞ》には法《のっと》る必要はない。

人の口は気にする必要はない」というものだ。この言葉は宋王朝だけの災だけでなく、いつの世にも災をもたらす発言である。司馬光先生に、「天子の力には誰も敵わない。もし過ちがあり、臣下が方向をかえさせようと考えれば、それより重大なことをもってきて夢中にさせれば方向転換できる」というお言葉があった。それなのに天子に、天変を畏れず、祖宗に法らず、人の口を気にせぬようふきこめば、もう何でもできるではないか」。「では未来永劫《えいごう》の災となるこの言葉を、のちの世に継承させせぬ方法がありましょうか」とただすと、先生は「どうして絶ちきる必要があろうか」と、次のように説明された。「ひとたびこの言葉が表に出ると、全国の人々の耳に入るだろう。もしその誤りを論じたて、これは天下後世をあやまるもので、その通りにしてはならないと書き記されれば、それはあたかもなくすことのできぬ毒薬に対して、神農《じんのう》以来歴代の名医が、これは毒薬で、このような色と形をしており、口にいれると必ず命をおとすといっているために、後世の人が一目で識別し決して口にせぬようなものだ。いまこれを根絶しようとして、人々に告知しないでおけば、根絶できぬだけでなく、人々はあやまってそれを食べて死んでしまうだろう」。先生はまた、「夢中にさせるという文句は君も覚えておくとよい。たいへん意味がある」と仰言った。(馬永卿編語録)

先生曰く、「金陵に三不足の説あり。これを聞きしか」。僕曰く、「いまだ聞かざりき」。先生曰く、「金陵事を用いんとするに、同朝起ちてこれを攻む。金陵衆論を闢けて、上に進言して曰く、「天変懼るるに足らず、祖宗法るに足らず、人言恤《あわれ》むに足らず」と。この三句はひとり趙氏の禍たるのみならず、すなわち万世の禍たり。老先生かつて云う、「人生の勢は天下よく敵する者なし。あるいは過挙あり、人臣これを回らさんと欲すれば、かならずこれより大ある者を思いてこれを巴攬《はらん》せしむれば、回らすべきにちかし」。いますなわち人主に教えて、天変を畏れず、祖宗に法らず、人言を卹まざらしむれば、何等のこと為すべからざるや」。僕曰く、「この言万世の禍となる。あるいは術ありてもってこの言を絶ち、後世に伝えしめざらんか」。先生曰く、「いずくんぞ絶つべきや。

先生曰、金陵有三不足之説、聞之乎、僕曰、未聞、先生曰、金陵用事、同朝起而攻之、金陵闢衆論、進言於上曰、天変不足懼、祖宗不足法、人言不足卹、此三句、非独為趙氏禍、乃為万世禍也、老先生嘗云、人主之勢、天下無能敵者、或有過挙、人臣欲回之、必思有大於此者、巴攬之、庶幾可回也、今乃教人主、使不畏天変、不法祖宗、不卹人言、則何等事不可為也、僕曰、此言為万世禍、或有術可以絶此言、使不伝於後世乎、先生曰、安可絶也、此言一出、天下人皆聞之、若著論、明弁之曰、此乃禍天下

この言ひとたび出ずれば、天下の人みなこれを聞く。もし著論明らかにこれを弁じて、これすなわち天下後世を禍するの言といわば、これを聞くといえども従うべからざるなり。譬《たと》えば、毒薬は絶つべからざるも、神農と歴代の名医はこれを言いて曰く、「これすなわち毒薬なり。形色いかん。これを食すれば必ず人を殺す」。ゆえに後人見てこれを識《し》り、かならず食《く》らわざるがごとし。いますなわちこれを絶ち、もって人に告げざれば、すでに絶つあたわずして人誤りてこれを食《く》らいて死せん」。先生また曰く、「巴攬《はらん》の両字は、賢記取すべし、極めて意思あり」と。

後世之言、雖聞之不可従也、譬如毒薬不可絶、而神農与歴代名医、言之曰、此乃毒薬、如何形色、食之必殺人、故後人見而識之、必不食也、同乃絶之、不以告人、既不能絶、而人誤食之、死矣、先生又曰、巴攬両字、賢可記取、極有意思。

▼劉安世は司馬光の愛弟子、従って老先生と敬称を使う。金陵は王安石が生まれ、のち長く住んだ現在の南京のこと、ここでは王安石の通称として使われる。王安石の発言の中で、この「天変おそるるに足らず、祖宗のっとるに足らず、人言かんがうるに足らず」という文句は、反対派をいたく刺激した。少し正直に本当のことをいいすぎ

たわけである。王安石は中国人としては珍しく、前向きの行動と思考の持主だった。経書《けいしょ》の中でも歴史書としての色彩が強い『春秋《しゅんじゅう》』を軽視し、制度だけの書物『周礼《しゅらい》』をよりどころにするなど、『春秋』を継承して『資治通鑑《しじつがん》』を書いた司馬光とは正反対の思考でもあった。巴（把）攬は普通はとりもち、世話などの意味だが、ここではうまく利用する方向で、夢中にさせるは意訳。

一六〇　悪口を言いすぎるなかれ

劉安世先生はそこで王安石の学問に言及された。「彼はやはりなみの人物ではない。その日常は司馬光先生と似通っている。質素倹約で、生涯学問に親しみ、官職にこだわらなかったところは同様である。ただ学問が邪と正に分かれ、それぞれが学んだところを実行にうつしただけにすぎない。ただ人々がみだりに悪口を言いすぎたから、おかみがそれらを信用されず、一方士大夫たちは現在まで疑問をいだくことになった。攻撃の言葉が公正さを欠くために、攻撃が激しくなればなるほど、ますます信用されなくなってゆく。漢代の大臣が天子の前で他人の長所短所をいう時は本当のことをいった。たとえば匡衡《きょうこう》が朱雲《しゅうん》について、「彼はもとより勇ましいことが好きで、たびたび法律に違《たが》い姿をくらましたが、易《えき》を学び、正しく師の教えを受継いでいる」と述べているることなどはその一例である。人間には善悪があり、このため毀誉褒貶《きよほうへん》をこうむるのは当たり前だ。もし美点をとりあげず、全部悪いとけなしてしまったら、人はきっとその人が悪いと信じなくなる。だから安石を攻撃する時は、その学問がずれ歪《ゆが》み、それを使えば天下は必ず乱れるといえば、天子は必ずお信じになろう。もし財政問題で漢の桑弘羊《そうこうよう》のようにおかみにとりいるとか、唐の李林甫《りりんぽ》よろしく他人の口を封じて自分の地位を固めたとか、あるいは唐の盧杞《ろき》さながらに邪悪で、前漢を滅した王莽《もう》そっくりにへつらい人だといっても人は信じないだろう。その人物が平素の行いがすぐれ、世間の人々から尊敬されておれば、天子は公平な判断でそんなはずはないと思われて、その人に味方されるだろう。そして悪口雑言は信じられぬことになる。これは進言する側で十分に心すべきである」。（語録）

先生因《よ》りて王荊公の学問に言及す。先生曰く、「金陵もまた常の人にあらず。その粗行は老先生とほぼ同じなり。それ質朴倹素、終身学を好み、官職をもって意となさず。これ同じき所なり。た

先生因言及王荊公学問、先生曰、金陵亦非常人、其粗行与老先生略同、其質朴倹素、終身好学、不以官職為意、是所同也、但学

だ学に邪正あり、おのおのその学ぶ所を行わんと欲するのみ。諸人みだりに溢悪《いつあく》す。これ人主の信ぜずして、天下の士、今に至るもこれを疑うゆえんなり。その言不公なるをもっての故に、いよいよこれを毀《こぼ》たばいよいよ信ぜられず。つねに漢時の大臣、人主の前において人の短長を説くに、おのおの実を以ってするを記す。匡衡《きょうこう》の朱雲を論ずるが如きは、いえらく、「雲もと勇を好み、しばしば法を犯して亡命す。易を受けて頗る師道あり」と。これその一なり。およそ人善あり悪あり。ゆえに人毀《こぼ》つあり誉むるあり。もしその善を称さずして併せてもって悪となし、これを毀《こぼ》たば、人かならずこれ悪あるを信ぜず。ゆえに金陵を攻むる者、ただよろしくその学乖僻《かいへき》にして、これを用うればかならず天下を乱すと言うべくんば、人主かならず信ぜられん。もし財利をもって人主に結ぶこと桑洪羊のごとく、人言を禁じもって位を固

有邪正、各欲行其所学者爾、而諸人輒溢悪、此人主所以不信、而天下之士、至今疑之、以其言不公、故愈毀之、而愈不信也、嘗記、漢時大臣、於人主之前、説人短長、各以其実、如匡衡論朱雲、以為雲素好勇、数犯法亡命、受易頗有師道、是其一也、凡人有善、有悪、故人有毀、有誉、若不称其善、而併以為悪、而毀之、則人必不信有是悪矣、故攻金陵者、只宜言其学乖僻、用之必乱天下、則人主必信、若以為以財利結人主、如桑洪羊、禁人言以固位、如李林甫、姦邪如盧杞、大佞如王莽、則人不信矣、蓋以其人素有徳行、而天下

むること李林甫のごとく、姦邪盧杞のごとく、大佞王莽のごとしとなすも、人信ぜざるなり。けだし、その人もとより徳行ありて、天下の人もとよりこれを尊ぶ。人主これを夷考《いこう》し、この事なければすなわち与《くみ》せられん。かのこれを毀つの言もまた信ぜられざるなり。これ進言する者の大戒なり。

之人、素尊之、而人主夷考之、無是事、則与、夫毀之之言、亦不信矣、此進言者之大戒。

▼なかなか面白い指摘である。数多い王安石派の人々は、彼以外はほとんど『名臣言行録』にとりあげられないのに、安石だけ別というのは、いかに悪口雑言をあびせても、やはり詩人、文人、学者そして人間として彼が傑出していたからに他ならぬ。

范祖禹《はんそう》　内翰《ないかん》・范公・祖禹（一〇四一—九八）

字は淳甫《じゅんぽ》（父）。成都（四川）の人。台諫として名を売った范鎮の親類。嘉祐八年（一〇六三）の進士。歴史学者として『資治通鑑』の編纂に従事し、哲宗元祐時代には、神宗の『実録』をはじめとしたこれまた歴史編纂の中心人物として活躍、翰林学士にまで進む。紹聖時代に入ると、広南に流され、昭州、賀州など、マラリヤに悩まされる流謫地を転々として生をおえた。

一六一　『資治通鑑』のかげの力

司馬光は劉攽《りゅうはん》と劉恕《りゅうじょ》をも召し出して編纂に協力させた。光が洛陽に移った時、部下たちを連れて行くことを許されたが、この二人は勤務場所に残り、洛陽にいた范祖禹だけが編纂局の仕事を一手に引き受けることになったため、『資治通鑑』における彼の功労は大きい。当時富弼《ふひつ》も洛陽に隠居していた。毅然とした弼は、門をとざし人と接しなかったが、祖禹とはねんごろにつき合い、病気が重くなると、枕元によびよせて秘密の上奏文を託した。王安石が国を誤らせることと、新法の弊害をいう憤《いきどお》りの言辞があふれており、富弼の死後、上奏せぬ方がよいのではないかという者もいたが、祖禹はそれをおしきってたてまつった。（家伝）

初め温公また劉公攽《りゅうこうはん》、劉公恕《りゅうこうじょ》を辟《へき》してともに書を修す。温公洛に帰るに及び、詔してその属をもって自ら随うを聴さるるも、二公は官所に在り。ひとり公洛に在り、温公専ら書局の事をもってこれ

初温公又辟劉公攽、劉公恕、同修書、及温公帰洛、詔、聴以其属、自随、而二公各在官所、独公在洛、温公専以書局事、属之、

に属《しょく》す。ゆえに公この書において力を致すこと多しとなす。この時、富韓公《ふかんこう》致事して洛に居る。韓公もとより厳毅《げんき》にして、門を杜《とざ》し人と接すること罕《まれ》なるも、公を待することひとり厚し。疾篤《やまい》し。公を召し密疏をもってこれに授く。大抵、王安石の国を誤らしむことおよび新法の害なり。言憤切《ふんせつ》を極む。韓公薨《こう》ず。あるひと疑いてもって奏すべからずとなすも公ついにこれを上《たてま》つる。

故公於此書、致力為多、是時、富韓公致事、居洛、韓公素厳毅、杜門、罕与人接、待公独厚、疾篤、召公、以密疏授之、大抵論王安石誤国、及新法之害、言極憤切、韓公薨、或疑以為不可奏、公卒上之。

▼博覧強記という歴史学者にうってつけの資質をそなえた范祖禹は、『資治通鑑』の唐代の編纂を担当し、別に『唐鑑《とうかん》』という専著も残した。またさきにふれた講筵官《こうえん》としても哲宗時代群を抜いた人物として定評ある存在だった。

一六二　女性を近づけるには若すぎる

宮中から開封府へ乳母十人を雇用するよう命が下った。たまたま内臓疾患で休んでいた范祖禹は、これをきいてただちに皇帝に上奏文をたてまつった。「陛下は皇后もおきめにならぬうちに、御寵愛をお作りとは、いささか女性への御関心が早すぎるように考えられます。聖徳をそこない、また御健康にもさしさわるのではあるまいかと、わたくしは憂慮いたしております。陛下は十四歳と申しても、十二月のお生まれとて、まことは十三歳。女性をお近づけになるお年でしょうか。陛下は宇宙万物をしろしめす重い責務を継承され、御先祖代々百三十年の宋朝を守り、天下万民の父母となられるお方です。御自身の御身体を大切に遊ばされなくてどうなりますか」。また摂政の宣仁太后への上奏文では、次のように述べている。「市井の金持でも、十三の子を女性に近づけるようなことはしないものです。まして万乗の君とあればいうまでもないことでしょう。陛下は子孫を愛育されて、このことに配慮されなければ、まことの愛育の道とはなりますまい。あたかも良質の樹木が生育し、枝葉を茂らせて大きくするために培養すべき時のようなもので、もしその根を断ちきればそこなわずにおかれないでしょう」と。

禁中開封府に下し、乳母十人を覓《べき》す。公たまたま腹疾をもって告に在り。これを聞き、ただちに皇

禁中下開封府、覓乳母十人、公偶以腹疾、在告、聞之、即上疏

帝に上疏して曰く、「陛下いまだ中宮を建てずして先に左右を近幸す。色を好み性を伐《う》つこと太だ早きを傷《うれ》う。聖徳を損《そこな》うありて聖体に益なし。これ臣のはなはだ憂う所なり。陛下いま年十四歳なれど、十二月に生まれらるれば、その実なお十三歳のごとし。これあに女色に近づくの時なるや。陛下天地宗廟社稷《しゃしょく》の重を承《う》け、祖宗百三十年の基業を守り、億兆の父母となららる。あに聖体を愛惜されざるべけんや」。また太皇太后に上疏して曰く、「千金の家も、十三歳の子あれば、なお女色に近づけしめず、いわんや万乗の主においてをや。陛下子孫を愛されてこれに留意されずんば、これは子孫を愛するの道にはあらざるなり。たとうれば美木長ぜんとして、まさに封植培壅《ばいよう》にあたり、もってその日を蔽《おお》い雲を凌《しの》ぐを待つがごとし。もしその根を戕伐《しょうばつ》すれば、あに害せざらんや」。

皇帝、曰、陛下未建中宮、而先近幸左右、好色伐性、傷於太早、有損聖徳、無益聖体、此臣之所甚憂也、陛下今年十四歳、而生於十二月、其実猶十三歳、此豈近女色之時乎、陛下承天地宗廟社稷之重、守祖宗百三十年基業、為億兆之父母、豈可不愛惜聖体哉、又上疏太皇太后、曰、千金之家、有十三歳之子、猶不肯使近女色、而況於万乗之主乎、陛下愛子孫、而不留意於此、非愛子孫之道也、譬如美木方長、正当封植培壅、以待其蔽日凌雲、若戕伐其根、豈不害哉。

▼旧中国の最高権力者として、皇帝は皇位を継承させる男児を儲けることが望ましく、そのためにも皇后以外に数多くの側室が置かれた。その側室たちに次々と赤ん坊が誕生するケースも少なくなく、乳母が必要になるし、どうかすると、乳母という名目でおそばにくる女性もある。司馬光と同じように謹厳を絵にかいたような范祖禹が、大真面目にこういった裏話を書き残していてくれているのもおもしろい。

一六三　内輪どうしの派閥争い

哲宗が位につき、摂政の宣仁太后がそれを助け、立派な人たちが朝廷に集まって、騒ぎを起さぬ心のこもった政治に専念した。対外和平、武力抑制と民を愛《いつく》しみ、農本主義に比重をおくなど、仁宗嘉祐《かゆう》の治世が目標とされた。だが賢い人たちとて、同類相集まるの風は避けられない。この当時、洛党《らくとう》、川党《せんとう》、朔党《さくとう》といった呼び方があった。洛党は御講書官程頤《ていい》を領袖《りょうしゅう》に、朱光庭《しゅこうてい》、賈易《かえき》らが助け、川党は翰林学士蘇軾《そしょく》を頭に、呂陶《りょよう》らが加わり、朔党《さくとう》は劉摯《りゅうし》、梁燾《りょうとう》、王巌叟《おうがんそう》、劉安世《りゅうあんせい》らがおもだった者で、仲間は最も多かった。各党お互いに相手の攻撃をやめようとしない。程頤は何かというと古い規範を持出し、蘇軾はそれは人の心にそぐわぬこと王安石のようだと、ひどくいやがり馬鹿にしたりした。このため朱光庭や賈易はおだやかでなく、いずれも軾を誹謗《ひぼう》し、宰相が仲をとりもつ有様だった。この時閑職に追われた元豊新法党時代の大臣たちは、すべて深い怨念をいだいて隙をうかがっていたのに、立派な方たちはそれに気付かず、党派に分かれて攻撃しあっていた。紹聖年間のはじめ、章惇《しょうじゅん》が宰相に返り咲くと、すべて同じ元祐党ということで嶺南《れいなん》、海外へ放逐されたのはかなしむべきことだ。陝西《せんせい》出身の呂大防《りょたいぼう》はむしろ愚直で派閥はなく、范祖禹《はんそう》は四川の人だが、司馬光を師と仰いで党派に入らなかったのに、これまた罪をきせられ追放になり、そこで死んだのはとりわけ気の毒である。（聞見録）

哲宗位に即《つ》き、宣仁后《せんにんこう》垂簾《すいれん》してともに政を聴く。群賢ことごとく朝に集まり、専ら忠厚擾《みだ》さざるをもって治を為す。戎と和し、武を偃《ふ》せ、民を愛し、穀を重んじ、嘉祐の風を庶幾《ねが》う。然れども賢者といえども類をもってあい従うを免れず。ゆえに当時洛党、川党、朔党の語あり。洛党は程正叔侍講《ていせいしゅくじこう》をもって領袖となし、朱光庭、賈易ら羽翼をな

哲宗即位、宣仁后垂簾、同聴政、群賢畢集于朝、専以忠厚不擾、為治、和戎偃武、愛民重穀、庶幾嘉祐之風矣、然雖賢者、不免以類相従、故当時、有洛党、川党、朔党之語、洛党者、以程正叔侍講、為領袖、朱光庭、賈易

す。川党は蘇子瞻《そしせん》内翰をもって領袖となし、呂陶ら羽翼をなす。朔党は劉摯、梁燾、王巌叟、劉安世領袖たりて羽翼もっとも衆し。諸党あい攻撃してやまず、正叔多く古札を用う。子瞻その人情に近からざること王介甫《おうかいほ》の如しと謂い、深くこれを疾《にく》み、あるいは玩侮《がんぶ》を加う。ゆえに朱光庭、賈易平ならず。みな謗訕《ぼうせん》をもって子瞻を誣《し》う。執政両《ふた》つながらこれを平にす。この時すでに元豊の大臣を散地に退けしが、みな怨を啣《ふく》み骨を刺し、陰《ひそ》かに間隙《かんげき》を伺う。諸賢みな悟らずしてみずから党を分ち相毀《そし》る。紹聖初め章惇《しょうじゅん》相となるに至り、ともにもって元祐の党となし、ことごとく嶺海の外に竄せしは哀しむべきなり。呂微仲《りょびちゅう》は秦《しん》の人。戇《とう》直《ちょく》にして党なし。范醇夫《はんじゅんふ》は蜀の人なるも、温公を師として党を立てざるに、また竄逐《ざんちく》もって死するを免れざるは、もっとも哀《かな》しむべきなり。

等、為羽翼、川党者、以蘇子瞻内翰、為領袖、呂陶等、為羽翼、朔党者、以劉摯、梁燾、王巌叟、劉安世、為領袖、羽翼尤衆、諸党相攻撃不已、正叔多用古礼、子瞻謂、其不近人情、如王介甫、深疾之、或加玩侮、故朱光庭、賈易、不平、皆以謗訕誣子瞻、執政両平之、是時既退元豊大臣于散地、皆啣怨刺骨、陰伺間隙、而諸賢皆不悟、自分党相毀、至紹聖初、章惇為相、同以為元祐党、尽竄嶺海之外、可哀也、呂微仲、秦人、戇直無党、范醇夫、蜀人、師温公、不立党、亦不免竄逐以死、尤可哀也。

▼政治の世界に派閥はつきもの、同じ旧法党といっても、現在の有力政党などと同様に、リーダーの出身地を名前にしたいくつかの派閥がいりみだれている。旧法党はどちらかといえば華中・華北の地主階級の代弁者が多い。程頤《ていい》は哲学者として有名な二程子の一人、程伊川《ていいせん》のこと。

鄒浩《すうこう》　吏部侍郎・鄒公・浩（一〇六〇―一一一一）

字は志完《しかん》。常州晋陵《しんりょう》（江蘇省）の人。元豊五年（一〇八二）の進士。最初から学者として国立学校の教授をつとめたが、哲宗の末、諫官に選ばれると、章惇《しょうじゅん》を攻撃、広南の新州に流される。徽宗《きそう》時代はじめ返り咲き、中書舎人（詔勅起草官）から吏部侍郎（人事院次官）になったが、再び蔡京《さいけい》の手で蟄居を命ぜられ、江南各地を転々とした。『三朝言行録』では彼と陳瓘《ちんかん》だけが八代皇帝徽宗時代の臣下といえようか。

一六四　諫言のゆきすぎ

張繹《ちょうえき》が、「鄒浩《すうこう》は諫言《かんげん》が強烈すぎて罪におとされました。世間では些かそれを売り物にしたのではないかと疑っております」というと、程頤《ていい》は次のように答えた。「君子は人に対する時、その人のゆきすぎた過ちの中に過ちなきところを求めるべきで、

ゆきすぎた過ちがないものにそれがあろうと追及してはならない」と。（程氏遺書）

張繹《ちょうえき》曰く、鄒浩《すうこう》は極諫《きょくかん》をもって罪を得《う》。世その直を売るを疑う。先生曰く、「君子の人に於けるや、まさに過ある中に過なきを求むべし、過なき中に於て過有るを求むべからず」。

張繹曰、鄒浩以極諫、得罪、世疑其売直也、先生曰、君子之於人也、当於有過中、求無過、不当於無過中、求有過。

▼張繹《ちょうえき》は宋学の泰斗《たいと》として名高い程頤《ていい》（伊川《いせん》）の弟子。鄒浩《すうこう》も学問的にこの程頤らとつながるために『程氏遺書』でふれられている。

陳瓘《ちんかん》　諫議《かんぎ》・陳忠粛公・瓘（一〇五七—一一二二）

字は瑩中《えいちゅう》。南剣州沙県《なんけんしゅうさけん》（福建）の人。元豊二年（一〇七九）の進士。徽宗時代のはじめ、新旧両派の妥協時代に諫官となる。何よりも王安石、とくに彼の日記にもとづき紹聖新法党が編纂した『実録』を攻撃、『四明尊尭集《しめいそんぎょう》』という書物を書いてその不当性を論じたてた。蔡京時代は広南に流され、最後は江蘇省楚州《そしゅう》で亡くなる。旧法・新法時代の人々は封爵《ほうしやく》や諡《おくりな》を持たぬ場合が多いが、彼だけは南宋に入って「忠粛《ちゅうしゅく》」

という諡《おくりな》を貰っている。

一六五　姦邪《かんじゃ》の見わけかた

陳瓘《ちんかん》は宮中における朝会の時、蔡京《さいけい》がまばたきもせずに太陽を見つめているのを見て、「あのような神経を持つ彼はきっと偉くなろう。だが自信満々で太陽に面と向かっている。こんな人間が地位を得れば自分のことだけ考えて、君主を無視して勝手をするだろう」と人に話した。間もなく諫官になると、蔡京の悪事を攻撃した。瓘の話を耳に入れた蔡京は、腹心をつかわして言いわけするとともに、美辞甘言をつらねて彼を懐柔しようと謀った。瓘は、「唐の杜甫《とほ》の詩に「人を射ようとすれば先に馬を射よ。賊を捕らえようとすれば先に頭目を捕らえよ」といっています。どうしてもやめるわけにはゆきません」と答えて、ますます攻撃の勢を強めた。（遺事）

公朝会によりて蔡京《さいけい》の日を視《み》つめ、久しくして瞬《またた》かざるを見る。かつてもって人に語りて曰く、「京の精神かくのごとし。它日《たじつ》かならず貴からん。しかれどもその稟賦《りんぷ》を矜《ほこ》り、敢えて太陽に敵す。

公因朝会、見蔡京、視日久而不瞬、嘗以語人曰、京之精神如此、它日必貴、然矜其稟賦、敢敵太陽、吾恐此人得志、必擅私逞、

吾恐らくはこの人志を得れば、かならず私逞《してい》を恣《ほしいまま》にし、君をなみしみずから肆《ほしいまま》にせんと欲せん」と。ついで諌省に居り、ついにその悪を攻む。京、公の言を聞き、親しむ所によりてもって自解し、かつ情懇《じょうこん》を致し、甘言をもって公に啖《くら》わす。公これに答えしめて曰く、「杜詩謂う所、人を射るにまず馬を射、賊を擒《とら》うるに須《すべから》く王を擒うべし。おのずからやむを得ざるなり」と。これを攻むることいよいよ急なり。

欲無君自肆矣、尋居諌省、遂攻其悪、京聞公言、因所親、以自解、且致情懇、而以甘言啖公、公使答之曰、杜詩所謂、射人先射馬、擒賊須擒王、不得自已也、於是、攻之愈力。

▼蔡京《さいけい》は、第八代皇帝徽宗の時代、二十年もの長い間権力を独占し、北宋を滅亡に追いやったとされる悪役の筆頭である。王安石を猛烈に攻撃しつづけた陳瓘《ちんかん》が、早い時期に蔡京の本質を見抜いていたという話。

一六六　流謫《るたく》の中の士大夫

陳瓘《ちんかん》はあちこち流謫の場所を移ったが、どこでも小さな書斎を作り、終日仏書《ぶつしょ》をひもとき写経を行い、あるいは儒教や歴史の書物を読んだ。こうして二十年間というもの同じように怠らなかった。「知恩」と名づけられた写経は千軸《じく》にも達し、また医薬、卜筮《うらない》を含めて読んだ多くの書物のうち、役に立つと思った部分は書きぬいて壁にはりつけておいた。これがまた周囲一杯となったため一冊にとじて「壁記《へきき》」と名づけ、それが数十冊もできた。（遺事）

公遷責《せんせき》されてより、居《お》る所かならず小斎を葺《しゅう》し、終日内典《ないてん》を写閲し、経史を観ること二十余年一日のごとし。いまだかつて少しも懈《おこた》らず。抄録《しょうろく》せし所をもって名づけて知恩といい、ほとんど千余軸なり。また百家の文、毉卜《いぼく》等の書を雑観し、巻を開き益を得る者はまた片紙もて記録し、壁間に粘《ねん》す。環座《かんざ》すでに遍ければすなわち合して一策とな

公自遷責、所居必葺小斎、終日写閲内典、観経史、二十余年、如一日、未嘗少懈、以所抄録、名曰知恩、殆千余軸、又雑観百家之文、毉卜等書、開巻得益者、亦片紙記録、粘于壁間、環座既遍、即合為一策、名曰壁記、如

し、名づけて壁記と曰う。かくのごときものまた　此者、又数十冊。
数十冊なり。

▼徽宗時代に入り、蔡京の専政がはじまると、陳瓘はブラック・リストの二重丸ということで、江西省袁《えん》州から、広南廉《れん》州、湖南郴《ちん》州、さらに浙江台州《せっこうたい》、そして江西の南《なん》康《こう》軍などと蟄居《ちっきょ》を仰せつかる場所を転々とした。その間約二十年に及ぶ彼の生活の内側がここに記されている。

邵雍《しょうよう》　康節《こうせつ》・邵先生・雍（一〇一一―七七）
字は堯夫《ぎょうふ》。本籍は河北というが、湖南、福建を転々とし、三十歳で洛陽に来て住みつく。数学、暦学、易学《えきがく》などに精通し、逸士《いつし》として朝廷からも重んぜられた。王安石時代、洛陽の司馬光、文彦博《ぶんげんはく》らのサロンとかかわる。終生官途につかず、みずから安楽先生と号した。『伊川撃壌集《いせんげきじょうしゅう》』という著作が現存し、学者、思想家として重視される。

一六七　だまってひきさがるな

煕寧三年（一〇七〇）、朝廷では新法を実施しはじめた。各地に派遣される特使は、いずれも抜擢された若者ばかりで、何かとあれば風波をおこし、全国騒然となって、州県官はどうしてよいかわからない。洛陽に閑居している邵雍《しょうよう》のもとには、門人や古くからの知合いで各地の官員となっている者から、辞表を提出して帰りたいがという手紙があいついだ。邵雍は彼らにこのように返事を出した。「いまこそ賢明な者が力を発揮すべき時である。新法が酷薄なことはいうまでもない。そこで一割でもゆるめられれば、人民はその分だけ恩恵が受けられる。辞表を出して帰って来ても何の役にも立たぬ」。

煕寧《きねい》三年、朝廷初めて新法を行う。遣使する所の者みな新進少年にして、事に遇い風生ず。天下騒然として州県始め為すべからず。康節林下に閑居す。門生故旧、四方に仕官する者、みな投劾《とうがい》して帰らんと欲し、書をもって康節に問う。康節答え

煕寧三年、朝廷初行新法、所遣使者、皆新進少年、遇事風生、天下騒然、州県始不可為矣、康節閑居林下、門生故旧、仕官四方者、皆欲投劾而帰、以書問康

て曰く、「正に賢者まさに力を尽すべき所の時なり。新法もとより厳なり。よく一分を寛《ゆる》くすれば民一分の賜を受けん。投劾して去るも何の益ぞや」。

節、康節答曰、正賢者、所当尽力之時、新法固厳、能寛一分、則民受一分之賜矣、投劾而去、何益。

▼一生を学者としてすごし、政治の表面にあらわれなかった邵康節ではあったが、その門人には進士を通って官僚になった者が多い。王安石新法が始まると、先生は檄をとばして徹底的抵抗をうったえる。どこやら進歩的政党の理論指導の学者に似ている姿である。

一六八　天津橋《てんしんきょう》上のホトトギス

邵雍はふだんは人事や事柄の機微については軽々しく口にしなかった。治平《ちへい》年間ある人と洛陽の天津橋《てんしんきょう》の上を散策の折、杜鵑《ほととぎす》の声をきいて憂鬱《ゆううつ》な気分になった。その人がわけをきくと、「二年とたたぬうちに、おかみは南人を宰相にされるだろう。彼は南人を多数引きこみ、何でもかでも変えてしまい、天下はそれからさわがしくなろう」という答えだった。「杜鵑の声を聞いただけでどうしてわかるのですか」という客人の問いに対して、邵雍は、「世が治まろうとすれば地気は北から南へ動き、乱れようとすれば南から北に動く。いま南方の地気がやって来ている。鳥や空飛ぶものは気を先取りするもの。『春秋《しゅんじゅう》』に六羽の鷁《さぎ》が飛び去り、鸜鵒《くよく》がやって来て巣を作るとあるのは気がそうさせるからである。こののち南方の草木がみな移ってくるし、南方の病気マラリアなどに北人が苦しむだろう」と語った。煕寧年間の初めになってその言葉はあたった。

康節、平居人事機祥《きしょう》において、いまだかつてみだりに言わず。治平の間客と天津橋上を散歩して杜《と》鵑《けん》の声を聞き、惨然《さんぜん》として楽しまず。客その故を問わば、すなわち曰く、「洛陽もと杜鵑なし。今はじめて至るは主る所あり」と。客曰く、「何ぞや」。康節曰く、「二年ならずして上南士を用い相と為さん。多く南人を引き、専ら変更に務め、天下これより多事ならん」と。客曰く、「杜鵑を聞

康節平居、於人事機祥、未嘗輒言、治平間、与客散歩天津橋上、聞杜鵑声、惨然不楽、客問其故、則曰、洛陽旧無杜鵑、今始至、有所主、客曰、何也、康節曰、不二年、上用南士、為相、多引南人、専務変更、天下自此多事矣、客曰、聞杜鵑、何以知此、

き、何をもってかこれを知るや」。康節曰く、「天下まさに治まらんとして地気北より南し、まさに乱れんとして南より北す。いま南方地気至る。禽《きん》鳥《ちょう》飛類気の先を得るものなり。春秋、六鷁《げき》退飛し鸜鵒来りて巣づくると書するは、気これを使うなり。これより南方の草木みな移るべく、南方の疾病瘴瘧《しょうぎゃく》の類、北人みなこれに苦しまん。熙寧初めに至り、その言すなわち験あり。

康節曰、天下将治、地気自北而南、将乱、自南而北、今南方地気至矣、禽鳥飛類、得気之先者也、春秋書、六鷁退飛、鸜鵒来巣、気使之也、自此、南方草木、皆可移、南方疾病瘴瘧之類、北人皆苦之矣、至熙寧初、其言乃験。

▼洛陽の天津橋でホトトギスの声を聞き、南人の進出を予言した話は有名である。唐の中期以後の南方の経済の発達は政治、商工業、文化、あらゆる面で伝統的な黄河流域の人々――北人――に脅威を与えていた。早いはなしが、科挙合格者の数をみても、北は南の五分の一以下にまでおちこんでいる。そうした背景がこのような逸話となってあらわれる。なおここでも康節先生は経書『春秋』をひいて自説を補強される。つい先頃の中国で何かといえば「偉大な毛主席がこう言われた」というパターンを思いうかべてもらえば、何もむつかしい話ではないのである。

一六九　牡丹《ぼたん》のみかた

邵雍が洛陽に居た頃、商州《しょうしゅう》（陝西）の知事趙郎中《ちょうろうちゅう》と以前からの知合いで、よく往き来していた。折しも章惇《しょうじゅん》が商州のある県の知事となり、趙は彼を厚遇していた。ある日、趙は邵雍と章惇を同席させた。豪放で俊敏な惇は議論に花を咲かせ、雍に敬意を払わない。話が洛陽の牡丹《ぼたん》の立派さに及んだ時、趙は惇に、「邵雍先生は洛陽のお方だから、花についてはお詳しい」と話した。そこで邵雍は、「洛陽では、根の出具合で花のよしあしがわかれば、花のわかる上手。枝葉をみてよしあしがわかるのが次、つぼみになってわかるのは下とします。あなたのお話は、まあ花を知る者なら下でしょう」とやりこめた。章が恥じいって黙ってしまったので、趙は「邵雍先生の学問は筋が正しく奥深く、世の手本となっています。あなたも弟子入りなさったら、すぐに進歩なさるでしょう」ととりなした。章はそこで雍のもとにいって数学の伝授を受けたいと望んだ。雍は「彼が十年間仕官しなければ、まあ学ぶことができよう」といった。つまり入門をお許しにならなかったわけである。（童蒙訓）

邵康節洛陽に居る。商州太守《たいしゅ》趙郎中なる者あり。康節これと旧あり、つねに往きてこれに従う。時に章惇子厚《しこう》、商州に令《れい》たり。趙厚くこれを遇す。一日、趙、康節に請うて章とともに会せしむ。章は豪俊にして議論縦横、康節を敬うを知らざるなり。語次《ごじょ》因りて洛中牡丹の盛に及ぶ。趙守よりて章に謂いて曰く、「先生は洛人なり。花を知ること甚だ詳しからん」。康節よりて言う。「洛人おもえらく、根撥《こんはつ》を見て花の高下を知るは花を知るの上なり。枝葉を見て高下を知るは花を知るの次なり。菩蕾《ぼくらい》を見て高下を知るは花を知るの下なり。公の説く所の如きはすなわちこれ花を知るの下なり」と。章黙然慙服《もくぜんざんふく》す。張よりて章に謂う、「先生学問淵源、世の師表《しひょう》たり。公これに従いて学ぶを惜まざれば、日に進益あらん」。章よりて先生に従いて游び、数学を伝えられんと欲す。先生謂う、「章すべからく十年官に仕えざるべくんば、

邵康節居洛陽、有商州太守趙郎中者、康節与之有旧、嘗往従之、時章惇子厚、作令商州、趙厚遇之、一日、趙請康節、与章同会、章豪俊、議論縦横、不知敬康節也、語次因及洛中牡丹之盛、趙守因謂章曰、先生洛人也、知花為甚詳、康節因言、洛人以見根撥、而知花之高下者、知花之上也、見枝葉、而知花之高下者、知花之次也、見菩蕾、而知高下者、知花之下也、如公所説、乃是知花之下也、章黙然慙服、趙因謂、章先生、学問淵源、世之師表、公不惜従之学、則日有進益矣、章因従先生游、欲伝数学、先生謂、章須十年不仕官、乃可

すなわち学ぶべし」と。けだしこれを許さざるなり。　学、蓋不之許也。

▼洛陽の牡丹は、揚州の芍薬《しゃくやく》とならんで、宋代人々の注目を集めた。接木その他による品種改良も盛んに行われ、栽培技術、その性質への関心もたかまっている。この話はそれにことよせて、保守派学者の大御所が、南から来た能吏の章惇をあしらう筋である。

陳襄《ちんじょう》　密学《みつがく》・陳公・襄（一〇一七—八〇）

字は述古《じゅつこ》。福州侯官県《こうかん》（福建）の人。慶暦二年（一〇四二）の進士。故郷に近い建州や隣の浙江台州《せっこうたい》の県知事を歴任、相対的に教育、開発の遅れていたこの地方の水準を高める。神宗時代台諫官となったが、反王安石の立場をとって地方に出る。枢密直学士という館職を貰ったため密学陳公と呼ぶが、一般には古霊《これい》先生で通り、各地の教育、学問の興隆に尽力した。

一七〇　泥棒に鐘をなでさせる

枢密直学士《すうみつちょくがくし》の陳襄《ちんじょう》が建州浦城《ほじょう》県の知事だった時、ある人が盗難にあい、容疑者たちを捕まえたものの、誰が真犯人かきめられなかった。彼はそこで次のようなトリックを使った。まず、「ある廟《びょう》の鐘《かね》は泥棒を見分ける特別な能力があり、それを役所の奥に運ばせておまつりしてある。容疑者たちがその前に立って事実をしゃべり、泥棒でない者がなでれば音はしないが、泥棒がなでれば鳴りだす」と嘘の宣伝をした。そして彼自身、同僚以下をひきつれてうやうやしく鐘をまつり、幔幕《まんまく》でそれを覆ってしまった。そこでこっそり鐘に墨を塗りつけてから、一人一人手をのばして幔幕に入れてなでさせ、彼らの手をしらべていった。黒い手ばかりの中に、一人だけ墨のついていない者がいたので追及すると、盗んだことを認めた。鐘が鳴るのを恐れて、なでようとしなかったわけである。これはお話の本に出てくる昔あった方法にほかならない。

（筆談）

陳述古密直、建州浦城県に知たりし日、人の物を失うあり。捕得するも的《まこと》に盗をなす者を知るなし。述古すなわちこれを紿《あざむ》きて曰く、「某廟に一鐘あり、よく盗を弁じ至霊なり。人をして迎えて後閤

陳述古密直、知建州浦城県日、有人失物、捕得、莫知的為盗者、述古乃紿之曰、某廟有一鍾、能弁盗至霊、使人迎置後閤、祠之、

に置きこれを祠らしむ。群囚を引き、鍾前に立ちて自陳すれば、盗をなさざる者これを摸《も》するも声無し、盗をなす者これを摸せば声あり」と。述古みずから同職を率《ひき》い、鍾に禱ること甚だ粛たり。祭り訖《おわ》り帷《い》をもってこれに帷《とばり》す。すなわち陰《ひそ》かに人をして墨をもって塗り、やや久しくして、囚を引き、逐一手を引きて帷に入れこれを摸せしむ。出《いだ》さばすなわちその手を験す。みな墨あるにただ一囚墨なきあり。これを訊するについに盗たるを承す。けだし鍾の声あるを恐れ、あえて摸さざるなり。これまた古の法にして小説に出づ。

引群囚、立鍾前、自陳、不為盗者、摸之則無声、為盗者、摸之則有声、述古自率同職、禱鍾甚粛、祭訖、以帷帷之、乃陰使人以墨塗、良久、引囚、逐一令引手、入帷、摸之、出乃験其手、皆有墨、惟有一囚無墨、訊之、遂承為盗、蓋恐鍾有声、不敢摸也、此亦古之法、出於小説。

劉恕《りゅうじょ》　秘書丞《ひしょじょう》・劉公・恕（一〇三二―七八）
字は道原《どうげん》。筠州《いんしゅう》（江西省）の人。皇祐元年（一〇四九）十七歳で科挙に合格。地方官をへたのち、司馬光にみこまれて『資治通鑑』編纂に力をかす。秘書丞は元豊改革以後の官職名で、宮内省御文庫長といった役どころ。『資治通鑑外紀《がいき》』『十国紀年』など歴史に関する著作が残っている。

一七一　反対するにも心をつくして

王安石は劉恕と旧知の仲で、その才能を高く評価していた。熙寧《きねい》年間、安石が政権の座にすわると、劉恕を三司条例司にひき入れようとした。彼は財政には疎《うと》いといって強硬に辞退し、あわせて、「天子はあなたにまつりごとを任せられているのですから、古聖王たちの道をおしひろめ、英明なおかみを輔《たす》けるべきで、財政を第一とすべきではありません」と忠告した。安石はきかなかったけれども怒りもしなかった。劉恕は彼とあうたびに、いつも誠心誠意ためになるように献策した。呂誨《りよかい》が責任をとって鄧州《とうしゆう》知事に貶《おと》されようとすると、彼は安石のもとに出向き、「あなたがとやかく言われるのは考えが足りぬところがあるからだ」として、新法のうち、人々の意に合わぬものを箇条に書きあげ、もとにもどせば、議論は自然おさまろうと述べた。立腹した王安石はそれから恕と絶交した。間もなく司馬光が長安の知事に外出したので、恕は、「自分は正直に話して宰相の心にさからい、いままた上司がやめられたとあっては知らぬ顔ではいられまい。そのうえ、親が年をとり、長く都にとどまっているわけにゆかぬ」とて、上奏して南康軍（江西）の酒税監督官を願い出、認められた。（十国

紀年序)

王介甫、道原と旧あり。深くその才を愛す。熙寧中、介甫大政に参し、道原を引きて三司の条例を修せしめんとす。道原固辞するに金穀《きんこく》の事を習わざるをもってす。よりて言う。「天子公に属《しょく》するに政事をもってするにあたり、よろしく堯舜《ぎょうしゅん》の道を恢張《かいちょう》してもって明主を佐《たす》くべく、財用をもって先となすべからず」と。介甫用う能わずといえどもまたいまだこれを怒らず。道原これに見《まみ》ゆるごとに、すなわち誠を尽し益を規《はか》る。呂献可《りょけんか》罪を得て鄧州に知たるに及び、道原往きて介甫に見《まみ》えて曰く、「公の人言を致す所以《ゆえん》は、けだしまたいまだ思わざる所あればなり」と。よりてために更《かわ》る所の法令の衆心に合せざる者を条陳し、よろしくその旧に復せば議論おのずから息むをいう。介甫大いに怒り、ついにこれと絶つ。いまだ幾ばくな

王介甫与道原有旧、深愛其才、熙寧中、介甫参大政、欲引道原、修三司条例、道原固辞、以不習金穀之事、因言、天子方属公以政事、宜恢張堯舜之道、以佐明主、不応以財用為先、介甫雖不能用、亦未之怒、道原毎見之、輒尽誠規益、及呂献可得罪、知鄧州、道原往見介甫曰、公所以致人言、蓋亦有所未思、因為条陳所更法令、不合衆心者、宜復其旧、則議論自息、介甫大怒、遂与之絶、未幾、光出知永興軍、道原曰、我以直道忤執政、今官長復去、我何以自安、且吾親老、

らずして、光出でて知永興軍《ちえいこうぐん》たり。道原曰く、「われ直道をもって執政に忤《もと》る。いま官長また去る。我何ぞもってみずから安んぜん。かつわれ親老なれば久しく京師に留まるべからず」と。すなわち奏して監南康軍酒を乞い、これを得たり。

不可久留京師、即奏、乞監南康軍酒、得之。

徐積《じょせき》 節孝《せっこう》・徐先生・積（一〇二八―一一〇三）

字は仲車。楚州《そしゅう》（江蘇省）の人。治平四年（一〇六七）の進士。しばしば中央から招かれたが、耳の病気などを理由に出仕せず、郷里で学塾をひらき、三十年間、学問一途の生活を続けた。特に天文学に造詣が深いといわれる。なお徐積の後に、后山《こうざん》と号した陳無己《ちんむき》について三条の文章があるが、ここでは省略する。

一七二 居ながらにして天下の事を知る

徐積は幼少の頃から殺生《せっしょう》はせず、群がっている蟻を見ても践《ふ》みつけぬかと気をくばった。仏書はいっさい読まなかったが、それについての議論はきっと的《まと》を射ていた。日頃は一室にこもって世間と没交渉のようであったが、天下国家のことを論じるとなると、話は泉のようにつきない。広東に派遣された人が、帰って先生に会い、辺境の話をしたところ、先生は、広南の地形、防備の疏密から番禺《ばんぐう》県の自警団の利害まで口角泡をとばし、まるで手もとにあるように論じたてた。広南に派遣された者は、「家を出ないで天下のことがわかるというが徐積がそれだ」と感歎した。（行状）

先生少《わか》きより殺を戒む。聚蟺《しゅうぎ》を見、惕然《てきぜん》としてただこれを践《ふ》むを恐る。いまだかつて仏書を誦せずして、仏を論ずるごとにかならずその要を得。平日、一室に黙処して世とあい忘るるがごときも、その天下の事を論ずるに至りては、袞々《こんこん》として倦《う》まず。客あり、広東の奉使より帰りて先生に見《まみ》え、辺事を語る。先生よりて二広の山川の険易《けんい》、堡寨《ほさい》の疎密、番禺《ばんぐう》の搶手《そうしゅ》の利害を論じ、口誦手画することと一二を数うるごとし。使者歎じて曰く、「戸を出ずして天下を知るとは徐公これなり」。

先生自少、戒殺、見聚蟺、惕然惟恐践之、未嘗誦仏書、而毎論仏、必得其要、平日、黙処一室、幾若与世相忘、至其論天下事、則袞袞不倦、有客自広東奉使帰、見先生、語辺事、先生因論二広山川険易、堡寨疏密、番禺搶手利害、口誦手画、若数一二、使者歎曰、不出戸而知天下者、徐公是也。

▼まるでカントを思いうかばせるような話だが、中国の学者は、おおむね単なる学者バカではなく、あらゆる事柄に通達しているのがタテマエであり、現実にもそのような人が圧倒的に多い。そのことは現在の学者の場合もほぼあてはまる。徐積はしかし父の名が石《せき》だったため、一生石製の道具を使わなかったり、胡瑗《こえん》の所で勉強している時、米を水がめに放りこみ、ふやけたのをつかんで食べたり、奇行逸話に富む。

一七三　たやすく軍事を語るな

徐積《じよせき》は、歴史上の名将として、学識が博く、修養が深いということで、諸葛亮《しよかつりよう》（孔《こう》明《めい》）をひどく愛慕していた。「軍事は大賢かつ大徳の人がやることで、僅かの才能と智慧で動かすことはできない。動かせないだけではなく、それを口にすることさえむずかしい。もし深い裏付けなしに安易に口にすれば、大失敗を招くのが普通だ」といつも言っていた。（行状）

先生前代の名将において諸葛武侯を酷慕す。その学ぶ所の広き、養う所の厚きをもってなり。つね

先生於前代名将、酷慕諸葛武侯、以其所学之広、所養之厚也、嘗

に謂う、「兵はまことに大賢盛徳の事、小才小智のよく用うる所にあらず。ひとりこれを用うること難きのみならず、これを言うもまた難し。もしそれ養う所至らずして易《やす》くこれを言わば、事敗れざる鮮《な》し」。

謂、兵者実大賢盛徳之事、非小才小智、所能用、不独用之難也、言之亦難、若其所養不至、而易言之、鮮不敗事。

本書は一九八六年九月十八日に講談社より刊行された『中国の古典　宋名臣言行録』を底本とし、誤りを適宜訂正した。

シュメール神話集成　杉勇／尾崎亨　訳

「洪水伝説」「イナンナの冥界下り」など世界最古の神話・文学十六編を収録。ほかでは読むことのできない貴重な原典資料。豊富な訳注・解説付き。

十八史略　曾先之 編訳／今西凱夫 訳／三上英司 編

『史記』『漢書』『三国志』等、中国の十八の歴史書をまとめた『十八史略』から、故事成語、人物にまつわる名場面を各時代よりセレクト。（三上英司）

プルタルコス英雄伝（全3巻）　プルタルコス／村川堅太郎 編

デルフォイの最高神官、故国の栄光を懐かしみつつローマの平和を享受した〝最後のギリシア人〟プルタルコスが生き生きと描く英雄たちの姿。

和訳 聊斎志異　蒲松齢／柴田天馬 訳

中国清代の怪異短編小説集。仙人、幽霊、妖狐たちが繰り広げるおかしくも艶やかな話の数々。日本の文豪たちにも大きな影響を与えた一書。（南條竹則）

ギルガメシュ叙事詩　矢島文夫 訳

ニネベ出土の粘土書板に初期楔形文字で記された英雄ギルガメシュの波乱万丈の物語。「イシュタルの冥界下り」を併録。最古の文学の初の邦訳。

漢文の話　吉川幸次郎

日本人の教養に深く根ざす漢文を歴史的に説き起こし、その由来、美しさ、読む心得や特徴を平明に解説する。贅沢で最良の入門書。（興膳宏）

「論語」の話　吉川幸次郎

人間の可能性を信じ、前進するのを使命であると考えた孔子。その思想と人生を「論語」から読み解く中国文学の碩学による最高の入門書。

老子　福永光司 訳

己の眼で見ているこの世界は虚像に過ぎない。自我を超えた「無為自然の道」を説く、東洋思想が生んだ画期的な一書を名訳で読む。（興膳宏）

荘子 内篇　福永光司／興膳宏 訳

人間の醜さ、愚かさ、苦しさから鮮やかに決別する、古代中国が生んだ解脱の哲学三篇。中でも「内篇」は荘子の思想を最もよく伝える篇とされる。

荘子 外篇　福永光司・興膳宏 訳

内篇で繰り広げられた荘子の思想を、説話・寓話のかたちでわかりやすく伝える外篇。独立した短篇集として読んでも面白い、文学性に富んだ十五篇。

荘子 雑篇　福永光司・興膳宏 訳

荘子の思想をゆかいで痛快な言葉でつづった「雑篇」。日本でも古くから親しまれてきた「漁父篇」や「盗跖篇」など、娯楽度の高い長篇作品が収録されている。

墨子　森三樹三郎 訳

諸子百家の時代、儒家に比肩する勢力となった学団・墨家。全人を公平に愛し侵攻戦争を認めない独特な思想を読みやすさ抜群の名訳で読む。（湯浅邦弘）

孫臏兵法　金谷治 訳・注

『史記』『漢書』に記載されながら、二千年にわたって姿を隠していた幻の兵書の全訳。戦国時代を反映した、人間の生死を賭けた知恵と行動の原理。

「科学者の社会的責任」についての覚え書　唐木順三

核兵器・原子力発電という「絶対悪」を生み出した科学技術への無批判な信奉を、思想家の立場からきびしく問う、著者絶筆の警世の書。（島薗進）

古典との対話　串田孫一

やっぱり古典はすばらしい。デカルトも鴨長明もみんな友達。少年のころから読み続け、今もなお、何度も味わう。碩学が語る珠玉のエッセイ、読書論。

書国探検記　種村季弘

エンサイクロペディストによる痛快無比の書物・読書論。作家から思想家までの書物ワールドを自在に飛び回り、その迷宮の謎を解き明かす。（松田哲夫）

朝鮮民族を読み解く　古田博司

彼らに共通する思考行動様式とは何か。なぜ日本人はそれに違和感を覚えるのか。体験から説き明かす朝鮮文化理解のための入門書。（木村幹）

アレクサンドリア　E・M・フォースター　中野康司 訳

二三〇〇年の歴史を持つ古都アレクサンドリア。この町に魅せられた作家による、地中海世界の楽しい歴史入門書。（前田耕作）

御一新の嵐 日本の百年1　鶴見俊輔編著

一八五三年、ペリーが来航し鎖国が破られた。日本の歴史は未曾有の変革期を迎える。時代に先駆けた人、取り残された人、そこで何が達成されたのか。

わき立つ民論 日本の百年2　松本三之介編著

帝国憲法制定に向けて着々と国の体制を整える明治国家。しかし、政府に対する不満の声は、近代日本最大の政治運動自由民権運動となって高まる。

強国をめざして 日本の百年3　松本三之介編著

一八八九年二月十一日、帝国憲法発布、国民の意識は高揚した。外に日清戦争に勝利し、内に産業革命進展のなか、近代日本は興隆期を迎える。

明治の栄光 日本の百年4　橋川文三編著

日露戦争に勝利した日本は世界から瞠目されたが、勝利はやがて侵略の歴史へと塗り替えられ、大逆事件の衝撃のうちに、時代は大正へと移ってゆく。

成金天下 日本の百年5　今井清一編著

第一次世界大戦の勃発により、日本は軍需景気に沸き立った。すべては金、金の一方で、民衆は生活難を訴え、各地にデモクラシー運動の昂揚をみる。

震災にゆらぐ 日本の百年6　今井清一編著

一九二三年九月一日、大地震が関東を襲い、一挙に帝都が焼失。社会の基盤をもゆさぶった未曾有の体験は、さらに険しい昭和への前奏曲だった。

アジア解放の夢 日本の百年7　橋川文三編著

内に、東北の大凶作、権力による苛烈な弾圧、昭和維新の嵐。外に、満州国の建設、大陸戦線の拡大、抗日の激流。不安と退廃によどんだ昭和時代前期。

果てしなき戦線 日本の百年8　橋川文三・今井清一編著

日中戦争から太平洋戦争へ戦線は拡大。日本は史上最大の賭けに一切の国力を傾け、そして敗れた。民族の栄光と悲惨、苛酷な現実と悪夢の記録。

廃墟の中から 日本の百年9　鶴見俊輔編著

特攻隊の生き残り、引揚者、ヤミ屋、戦災孤児。新たな明日を夢み、さまざまな思いを抱いて必死に生きた、敗戦直後の想像を絶する窮乏の時代。

新しい開国　日本の百年10　鶴見俊輔編著
一九五二年四月、占領時代が終り、日本は国際社会に復帰。復興の彼方に、さまざまな矛盾と争点を抱える現代日本の原型が現出。（全10巻完結）

明治国家の終焉　坂野潤治
日露戦争後の財政危機が官僚閥と議会第一党の協調による「一九〇〇年体制」を崩壊させた。戦争を招いた二大政党制の迷走の歴史を辿る。（空井護）

近代日本とアジア　坂野潤治
近代日本外交は、脱亜論とアジア主義の対立構図により描かれてきた。そうした理解が虚像であることを精緻な史料読解で暴いた記念碑的論考。（苅部直）

横井小楠　松浦玲
欧米近代の外圧に対して、儒学的理想である仁政を基に、内外の政治的状況を考察し、政策を立案し遂行しようとした幕末最大の思想家を描いた名著。

古代大和朝廷　宮崎市定
記紀を読み解き、中国・朝鮮の史料を援用して、日本の古代史を東洋と世界の歴史に位置づける、壮大なスケールの日本史論集。（砺波護）

古代史おさらい帖　森浩一
考古学・古代史の重鎮が、「土地」「年代」「人」の基本概念を徹底的に再検証。「古代史」をめぐる諸問題の見取り図がわかる名著。

江戸の坂　東京の坂（全）　横関英一
東京の坂道とその名前からは、江戸の暮らしや庶民の心が透かし見える。東京中の坂を渉猟し、元祖「坂道」本と謳われた幻の名著。（鈴木博之）

明治富豪史　横山源之助
維新そっちのけで海外投資に励み、贋札を発行してまで資本の蓄積に邁進する新興企業家・財閥創業者たちの姿を明らかにした明治裏面史。（色川大吉）

北一輝　渡辺京二
明治天皇制国家を批判し、のち二・二六事件に連座して刑死した日本最大の政治思想家北一輝の生涯。第33回毎日出版文化賞受賞の名著。（臼井隆一郎）

ちくま学芸文庫

宋名臣言行録《そうめいしんげんこうろく》

二〇一五年十二月十日　第一刷発行
二〇一六年一月二十日　第二刷発行

編　者　朱熹（しゅき）
編訳者　梅原郁（うめはら・かおる）
発行者　山野浩一
発行所　株式会社　筑摩書房
東京都台東区蔵前二―五―三　〒一一一―八七五五
振替〇〇一六〇―八―四一二三

装幀者　安野光雅
印刷所　星野精版印刷株式会社
製本所　株式会社積信堂

乱丁・落丁本の場合は、左記宛にご送付下さい。
送料小社負担でお取り替えいたします。
ご注文・お問い合わせも左記へお願いします。
筑摩書房サービスセンター
埼玉県さいたま市北区櫛引町二―六〇四　〒三三一―八五〇七
電話番号　〇四八―六五一―〇〇五三

ISBN978-4-480-09712-5 C0122